影响世界进程的大科学家

诺贝尔传

nuobeierzhuan

张海存 魏昌旺 编著

图书在版编目（CIP）数据

诺贝尔传 / 张海存，魏昌旺编著． — 3 版． — 长春：长春出版社，2009．4
（影响世界进程的大科学家）
ISBN 978－7－80664－967－1

Ⅰ．①诺… Ⅱ．①张… ②魏… Ⅲ．①诺贝尔，A．B．（1833～1896）—传记 Ⅳ．①K835．326．13

中国版本图书馆 CIP 数据核字（2009）第 037208 号

诺贝尔传

责任编辑：杜　菲
封面设计：王国擎

出版发行　**长春出版社**　　　　　总编室 电话:0431－88563443
　　　　　发行部电话:0431－88561180　邮购零售电话:0431－88561177
地　　址　吉林省长春市建设街 1377 号
邮　　编　130061
网　　址　www.cccbs.net
印　　刷　长春市新世纪印业有限公司
经　　销　新华书店

开　　本　700 毫米×1000 毫米　1/16
字　　数　238 千字
印　　张　15.5
版　　次　2012 年 6 月第 4 版
印　　次　2014 年 2 月第 3 次印刷
定　　价　19.80 元

版权所有　盗版必究
如有印装质量问题，请与印厂联系调换　　　　印厂电话:0431－87972223

前　言

诺贝尔在 1896 年创立了以自己的名字命名的诺贝尔奖,该奖从 1901 年开始颁发,距今已有百年历史。诺贝尔奖的获得者都是在科学、文学和社会活动领域中作出了杰出贡献的人物。获得诺贝尔奖被视为该领域最高的荣誉。

阿尔弗雷德·贝恩哈德·诺贝尔 1833 年 10 月 21 日出生于瑞典首都斯德哥尔摩诺曼街 9 号。父亲伊曼纽尔·诺贝尔是一个破产的发明家。母亲罗琳娜·安德丽塔·阿尔塞尔是维系家庭的精神力量,她是阿尔弗雷德·诺贝尔一生最热爱的女性。

阿尔弗雷德·诺贝尔 1841 年进入斯德哥尔摩雅可布小学,仅接受了一年正规教育。1842 年随父侨居俄国,从家庭教师学习,期间对文学产生了浓厚的兴趣,并熟练掌握了五种语言,但他最突出的才能表现在化学方面。1850 年到 1851 年游历欧美求学。后回到父亲在俄国圣彼得堡所办工厂工作,并从事科学研究和机械设计,1857 年气量表的发明是他的第一项专利。1863 年 10 月 14 日阿尔弗雷德获得硝化甘油炸药的第一次专利,他的另一项发明是一种可靠的引爆装置:雷管。这两项发明标志着阿尔弗雷德·诺贝尔成为现代炸药史上的伟大天才。他还利用硅藻土为掺和剂以保证硝化甘油的安全运输和使用,后又用火药棉与硝化甘油混合制成更安全而威力更大的炸药,在此基础上他又发明了无烟炸药。

阿尔弗雷德·诺贝尔一生获得 355 项专利(包括人造丝和人造皮革),在生物学、电化学、工程学等领域均有杰出贡献。

诺贝尔传

诺贝尔不仅是位科学家、发明家,他还是一位实业家。他以巴黎为经营基地,在全世界建立起一个由许多炸药工厂组成的工业帝国。到19世纪70年代他已是欧洲最富有和最著名的人物之一。

诺贝尔酷爱文学,在政治上也有独到见解,但他毕竟不是政治家,谈到政治问题难免出错。他不是有神论者,但也不是无神论者,他只是通过研究宗教问题去实现他世界和平的理想。

对诺贝尔而言,他所追求的纯洁的、柏拉图式的爱情从未真正降临,孤独伴随了他一生。他青年时代同一位巴黎姑娘以"出自纯真感情的圣洁的一吻"定情,不幸这段罗曼史因这位姑娘突然香消玉殒而猝然告终。1876年,43岁的诺贝尔在巴黎向女作家贝莎求婚,但遭婉拒。同年晚些时候,诺贝尔和奥地利姑娘索菲娅产生了"一场持续十八年之久的真挚的爱情",他为她买了一幢别墅,替她付了近二十年的账单,可他们只是偶尔呆在一起。

诺贝尔性格中存在着强烈的和平主义倾向。尽管他热衷于制造炸药,但他最初研究和发明炸药是为了采矿、铁路和运河工程诸方面的需要。工作是他最大的激情,技术创新展现了他卓越的才华。诺贝尔曾说:"我希望我能造成一种东西或者机器,有极度可怕的破坏力,使一切战争因而不可能发生。"

在诺贝尔生前,世人对他的评价就有:"甘油炸药大王","靠制造毁灭性武器发大财的实业家","a merchant death(死亡商人)"。诺贝尔一直自视为理想主义者、艺术家,爱好和平、荣誉和体面的人,他晚年决定用大部分财产约900万美元作为基金,设立诺贝尔奖,以其利息不分国籍地每年奖励给在物理学、化学、生理学或医学、文学及国际和平运动等领域作出了最杰出贡献的人。

在63岁那年(1896年),诺贝尔不幸中风,于同年12月10日在意大利圣雷莫去世。

阿尔弗雷德·诺贝尔——一个举世闻名的科学家、发明家、实业家,用他的巨额财富激励和帮助世人探索光明之路。

目 录

一、伊曼纽尔——破产的发明家 /001

1. 诺贝尔家族史 …………………………………001
2. 伊曼纽尔：嗜好发明的父亲 …………………003
3. 第一次破产 ……………………………………004
4. 圣彼得堡创业 …………………………………009
5. 再度破产 ………………………………………013
6. 不屈的老人 ……………………………………015
7. 赫伦内堡灾难 …………………………………016

二、阿尔弗雷德的青少年时期 /002

1. 孤寂童年 ………………………………………020
2. 相聚圣彼得堡 …………………………………024
3. 家庭学校 ………………………………………025
4. 游历欧美 ………………………………………029
5. 武器可以制造和平 ……………………………031
6. 弗兰第斯巴特疗养 ……………………………032
7. 诺贝尔工厂破产之后 …………………………033

目　录

三、炸药大王 / 038

1. 危险液体硝化甘油的发现 …………………… 038
2. 挑战硝化甘油 …………………………………… 040
3. 父子间矛盾——专利纠纷 …………………… 046
4. 埃米尔之死 ……………………………………… 049
5. 硝化甘油炸药早期的开发利用 ……………… 052
6. 连续不断的爆炸事故 ………………………… 054
7. 达纳炸药 ………………………………………… 061
8. 雷管 ……………………………………………… 066
9. 炸胶 ……………………………………………… 068
10. 巴里斯梯 ……………………………………… 073
11. 专利诉讼的漩涡 ……………………………… 077

四、广泛的发明事业和领域 / 084

五、世界工业帝国 / 092

1. 第一家硝化甘油公司 ………………………… 092
2. 第一家外国公司 ……………………………… 096

目 录

3. 法国的诺贝尔公司……………………099
4. 英国的诺贝尔公司……………………105
5. 美国的诺贝尔公司……………………110
6. 巴库油田………………………………115
7. 英德托拉斯与拉丁托拉斯……………125

六、最富有的流浪汉 /128

1. 我的安乐窝……………………………128
2. 与爱无缘………………………………131
3. 巴黎之恋………………………………132
4. 女秘书贝莎……………………………135
5. 卖花女索菲娅…………………………145

七、从"死亡商人"到"和平主义者" /163

八、诺贝尔与文学 /172

九、孤独晚年 /187

目 录

1. 侨居圣雷莫…………………………………187
2. 最后的归宿…………………………………189
3. 孤独离去……………………………………196

十、个性人生 / 198

1. 矛盾性格……………………………………198
2. 人际关系……………………………………199
3. 谦逊为人……………………………………205
4. 慈善的大资本家……………………………208
5. 诺贝尔的政治观……………………………211
6. 无神论者……………………………………214

十一、伟大的遗嘱 / 216

1. 遗嘱…………………………………………216
2. 意外风波……………………………………225
3. 诺贝尔基金会………………………………230

十二、诺贝尔奖 / 237

一、伊曼纽尔——破产的发明家

1. 诺贝尔家族史

诺贝尔(Nobel)这个姓氏，不少人认为他们是英国或德国人的姓氏，甚至怀疑他们的祖先是迁居瑞典的英国移民，事实上诺贝尔是瑞典古老的姓氏之一，诺贝尔这个姓是由他们家乡地名诺贝鲁斯(Nobelius)变更而来的。

在诺贝尔的父系和母系先祖中，有62位先祖留下了零星的史迹，并因此构成诺贝尔的模糊而又富有传奇色彩的家世。

阿尔弗雷德·诺贝尔的直系先祖大半都是瑞典的农民或小市民。在17世纪左右，诺贝尔的父系祖先发祥于斯堪的纳维亚半岛南端的斯格聂，后迁徙到瑞典中

在北欧瑞典这片国土上……

部地区。母系祖先一半出身于斯格聂以北的斯默兰，而另一半则是瑞典中部阿尔发迦的市民阶层。

诺贝尔父系先祖中最闻名的成员叫奥洛夫，他是一位农民，住在肖任(Schonen)四个最小行政区之一的诺贝鲁斯，他把儿子柏尔(Per)送入大学念书，因而使这个家族从此颇具传奇色彩，柏尔学名彼德卢斯·奥拉维(Petrus Olavi)，即诺贝尔的高祖父。

诺贝尔传

奥拉维1682年考入瑞典中部乌普萨拉省的乌普萨拉大学法律系就读。奥拉维聪明好学，又有出色的音乐天赋，深得乌普萨拉大学校长奥拉夫·卢德贝克(Olof·Rudbeck)的青睐，1696年卢德贝克把女儿范德拉嫁给了他。

卢德贝克是一位很有天才的人，是医师、建筑师和教育家，在瑞典文学史上极有影响，瑞典人把他称为当代技术科学的宗师。1652年他22岁时，就发现了淋巴腺及其功能，补充了英国医学家哈维的血液循环理论。他在乌普萨拉大学校园兴建了一间有阶梯座位的解剖室，1701年逝世前，他还准备兴建一些诊所。他致力于植物学，在瑞典建立了第一座植物园，完成了一部十二卷插图本植物学巨著《甘比·鄂黎西》。晚年沉醉于瑞典的传奇史绩。瑞典民间有个传说：洪水泛滥之后，诺亚的儿子杰菲斯及其后裔最初就在瑞典定居。卢德贝克发展了这一传说，出版了历史考古巨著《阿特兰提斯》，指出：所谓阿特兰提斯即古代希腊人认为沉没于大西洋中的天堂，实际上是存在的，它的位置在瑞典中部！

奥拉维先从事音乐后改业法官，死于1707年。他有一个儿子叫奥拉夫·诺贝鲁斯(1706—1760)也就是诺贝尔的曾祖父。这位先辈是一位艺术家，尤其擅长画人像，曾获得瑞典乌普萨拉大学的绘画硕士学位。他在1760年死后，家境萧条，那时他的幼子伊曼纽尔(Immanuel)年仅3岁，即诺贝尔的祖父。伊曼纽尔颇有医学方面的天资，但因经济拮据，不得不辍学。在1788年瑞典与俄罗斯爆发战争后，他加入乌普兰德军团，成为一名军医，他把姓氏诺贝鲁斯(Nobelius)按照军队里的习惯，除去后面的拉丁词尾改为(Nobell)，后来又缩短用Nobel，这就是为世人熟知的诺贝尔姓氏的来源，但是在瑞典这个姓氏人们往往读成Nobell。战后他仍继续从医，并在耶夫勒地区担任过卫生官，死于1839年。他与妻子阿尔柏格(Ahlberg)的长子伊曼纽尔·诺贝尔出生于1800年，这就是阿尔弗雷德·诺贝尔的父亲，诺贝尔家族史真正是从伊曼纽尔·诺贝尔才开始的。伊曼纽尔是个传奇式的天才，正是他百折不挠的创造精神引导着阿尔弗雷德·诺贝尔走上了光荣而艰辛的发明之路。

诺贝尔的母亲罗琳娜·阿尔塞尔(1803—1889)，出生于瑞典南部多山的斯莫兰省，父亲是位书记长。

一、伊曼纽尔——破产的发明家

2. 伊曼纽尔：嗜好发明的父亲

伊曼纽尔·诺贝尔，阿尔弗雷德·诺贝尔的父亲，他仪表堂堂，一头亚麻色长发，两眼炯炯有神，充满自信。他是一位工程师和发明家，他在斯德哥尔摩参与修建了一些桥梁和楼房。据说暖气装置就是由他发明的。

伊曼纽尔1800年3月24日出生于耶夫勒，家境极为贫困，父母无力供他进学校读书，这位有天资的人从未受过正规教育，写的字往往令人无法辨认，拼写上的错误就更不用说了。19世纪初，航海是欧洲沿海地区许多青少年的梦想。由于伊曼纽尔体魄健壮，力量过人，而且乐观开朗，再加上外祖父曾当过水手的原因，他从14岁就开始学习航海。在耶夫勒的水手登记簿内记载："1815年核准青年伊曼纽尔·诺贝尔注册为水手。"他效力的这艘船名叫"西蒂斯"，是一只较大的货运帆船。随着货船，他们穿过北海，沿着大西洋西侧，通过直布罗陀海峡开往地中海各国和近东各国。到了埃及后，伊曼纽尔离开货船，当过埃及总督穆罕默德·阿里的雇员，并在此期间做过建筑师。他在海上和埃及度过三年动荡不定的生活后，在  1818年6月下旬返回祖国。这次航海虽然增长了他的知识，磨炼了他的意志，但更给了他许多痛苦的回忆。18岁那年，货船遇难，船上的几名伙伴连同船长死于非命，他虽幸免于难，但从这次航行后便对航海丧失了兴趣。回家不久，伊曼纽尔在一位建筑师那里做学徒，以打工为生，并进入一所文化学校，接受了一些基本的文化教育。也就是在这个时候，他抓住了一次大显建筑才能的良机，他的人生发生了重要转折。这一年，瑞典国王理查四世和随从路过伊曼纽尔的家乡耶夫勒。伊曼纽尔得知理查四世特别喜欢凯旋门后，立即在短时间内奇迹般地设计建造了一座凯旋门向国王致敬。国王路过凯旋门时，对这样一个偏僻的地方竟能在仓促之间建成这么一座宏伟建筑而惊叹不已，对这个从未受过正规教育的年轻人非常赏识。伊曼纽尔因此得以在1821年至1825年进入斯德哥尔摩建筑学校学习，且每年都能获

诺贝尔传

得奖学金资助。在校求学期间，伊曼纽尔不但勤勉好学，而且充分展示了他的天分，曾因制作精巧模型多次获得学校的发明奖。1822年，他制成风力推动的抽水机模型，获得学校最高奖学金60泰勒。1823年学科主任、瑞典著名建筑师布洛姆给伊曼纽尔的评语为"成绩值得陈列于皇家科学院"。1824年因"制成一座精巧活动房屋的模型"又获得60泰勒奖金。1825年他又因"螺旋形楼梯模型、两座活动房屋模型和各种印布机的设计"等获得同样的奖金。同年，他荣膺建筑方面最高奖——"泰辛"奖，这是为纪念17世纪的瑞典大建筑家泰辛父子而设立的建筑大奖。1825年以后，伊曼纽尔受聘工程学校担任设计教师，由于亚麻精整机的设计而获得年度奖金。1826年这所学校改建为工业学院。伊曼纽尔虽然缺乏理论修养，但凭着他的实践能力和在实用方面的特殊天资，从1826年开始担任建筑师和工程师的职务。但伊曼纽尔与这个工业学院的关系只有几个月。在此同时他开始搞发明，1826年伊曼纽尔向工业学院提出了三项专利申请：第一项是"我发明的一种新式刨木机具有十分特别的优点，工作质量好，节省时间"。另外两项发明是"一个具有10个滚筒的辗印机和一种机械装置"。工业学院认为已有刨木机同类机械，并不新颖；却赞助了其他两项，特别是"伊曼纽尔·诺贝尔的机械装置，能够将旋转动作转变成前后运动，而且用皮带，不用齿轮……是一种完全新奇而独创改进的"。伊曼纽尔把三项发明呈报商业部后，商业部专利局驳回了他的刨木机的专利申请，其他两项申请也未做决定。直到1828年，伊曼纽尔才取得了"诺贝尔动力机械装置"的专利。此后，他利用该动力机械装置原理发明了压榨机。

3. 第一次破产

1827年，伊曼纽尔与一位书记长的女儿罗琳娜·安德丽塔·阿尔塞尔结婚，组成了一个和美的家庭。罗琳娜身材苗条而精力充沛，是一位朴素的妇女，善良而有智慧且不乏幽默。她的鼻子短而宽，一头下垂的

罗琳娜·安德丽塔·阿尔塞尔，诺贝尔的母亲，来自一个富裕的家庭。她一共生育了个儿女，只有3个长大成人，他们是罗伯特、路德维希、阿尔弗雷德。她宽容、善良、刚毅的品质对儿子们影响颇深。

一、伊曼纽尔——破产的发明家

黑发从中间分开,一副若有所思的神情显得她内心镇静。婚后,她颇能吃苦耐劳,节俭持家。此后,伊曼纽尔虽几次大起大落,但罗琳娜始终对自己的丈夫表示理解和支持,无怨无悔,为丈夫营造了一个良好的工作环境和欢乐温暖的家庭。他们一共生育了8个孩子,但只有罗伯特、路德维希、阿尔弗雷德3个儿子长大成人。伊曼纽尔和罗琳娜的婚姻持续了45年,被公认为是一对幸福的伉俪。正是他们——智慧的父亲和慈爱的母亲,给了阿尔弗雷德·诺贝尔一生用之不竭的优良品质:聪明、勤奋、博爱。

在19世纪,瑞典是个人口稀少的大国,大部分地区覆盖着无边无际的森林。它虽以富有矿藏著称于世,但由于远离工业发达的西欧各国,技术落后,交通不便,仅靠国内有限的几条单轨铁路,经济十分落后。燃料仍以得天独厚的木材为主,因此工业主要是木材加工业。煤田也是刚在开发,小而分散。粮食歉收,难以养活日益增长的人口。再加上政治动乱、战争不断,有相当多的人迁移到了北美。伊曼纽尔就是在这种历史条件下开始创业的。

1828年,伊曼纽尔经营的不动产生意获得可观的收入,还算富有,因此,伊曼纽尔夫妇1828年1月1日搬进斯德哥尔摩郊外斯塔卡尔塞布鲁克一幢寓所,新居有楼上楼下两层,楼下有房一间、厨房一间,

瑞典大部分地区覆盖着无边无际的森林。

楼上有房两间、厨房一间,租金每年106泰勒又32先令,住房周围树木成荫,湖水辉映,居住环境十分优雅而清新。次年,罗琳娜生下长子罗伯特·诺贝尔(Robert Nobel,1829—1896)。1831年次子路德维希·诺贝尔(Ludwig Nobel,1831—1888)诞生。

伊曼纽尔擅长机械制造,但才能无法施展,只好先当建筑师。他曾接受了好几处委托,他承建房屋两所,一是安茹法官的,在斯托托盖特;另一处是贵族毕特生的,在蒙克布隆。他还在耶可布斯柏格附近承建了一所洗衣房;在斯库鲁桑德承建一座造价3万泰勒的悬桥。1833年一场大火将伊曼纽尔在兰格霍尔曼、克拉帕斯塔德的财产毁于一旦,负债总额达11698泰勒又10先令,在别无选择的情况下,只有宣布破产。一直到1834年7月,破产生效,但仍未解除一切债务,直到1850年,他仍未完全了清旧债。

1833年的那场大火使伊曼纽尔倾家荡产,迫使他搬到诺曼街9号一所便宜的房子。在那座两层楼建筑后部,一条木楼梯从院子通向诺贝尔一家的住所:一间起居室,两间卧室和一个厨房。房内除了一些必不可少的生活用具外,几乎不能再简陋了。1833年10月21日,罗琳娜在这所房子里生下了阿尔弗雷德·诺贝尔。阿尔弗雷德9岁以前就是在这里度过的。

经济上的破产没有摧毁伊曼纽尔的工作热情,他似乎摆脱了噩运,又把精力投入到各项发明中。罗琳娜深知丈夫的想像力常常失去控制,盲目乐观或忘乎所以,她总能以自己的聪明才智和幽默风趣设法让伊曼纽尔头脑清醒和冷静下来。虽然伊曼纽尔从未学过化学,但这段时期他常常到化工厂学习有关橡胶的化学知识,潜心进行化学试验。经过考察,他认为将橡胶应用于外科医疗器械最为简单,并有利可图。1835年,在岳父阿尔塞尔一家帮助下,买下一家小橡胶厂和化学、军用和工业用仪器设备,开始制造外科橡胶用品。随后他对一种供士兵携带装备的橡皮囊特别感兴趣,这种折叠式橡皮囊充气后可做睡垫用,连在一起,可用

伊曼纽尔第一次破产后,诺贝尔一家就搬到这所房子的后楼里。它的简陋显而易见。老诺贝尔当初租下它,就是因为它房租便宜。但谁也没想到,这里出生了一位世界上最富有的人。

一、伊曼纽尔——破产的发明家

为军队渡河的浮桥。但当时瑞典的北方战争已以失败告终,军方对这项发明的开发已失去了兴趣,也缺乏经费资助它,最后不了了之。

诺贝尔出生地楼房正面景观。

伊曼纽尔不论如何努力,不论如何对自己的才能充满信心,可事事都不能如愿以偿。他到底还能做些什么?这时,从埃及传来将要开凿苏伊士运河的消息,重新鼓起了伊曼纽尔的勃勃雄心,让他产生了灵感:他要发明一种炸药,使运河隧道和筑路建设工程省时省力,彻底改变以前落后、缓慢的面貌。运河工程巨大,工期要历经数年,如果自己发明出一种强烈的炸药,一定能获得持续多年的丰厚利润,为自己的事业开创一条新出路。

古罗马皇帝克劳迪亚斯一世为福齐诺地区排水之用下令开凿一条3英里长的运河,3万农奴干了11年之久才竣工。1000多年过去了,虽说17世纪初中国的火药已传入西方,可是全用于枪炮,在大型工程中仍使用原始的施工方法,没有什么突破性的进展。如16世纪和17世纪开掘一条通往芬兰境内的哈尔蒂山脉五英里长的隧道,前后竟用了150年之久。早在17世纪,铁矿开采已成为瑞典工业的支柱产业。瑞典国王斯塔夫斯二世不仅借助铁矿的生产装备新军,而且制造武器出口。由于生产方式的落后,瑞典的铁矿开采已日益衰落,如果有一种强烈的炸药能够在关键部位炸开岩石,提高掘进速度,增加采矿效率,就可能使瑞典的铁矿开采复兴。

只有通过新式炸药的使用,才能改变筑路及开矿的落后现状,虽然伊曼纽尔并不懂炸药知识,也没受过安全操作训练,但他不顾一切后果,立即一头扎进这个危险而有前途的试验之中。这令罗琳娜十分不安。1837年,伊

诺贝尔传

曼纽尔在他家后院的那个棚子里开始进行炸药试验,研究炸药的各种配方,以及温度、湿度等对炸药性能的影响。1837年的一天早晨,伊曼纽尔家后院里猛然传来爆炸的巨响,震得房屋摇晃,门窗格格作响。受惊的邻居们聚集到院子里对伊曼纽尔怒容满面,大声谩骂,充满敌意和愤怒,而伊曼纽尔这时正为他的一种新炸药配方而兴高采烈。年仅4岁的阿尔弗雷德目睹了父母尴尬、孤立的场面,这一情景直到他成年后还一直铭刻在心里。谁也不会想到成人后的阿尔弗雷德像父亲一样,沉迷于与死神为伍的炸药,成为闻名于世的炸药大王。

由于这次事件,邻居们把伊曼纽尔告到市政当局,市政当局下令禁止伊曼纽尔再进行爆炸试验。市政当局的禁令打破了伊曼纽尔发明工程炸药以弥补经济损失的希望。他的债主这时又纷纷索债。1837年有一位债权人因他的债务未清,以拘禁恫吓。于是伊曼纽尔产生了离开瑞典,到别的国家发展他的事业的念头。

迫使伊曼纽尔离开祖国另寻生路有经济困难方面的原因,但真正的动机在于他认为瑞典的工业和应用科学前途暗淡。瑞典刚刚经历了战争的创伤,政治和经济危机四伏,资金短缺,工业发展受阻,只有传统的采矿业及其附属工业在技术发展上达到较高水平,机械工业的发展刚刚起步,他所擅长的机械发明显然无用武之地。

1837年,伊曼纽尔告别妻儿只身前往芬兰。对于此事,伊曼纽尔曾写下如下的话:"我是想把自己的计划付诸实施并为工作而获得勇气。但我早就想到,在有许多反对者的祖国是无法达到这一个目的的。"伊曼纽尔的出国护照是在12月15日签发的。这其中多亏阿尔塞尔夫妇对伊曼纽尔的很大支持,替他稳住了那些债主,使他比较顺利地获得了出国护照。他在芬兰停留时间很短,以出售一种新式煤油灯维持生活。最后辗转到了人地生疏的俄国圣彼得堡。

> 伊曼纽尔第一次破产后,独自一人经芬兰赴俄国发展,诺贝尔三兄弟与母亲相依为命。他们的生活过得非常艰苦。诺贝尔的哥哥罗伯特曾说:"我最辛酸的记忆之一是有一次妈妈曾给了我一个25分铜板,要我去买晚饭吃的东西,可我却把这个可怜的小硬币弄丢了!一家人晚上不得不饿着肚子。"

一、伊曼纽尔——破产的发明家

4. 圣彼得堡创业

当时的俄国，沙皇尼古拉一世刚即位不久，他宣布对外政策是"奋发、果敢和进取"，他的近期目标就是建立俄国对近东的完全统治，尤其注意控制黑海海峡地区，这就造成了俄国与英国、法国的关系紧张，但加强国家安全的任何策略都会受到民众的欢迎。伊曼纽尔此时来到俄国使他的发明才能有了用武之地。

19世纪初的圣彼得堡街道。那时的俄国，统治上专制残暴，经济上落后萧条，却给了外国人许多机会。

伊曼纽尔在圣彼得堡制造各种机械，其中特别闻名的是一种切割轮毂的机械。他更致力于炸药的研究，设计制造出防御用的地雷和水雷。在此期间，他结识了一位俄国将军、工程师伊盖尔夫，对他的发明很有兴趣，并向国防部长提交报告。这是研究1840年前后伊曼纽尔的重要文件。在一次报告中，伊盖尔夫将军写道：

"国防部部长钧鉴：接奉1841年9月19日第597号钧谕，转奉皇帝陛下令，外国人诺贝尔曾发现摧毁远距离敌军的方法，应准于在境内试验。

再则，在1844年末，诺贝尔在我面前用一种火药器械将地上一片土炸入天空，这一试验证明完全成功。

圣彼得堡的冬宫。

009

这件器械因构造简单,从表面印象就可以判断,值得特别注意。一队工兵可以在短时间内分区埋置这种地雷,敌军进犯,占领这地方,就会有全军覆没的危险。应用这些地雷有下列优势:

1. 掩护退却的卫兵,在受到敌军顽强压迫时,可用于纵列行军。
2. 用于放弃不守的村庄和敌军炮队必须经过的村庄。
3. 用以阻止敌军,使不能接近桥梁。
4. 用以巩固堡垒的防御。这堡垒是军事上选定的优越位置,没有受攻击的弱点。
5. 用于孤立的堡垒,防御敌军意外攻击,例如黑海东岸和类似地点。
6. 用于必须坚守地区,可以在该地区四周遍布地雷,或埋置两三排,以对付敌军持续攻击。

在1841年9月16日第2803号通讯内,我曾向部长报告,如果政府接受他的设计,诺贝尔希望得到4万银卢布报酬。他为了试验结果得到成功,不但耗费很多时间和精力,而且常因布置仪器而冒生命危险,而他又不愿将试验委托别人进行。他虽然觉得他的试验应得到赞许,但一直考虑放弃报酬,因为他认为仅凭一次试验还不足以使政府信任他的发明的真正价值。他只要求最后一次付款3000银卢布,作为必需的试验费用,如购地、材料、人工以及准备阶段机械工作所需的费用。这几项用款已经超过以前所核准的试验费。

我认为诺贝尔的请求全属实情,他曾在我面前进行试验,使我相信他所说三年来所遭遇的困难和花费的情况,我谨求部长转奏皇帝陛下,准予付给诺贝尔所请求的款项。

此外,我想再申明一点,诺贝尔进行的水下试验并未获得委员会的酬劳金(honorarium)。他为了进行这种试验,抛开了其他职务,使他不得不请求时间和金钱损失的补偿。"

在另一份报告中,他又写道:

"国防部部长钧鉴:接奉1842年3月5日第112号钧谕,转奉皇帝陛下圣谕,准许外国人诺贝尔进行碰泊和漂流水雷的试验,这是我前次请求部长转奏皇帝陛下的。

我或许可以假定诺贝尔的碰泊水雷已被部长知悉而接受,我是等待投

一、伊曼纽尔——破产的发明家

入实际应用,现在转呈诺贝尔来函。请求进行漂流水雷的试验,并恳请转奏皇帝陛下。如果获得陛下核准,请按他请求的款数,支付他3000银卢布,请随时赐复。在这一方面,我认为诺贝尔过去试验的成功和他的发明天才能够保证他的计划实现。假使这项发明成功,结果一定至关重要,这笔区区用款也就不值计较了。"

老诺贝尔的工厂在俄国的主要订单来自俄国政府,他发明了水雷,并试图说服俄军订购他的水雷。此图是老诺贝尔亲手绘制的一幅水雷炸毁船只的场景。

1852年,伊曼纽尔的水雷终于在圣彼得堡附近的奥契达河河口试验成功。但关于水雷管辖权的归属,海军、陆军展开了无休止的争执,问题被无限期搁置起来。直至1853年,俄国和土耳其因"巴勒斯坦圣地"发生军事冲突。1853年10月4日,土耳其对俄宣战,1854年3月28日,英法对俄宣战,克里米亚战争爆发。9月,英、法、土三国联军在黑海北岸的克里米亚地区登陆,开始对俄国要塞塞瓦斯托波尔进攻,就连沙皇王宫所在的圣彼得堡也必须防备从海上的攻击,为了应付战事,总参谋部想起了伊曼纽尔的水雷,授命他紧急制造水雷尽快在海域设防,以抵御英国舰队。罗伯特·诺贝尔按照父亲伊曼纽尔的设计在芬兰湾港口与圣彼得堡的战略要地、结冰的克隆斯达特军港的入口布置水雷。英法联合舰队未敢冒险进入芬兰湾。联合舰队司令内皮尔对其海军部报告说:"芬兰湾布满了恶魔的机械。"

没有敌船被这些水雷击沉或击毁是肯定的,即使如此,它在当时对敌舰也确有一定的威慑作用。一个英国水兵发现了一枚水雷,把它捞上来放置在旗舰"威灵顿公爵号"上,交给军火专家检查,在拆卸这种水雷时,当场炸死一名水手。有一艘俄国汽船不听领港员指示的路线,结果撞上一串封锁

诺贝尔传

港口的水雷受到重创。附近游弋在涅瓦河口斯韦伯格的英国舰队目睹到这一事故,给英国人留下了极深的印象,正是由于这一件事使停泊在芬兰湾的英国舰队未敢发动攻击。由于水雷对港口确有一定防御作用,因此俄国军方源源不断地向诺贝尔工厂订货。

伊曼纽尔还曾编写一本详细论说他发明的水雷的著作《用极经济的建筑与人数保护海口及其要道的方法》。这本浅蓝色封面的手抄本书籍现在仍被完好地保存着。

伊曼纽尔自1837年来到圣彼得堡后,他的事业蒸蒸日上,1842年开办了金属工厂和铸造厂各一座,厂务很发达,伊曼纽尔成了俄国有名望的工程师、企业家。1842年10月他把罗琳娜母子接到圣彼得堡团聚,在随后的几年里把在瑞典时的债务一一偿还,摆脱了债务的困扰。

几年之内,伊曼纽尔的事业有了实质性的飞跃发展。崭新的厂房与设备代替了以往矮小和陈旧的厂房与设备。

水雷是一种和地雷相似的武器。不同的是地雷是埋于地下,而水雷是布放在水中,用于炸毁接近或碰上它的船只。这也是老诺贝尔亲手绘制的一幅在港口和狭窄水域布放水雷的图画。

1853年11月的俄土战争中,俄国军舰击溃土耳其的舰队。

一、伊曼纽尔——破产的发明家

工厂取名为"诺贝尔父子机械工厂"。儿子罗伯特和路德维希也开始参与工厂决策、经营和管理。由于1854年的克里米亚战争,俄国国防部的订单源源不断地送到了诺贝尔父子工厂。战争是流血、痛苦和死亡,但却给伊曼纽尔带来了机遇。这一时期,诺贝尔父子工厂承接的军备订货除了水雷外,还有其他大量的军用材料。战争爆发后,铁工厂停顿,原材料和机器不能从国外运入,国内又没有资源,并且缺少熟练工人和技术专家,诺贝尔父子面临着巨大的困难。一年之内诺贝尔父子利用英国人的旧图纸制造了3台500马力的蒸汽发动机,而为了这些发动机,伊曼纽尔利用自制的大锻锤锤炼出大机轴,大汽缸则是用特别的机伴铸模和钻孔制成。同时自己设计加工制成5架200马力的螺旋桨推进器。由他们承造的军舰机械装备起来的有航行在波罗的海的浮拉号与甘弋号,以及战舰雷特费桑号,这艘战舰双层甲板,84尊炮,使地中海俄国舰队地位受到重视。

1855年,俄国国防部要竭尽全力建立一支崭新的现代化的海军,著名的船舰工程师尼古拉·伊凡诺维奇·波特洛夫受命建造战舰100艘,14艘海岸炮舰,6艘巡洋舰。伊盖尔夫将军被推选同波特洛夫合作,诺贝尔父子工厂当然是值得依赖的制造商,他们为舰队共制造了11架200马力至500马力的发动机和其他零配件。

这一时期,伊曼纽尔又有不少其他的发明,设计了一种制造木轮的机器,俄国政府给各兵工厂定制了两套这种机器;发明了家用取暖的锅炉系统,在医院和旅馆里装上了暖气设备,俄国的第一套暖气设备就是伊曼纽尔发明的。

5. 再度破产

大批的订单使伊曼纽尔满怀信心,除了自己出资外还借了大批的贷款来扩充他的

1835年,法国人达盖尔发明了银板摄影法。人们可以永久性地将值得纪念的东西保留下来。这张反映克里米亚战争的照片,也是世界上第一张反映战争的照片。

诺贝尔传

工厂规模，除涅瓦河左岸的工厂开足马力生产外，又开了几家分厂。在战争的第一年年底，工厂新雇用了1000名工人。俄国政府于1853年授予伊曼纽尔一枚沙皇金质奖章，以奖励他对俄国军备工业所做出的贡献，也是俄国政府给予外国人的稀有殊荣。伊曼纽尔在俄国的事业处于辉煌时期。

　　1855年3月2日，沙皇尼古拉一世驾崩。同年9月，俄国炸毁塞瓦斯托波尔要塞，击沉舰船，撤出要塞，实际上宣告了在克里米亚战争中俄国已战败。亚历山大二世即位后于1856年2月在《巴黎和约》上签字。新沙皇认为，导致克里米亚战争失败的原因之一是俄国军事装备质量赶不上英国和法国。于是他决定从外国订购先进的武器装备，并下令取消同国内企业签订的全部合同。沙俄军方原来与诺贝尔父子工厂签订的所有军备合同，当然也被全部废除。这一消息对诺贝尔一家如雷击顶。在此之前，为了完成沙俄军方的订单，伊曼纽尔因扩大工厂的生产能力曾向银行贷了巨款。沙俄政府的毁约，对伊曼纽尔的工厂如釜底抽薪，使其债台高筑，陷入困境。

> 克里米亚战争：1853—1856年，俄国与英国、法国、土耳其、撒丁王国之间的战争。因主要战场在克里米亚而得名，因俄国与土耳其之间的领土纷争而起。俄国战败，诺贝尔父子工厂也遭厄运。

　　伊曼纽尔据理要求俄国政府履行合同、为毁约赔偿损失，遭到了拒绝。祸不单行，在随后不久他的工厂又发生了一次火灾，无异于雪上加霜。1857年4月他在写给阿尔塞尔一家人的一封信中说："你为火灾的损失向我表示慰问，这些损失虽大，但同政府造成的损失相比，不过是沧海一粟，战争刚结束，政府就毁约，拒绝履行已订的合同，这击倒了我微弱的生机，三个月来我不知所措。现在谢谢上帝，我已完全恢复，能工作，也能思考。你还记得，我们有一次谈到我的地位时，我曾说过，如果政府信守书面印刷的文件，维持我奉政府命令开办的工厂的盛况，我

阿尔弗雷德告别巴黎，又来到伦敦筹款但未获成功。

的境况会很好,否则我将一无所有,因为我已把一切投入企业。"

为了度过这场危机,伊曼纽尔仔细地编制了工厂的概况表,列举了资产、生产计划、开销,并作出分析、提出概要。1858年末派精通外语的阿尔弗雷德到巴黎和伦敦筹款,但未获成功。

到1859年,伊曼纽尔无路可走,不得不又一次面临破产的打击,他把工人转让给他的债权人,留下3个儿子料理工厂的债务问题,黯然神伤地带着妻子罗琳娜以及在俄国出生的儿子埃米尔回到瑞典。

6. 不屈的老人

伊曼纽尔回到瑞典时已年近六旬。在旁人看来,他的事业似乎已经失败,该在自己的故乡默默无闻地度过晚年了。然而伊曼纽尔这位不屈不挠的发明家却壮心不已,他在赫伦内堡租了一座房子既当住处又当实验室,又沉醉于他那些富于幻想的发明之中。

伊曼纽尔离奇的想像力超过了理智的界限。在圣彼得堡他曾得到俄国政府的资助,进行了一系列水雷自动爆炸的试验,"要是当时能制造出可以控制前进方向的水雷,那时就会在克里米亚战争中发大财"。现在他又恢复了对自动水雷的研究,他想到如果捉到并训练小海豹,使它成为水雷爆炸的活的发动机,推动水雷到适当的水域爆炸。他的这些想法,让儿子们觉得稀奇古怪,而后来伊曼纽尔在一封信中得意洋洋地谈到他已找到一种方法,用硝化甘油制造炸药,更让儿子们感到不安。

当时的瑞典,正忙于修铁路,开矿山,急需更猛烈的炸药。伊曼纽尔面对炸药这个潜在的大市场,他又想起了他的火药,决定重操旧业,研究可以提高爆破力的新式炸药。

伊曼纽尔认为他的新式炸药实验已取得重大突破,于1863年7月3日写信给阿尔弗雷德,要求他回瑞典协助他更快地进行硝化甘油的应用和开发。伊曼纽尔在这封信中写道:"我现在总算能告诉你,我实验的火药已得到真正的好结果,我现在用低价制成的产品,其质量完全可以与最好的法国霰弹枪火药相媲美。制造这种火药,或许能扩充为大工业;尤其在俄国,每年火药的消耗量是20万磅,加上40万磅的储备火药,我们的产品,每磅可赚20个阿尔。我们不要取笑这件事,我们肯定能用它挽回从前在俄国的所有损失。所以你一定要马上回来,帮助你的老父,并在国内外照看这项事业。"这位老人又是太过自信,因为他的发现后来证明是纯粹的幻想。

伊曼纽尔认为他已经发明了一种极好的炸药,将10%的硝化甘油添加到普通黑色火药中。按照他的估计,这种混合物只须是黑色火药的一半成本就可以达到同样的效果。而且枪筒的阻塞可以减少到原来的1/15。他从瑞典军方得到6000克朗的经费,1863年秋,在阿尔弗雷德的帮助下伊曼纽尔在卡尔斯堡(Karlsborg)进行试验,结果很不满意,这种炸药不适用于装药式的枪炮。

7. 赫伦内堡灾难

1863年,阿尔弗雷德完成了第一个重要发明,这个发明就是黑色火药和硝化甘油的混合物,使黑色火药爆炸力大大加强,1863年10月16日瑞典商业部授予他制造这种炸药的10年专利权。伊曼纽尔信心百倍地和阿尔弗雷德一起很快创建了新炸药工厂。1864年他们在斯德哥尔摩的赫伦内堡租了一所房子进行炸药的试验和少量生产,这所工厂除了伊曼纽尔和阿尔弗雷德外,厂内仅有工程师一人,男女仆各一人,阿尔弗雷德的弟弟埃米尔也是这个炸药工厂的重要成员。埃米尔当时21岁,是乌普萨拉大学的学生,那年夏天也在这个工厂工作。

1864年9月3日早晨,一场震惊赫伦内堡乃至整个斯德哥尔摩的惨剧发生了,工厂由于意外事故发生爆炸,在废墟里找到五具残骸:埃米尔·诺贝尔,工程师赫兹曼,男仆、女仆和一名过路的工人。

这次事故,使伊曼纽尔刚刚愈合的创伤又被撕裂。性格刚强的他一生经历了两次破产,这次又在自己开办的工厂里断送了爱子的性命,遭受到前所未有的不幸。这次最沉重的打击,使从未被压垮的伊曼纽尔,积郁成疾,身心交瘁,在1864年10月6日猝然中风。此后长年卧床不起,再也没有恢复。1865年4月伊曼纽尔四肢能够活动了,他用铅笔给阿尔弗雷德写了一封信,在信中,他告诉儿子自己感觉到手脚开始恢复动作的能力,医生劝他到温泉去疗养,可是他抱怨太费钱了。在同封信上罗琳娜说明了伊曼纽尔

一、伊曼纽尔——破产的发明家

实际的健康情况,即使有人扶持,还不能站立或行走。她还写道:"不过这个可爱的老家伙已经开始幻想了,这并不稀奇,你试想你可怜的爸爸过得是何等单调而悲惨的生活,躺在床上整整4个月,一动也不能动,就是躺下来也要人扶持,这是对一位老人的风烛残年的耐心真是一场考验。"

直至1865年6月,伊曼纽尔仍没有钱到温泉去疗养。那时阿尔弗雷德刚到德国创业,处境也很困难,最后他把在挪威的专利权以现金出售,寄钱回家让父母到诺泰琪去养病。在疗养期间,罗琳娜曾给阿尔弗雷德写信说:"托上帝的福,我们应感谢我的小阿尔弗雷德使我们能够到这里沐浴。我肯定我们已经得益。你亲爱的老爸爸虽不能出门一步,但他自己觉得已比以前强健多了。"

身体状况有所好转的伊曼纽尔,身体活动仍受到极大的限制,即使如此,老人仍继续幻想各种发明,在疾病的折磨下,伊曼纽尔开始从创造性的思维活动中忘却痛苦,并寻求力量和安慰。正如罗琳娜在信中所写:"他现在正忙于各种事务,因此也叫别人跟他不停地工作,不过据我看似乎都是白忙——因为他过去有伟大的活动,现在回光返照也是自然现象。这是可怜的老家伙感到长长的日子过于无聊。"1870年,伊曼纽尔出版了一本书名为《为防止由现代失业问题所引的移民狂热而创设的一种行业》的小册子,提出用锯木厂的木屑压成板,以吸收大量的劳动力,养活成万的失业工人。除了用于国内工业外,这项原料可以用来制造大小货车或房屋,运到温带国家尤其是常地震的国家,将成为很值钱的输出品。伊曼纽尔所计划的工业原料就是后来在美国、德国、英国以及斯堪的纳维亚所称的胶合板。伊曼纽尔还在书中附列一表,列举了很多可以用胶合板制成的器具。

"各项建筑应用的器具,如嵌木细工的地板,室外屋顶,夹层墙。"

"中空的梁、椽和直立的支柱,用以代替实心的梁。"

"长方形箱箧、衣箱、摇篮、婴儿用推车。"

"通水和气的管子,传送信件和包裹的管子。"

"活动式房屋,将来可成为瑞典重要输出品,尤其是运到常有地震为患的国家。"

"质轻而美丽的送食物用的提篮。"

"在薄冰上行走的安全雪车。"

"大小马车等等。"

有些想法十分离奇,近乎荒唐,如由于担心自己被活埋,伊曼纽尔计划用胶合板制造一种棺材,不但质轻、价廉,建造雅致,装潢整备,并在棺盖上钻有小气孔通气,再用一条绳子系铃于末端,使棺内尸体复活时能举手拉铃。无怪乎他的儿子认为他"神志衰退"了。

伊曼纽尔从1864年10月中风到逝世前的八年时间内写了三本附有精美插图的笔记论述他的各种发明——《经济的陆上防御》、《经济的水上防御》、《对于保卫国土的一个试行方案》。老人虽无力进行各种有关新发明的实验,但在写作和绘图中论述了他的那些发明,回忆成为他的一种精神寄托。

虽然伊曼纽尔富于幻想,但他的确是一个天才。他虽没有接受过真正的技术教育,却凭着天资,成为一名发明家。他富有想像力,但时时感到缺少教育的痛苦。他并不是一位商人,没有多少经营头脑。他是乐观主义者,对可能遭遇到的困难和实际障碍不能通盘筹划。他生平所遇的挫折多半由自己的缺点所致,但他的性格可贵,对于这些挫折从不介意。他曾拥有大规模的工厂,但对工作的兴趣超过获得的回报。他生平历尽艰苦,但他是能吃苦的人。在他暮年因病不得不减少工作,这是他最难受的。他创造性的思维和丰富的想像力、乐观的情绪和自强不息的进取、屡遭挫折而毫不气馁等等的精神对于他的儿子——阿尔弗雷德·诺贝尔及其兄弟产生了巨大的影响。

伊曼纽尔·诺贝尔就是这样一个人——他把毕生精力贡献给了发明事业。伊曼纽尔在去世前不久还想到要完成一件新年礼物献给国防不稳的祖国。当时他已不能执笔,给阿尔弗雷德·诺贝尔的最后一封信是口述的:

亲爱的阿尔弗雷德:

在我们进早茶时收到你的电报。在圣诞节前夕5点钟里德贝克(Liedbeck)带来你送给我们的礼物,同时老阿尔塞尔也来看望我们,他自从我生日那天后一直没有来过。这真让你的母亲快活极了,她知道你还惦记宝莲(Pauline)、亨妮(Lotte Henne)和她们的儿女,这更让她快乐。

我现在差不多已完成一件新年的礼物,预备献给国防不稳固的祖国,或能在年前作为礼物送去,且看国会(Reichstag)里的人们对此有何

一、伊曼纽尔——破产的发明家

意见。你的老双亲很想在这岁末和你见面,大家亲热一番。

1871年12月26日
于斯德哥尔摩赫伦内堡

1872年9月3日在小儿子埃米尔死后8年,伊曼纽尔·诺贝尔与世长辞。一个发明家走完了他的人生道路,未竟的事业使他难以释怀,但儿子们的才干、魄力和长进都使他得到安慰,正是他引导着阿尔弗雷德·诺贝尔走上了光荣而又艰辛的发明之路。

二、阿尔弗雷德的青少年时期

1. 孤寂童年

瑞典是北欧国家，面积与法、德两国相近，首都斯德哥尔摩位于沟通梅拉伦湖和波罗的海的西岸，全市分布在波罗的海的14个岛屿和一个半岛上，岛屿之间以造型优美的桥梁相连，大小岛屿之间的湖泊星罗棋布。河流与林木相映衬，水网交织，街道两旁是独具特色的木屋和其他建筑，建筑物就像浮在水面上一样。1833年10月21日，阿尔弗雷德·诺贝尔就出生在这个美丽城市诺曼街9号的一所房子里。原建筑在1934年已被拆除，现建成现代楼房，在它前面墙上的大理石铭牌上刻有"发明家、促进文化者、和平之友阿尔弗雷德·诺贝尔，1833年10月出生于此"。阿尔弗雷德9岁以前就在那里度过。

1833年初一场大火使伊曼纽尔倾家荡产，使他处于最困难时期。阿尔弗雷德出生后因先天营养不足一直体弱多病，连呼吸和吃奶的力气都没有。父亲伊曼纽尔十分担心他活不长，常常暗自祈祷："这个小家伙将给我带来的是福还是祸？让他给我带来新的希望吧！阿门。"面对襁褓中的阿尔弗雷德，母亲罗琳娜的催眠曲里也流

美丽的斯德哥尔摩是瑞典王国的首都，是全瑞典最大的城市、工业中心和交通枢纽。位于波罗的海西岸。城市坐落在14个岛屿和一个半岛上，素有"水上城市"之称。每年的12月10日，隆重的诺贝尔奖颁奖仪式在这里举行。

二、阿尔弗雷德的青少年时期

露着哀伤。但她相信对这个病弱婴儿呕心沥血的爱能感动上帝,上帝会保佑她的小阿尔弗雷德长大成人。

伊曼纽尔在阿尔弗雷德只有4岁时只身前往芬兰谋生,阿尔弗雷德身体特别虚弱,动不动就发烧、抽风,而且常常胃痛,有时母亲觉得必须把自己的意志灌输到这个病孩的心灵中。不知道有多少回阿尔弗雷德都是在母亲的照顾下才死里逃生。1851年,18岁的阿尔弗雷德用英文撰写了一首自传体长诗《谜》,描写了他童年时期病弱的往事:

图为芬兰的风光。

> 我的摇篮是临危病人的床,
> 母亲忧心忡忡守护在一旁,
> 为挽救那风烛残辉,
> 却难使我从险境挣脱。
> 我连吸吮乳汁的气力全都丧失了。
> 又遭到惊风的残酷折磨,
> 我在死亡的边缘上挣扎。

诞生后的8年间,阿尔弗雷德完全是在母亲的精心爱护下度过的,母子二人相依为命。她俩同住一间卧室,哥哥罗伯特和路德维希住一间卧室。母亲用无限的爱和亲吻给予他温暖和力量。

> 在那个年龄,爱神不会赠你玫瑰,
> 也不滋生糟蹋纯净心田的荆棘,
> 心房一直在那儿平稳地搏动,
> 不会因欢娱或悲哀而忐忑不安。
> 只有母亲的亲吻让小脸蛋儿乐开了花。
> 笑容里洋溢着天真和喜欢。
> 这种欢乐虽掀不起汹涌的波涛,

诺贝尔传

泪水不再浸透着苦难。
到了成年人的平静日子，
仍断不了慈母亲切的关怀和温暖。
我俩一起欢呼仙境般的未来，
让希望之光照亮美好的前程，
那希望之光啊，
是慈母在稚嫩幼小的心灵中燃起的微弱火光！

然而阿尔弗雷德总是生活在病弱的阴影中，像诗中表现的幸福时光总是断断续续的，每次也不能维持多久。

因为疾病的痛苦像一片阴影，
笼罩着我生命的黎明。

他身体羸弱，大部分时间躺在床上、呆在房里，不能与其他孩子在一起玩耍。

在脱离只会啼哭的婴孩时代，
我仅是微不足道的东西，
除了悲伤，什么都不知，
惟有母亲的爱浸润我的心。
如今，我已长成幼童。
但因身体羸弱，
仍在母子这小小的世界里，
度过离群寡欢的岁月，
我从不加入其他孩子玩耍游戏，
最多是一个沉默的旁观者，
童年时代的欢娱远离我，
心中默想着未来的欢乐。

> 有钱不能使人幸福，幸福的源泉只有一个——使别人过得幸福。
> ——诺贝尔

伊曼纽尔离家后，养育三个孩子的生活重担全落在罗琳娜一个人身上。由于生活窘迫，罗琳娜在自家门口开了一个经营牛奶、蔬菜的小副食店，所赚得的钱难以维持母子四人的生活，伊曼纽尔在国外的机会仍然没有出现，

二、阿尔弗雷德的青少年时期

罗琳娜似乎成了个被遗弃的贫妇。把自己以及三个孩子的出路都寄托在一个工作无着落的男人身上是否靠得住？全家人哪天才能摆脱困境？在这种愁云惨雾中，她坐卧不宁，度日如年。幸亏罗琳娜的父母阿尔塞尔夫妇不时给予她们关照和救济，才得以能够艰难度日。罗伯特在日记中回忆说："我最辛酸的记忆之一是这个时期的一段小插曲：有一次，妈妈给我一个25分铜板，要我去买晚饭吃的东西，而我把这个可怜的小硬币弄丢了！一家人晚上不得不饿着肚子。"据路德维希回忆，1838年，也就是在他7岁那年，他们的父亲已经出国一年，在那个寒冷的冬天，家里穷得实在难以为继，哥哥罗伯特便带着他走街串巷，大声叫卖火柴，以便赚几个钱帮妈妈维持生活。

美丽的瑞典乡村风光。

1837年春，罗伯特进入雅可布预备学校一年级，路德维希是1839年秋天进去的。1841年罗琳娜母子的生活依然贫困不堪，未出现丝毫转机，但最让罗琳娜为难的事情是阿尔弗雷德已经8岁，该上学了，她简直无法想像怎能让这个弱不禁风的孩子听凭那些冷淡的、不怀好意的或粗暴的陌生人摆布。为了让孩子从小接受良好的教育，罗琳娜最后还是下了决心，于1841年秋天把阿尔弗雷德送进了雅可布小学。不过阿尔弗雷德在这所学校只读了两学期，这一年是他一生中仅有的正规教育。1842年春天就随全家去了圣彼得堡。

阿尔弗雷德的学习成绩是优秀的，第一学期的成绩报告单表明，他的智力得A，全年级82人中得到同样分数的仅有3人，他的勤勉和操行也得了A。第二学期智力和勤勉仍为A，不过操行得B，可能由于他在课堂上私语或迟到的原因。哥哥路德维希在智力、勤勉和操行只得到B,BC和AB。

由于身体的原因,阿尔弗雷德几乎没有伙伴,他大部分的时间都呆在家里读书写作文,或是一个人到田野、丘陵、河边去,在大自然中寻求属于他的童年。孤独的环境,培养了他观察自然的爱好,使他从中体验到无穷的乐趣。用他的话说就是:"我在少年时代研究了自然这个最好的教科书。"

2. 相聚圣彼得堡

1843年春天,伊曼纽尔的来信让罗琳娜母子看到了希望。他在信上说:有一位俄国将军伊盖尔夫,同时又是一位军火专家,对他的水雷和地雷研究极为重视,答应为他取得国防部的邀请,让他在圣彼得堡为一个专家组成的委员会做一次地雷和水雷的全面试验。并考虑以后可以与他合作建厂,进行军火研制和生产。

不久之后,伊曼纽尔的另一封信更让罗琳娜母子欣喜若狂,因为全家人很快就可以相聚圣彼得堡了。信上说:他已经进行了一次地雷和水雷演习,许多高级军事专家都出席了,迈克尔公爵也亲临现场,试验获得巨大成功。一连串地雷同时爆炸,摧毁了一片广袤的地区,假若敌军一个先遣纵队来犯,一次至少可以炸死50多人。因此,伊盖尔夫将军已向俄国国防部部长报告,要求国防部付给伊曼纽尔4万银卢布报酬,如果政府接受他的设计。伊盖尔夫将军还特别指出,不仅伊曼纽尔用于设计和制造地雷所花的时间和精力应得到报酬,对他在试验过程中所冒的生命危险也应给予奖金。伊曼纽尔在来信中还告诉罗琳娜母子,他建成一座小军火工厂,由于是和伊盖尔夫合伙经营,因此已接到俄国陆军部许多订单。此外自己已买下一幢房子,房子宽敞明亮还带有花园。"五年了,多么难熬的五年,我拼命工作,盼望着我们团圆的一天,这理想马上就能实现了,我有了自己的工厂。孩子们,你们为我高兴吧!我等着在圣彼得堡拥抱你们。"和信一起还寄来了很多钱,足够罗琳娜母子的路费。

1842年10月21日,罗琳娜和路德维希、阿尔弗雷德得到护照。第二天她们乘坐一艘帆船前往圣彼得堡。而此之前,具有冒险精神的罗伯特一心想和父亲早日见面,已在一艘货轮上当了一名机修工助手,在克隆斯达特港

二、阿尔弗雷德的青少年时期

圣彼得堡的风光。

登陆独自去了圣彼得堡。

圣彼得堡是1703年由彼得大帝创建的城堡，市中心有高耸的寺塔及圆形的屋顶，屋顶上直立的尖柱和建筑物间石砌的大道都与瑞典建筑风格迥然不同。广场十分宽敞，广场中央坐落着沙皇骑马的铜像。用花岗石砌成的河岸上耸立着巍峨的宫殿，街道上熙熙攘攘，商店里的商品琳琅满目，非常气派。

10月的一天，罗琳娜母子乘坐的轮船在圣彼得堡外的克隆斯达特港靠岸，伊曼纽尔的马车早已等候在码头上接他们。随后，他们直奔在涅夫斯基大道的新家。新家是一座很漂亮的花园住宅，庭院中树木成荫，池塘里游着鱼儿。庭院深处便是二层楼的庄园式住宅，其正面的长与高取黄金比例分割，十分壮观，而且有些近乎豪华。此外，家里还雇有仆人。诺贝尔兄弟惊喜地望着新家，罗琳娜也恍如置身梦境。

3. 家庭学校

> 路德维希天分最高；阿尔弗雷德最用功；罗伯特最肯动脑筋。
> ——伊曼纽尔·诺贝尔

阿尔弗雷德兄弟三人到圣彼得堡时还都在上学的年龄，阿尔弗雷德9岁，路德维希11岁，罗伯特也只有13岁。圣彼得堡没有瑞典人开办的学校，即使进了当地的正规学校，诺贝尔兄弟三人也听不懂俄语。在当时俄国有这样的风气：有钱人家的孩子都不去上学，而是跟着家庭教师学习。庆幸的是，伊曼纽尔在经济上已经充裕起来，

诺贝尔传

所以能够为孩子聘请瑞典或俄国的优秀学者做家庭教师。于是伊曼纽尔决定首先聘请一位瑞典籍的家庭教师,教他们俄文,一直到三个孩子已有相当的俄文程度后,再聘请俄国教师。由此一个小小的诺贝尔家庭学校诞生了。

在诺贝尔家庭学校之初,伊曼纽尔聘请了瑞典语言和历史学家 B·拉鲁斯·桑德逊(1789—1853)给诺贝尔三兄弟讲授瑞典语、俄语以及瑞典历史。而聘请的俄国教师,就是后来向他们父子介绍硝化甘油爆炸性能的尼古拉·齐宁教授。在当时的俄国,齐宁教授是著名的化学家,俄国有机化学的奠基人。1842年,齐宁即已发现当硝基苯的醇活液用硫化氢来进行还原反应时,可以制取苯胺。这是当时奠基硝基苯胺化学以及与此相关的有机合成工业的一项重要发现。齐宁因这一重要发现享誉欧洲化学界。齐宁后来成为俄国著名化学家门捷列夫上大学时的教师。诺贝尔三兄弟成为出类拔萃的人才,其中的一个原因,不能不说是齐宁给他们打下了牢固的知识基础,使他们能够在不同的领域里发挥自己的专长。尤其对阿尔弗雷德·诺贝尔的化学启蒙教育中所起的重要作用,显然是不能低估的。

虽然说圣彼得堡的气候不比斯德哥尔摩更为恶劣,但阿尔弗雷德受不了这座陌生城市的气候,除了胃病和容易感冒以外,又添上了脊柱方面的病。医生让伊曼纽尔夫妇放心,说脊柱方面的毛病会逐渐好起来,并建议让阿尔弗雷德平躺着,能坚持多久就躺多久,因为阿尔弗雷德脊柱方面的毛病,需要经常躺在床上。为了方便他听课,所以家庭教师来上课时总是把他的两个哥哥叫到他房间来,于是他的卧室也就成了诺贝尔家庭学校的主要课堂。体弱多病和年龄小曾让家庭教师有些担心阿尔弗雷德在学习方面赶不上两位哥哥,但很快被证明这种担心是多余的,阿尔弗雷德的天资和学习热情让这位教师感到很吃惊,阿尔弗雷德在学习俄语方面比哥哥的进步还快。不久他的说读能力甚至超过了父亲伊曼纽尔。

阿尔弗雷德在语言学和化学方面显示了非凡的才

伏尔泰(1694—1778)法国杰出的小说家、剧作家、哲学家、史学家及伦理学家,启蒙运动的领导人。他参与编撰的《百科全书》是一部反映启蒙运动思想的不朽著作,对欧洲的进步有着不可估量的作用。在他的作品中始终贯穿着一种关于人性和真理的思想,并不断为信仰自由而辩护。

伏尔泰说:"我可以不同意你所说的,但我将誓死捍卫你说话的权利,一直到死。"

二、阿尔弗雷德的青少年时期

能,除此之外,他还非常爱好文学,读了不少文学名著,他学习外国语常常废寝忘食。为了加强记忆,学法语的时候,他将法国18世纪著名哲学家和文学家伏尔泰(1694—1778)的作品片断译成瑞典文或俄文,译完以后再转译成法文,然后认真核对自己两次翻译的手稿,发现错误认真改正,直到弄懂为止。学英语时他也是这样做的,所以他后来能通晓俄、法、德、英等国的语言文字。1868年,他用英文将自己的诗《谜》抄赠一位英国的老牧师,这位老牧师读了以后,竟以为是英国人的作品,作出了以下评价:"我曾竭力搜求文法上的错误和谬误的成语,却是这样的少。在全篇425行诗句中,平凡的诗句,仅有6行。"在家庭教师的指导下,他熟悉了欧洲启蒙运动时代的哲学家,并爱上了雪莱的诗歌。这位英国浪漫主义诗人的叛逆精神,他对暴政、对愚昧无知、对一切卑鄙的情欲的强烈抗议,成为终生鼓舞他的力量。并由此爱上诗歌创作,开始做起"雪莱梦",希望自己也能成为像雪莱那样的诗人。

伊曼纽尔对阿尔弗雷德爱好诗歌很不赞同,而且很有反感。伊曼纽尔认为诗歌不过是懒散女子的消遣,一个有出息的男子汉不应当也不屑于此道。对阿尔弗雷德来说,父亲个性太强,打破了他幸福的美梦。父子间因此产生隔阂,但这种不快并没有影响阿尔弗雷德对父亲的事业越来越感兴趣。1843年弟弟埃米尔出生了。

父亲的工厂和诺贝尔家的住宅之间隔着一条很宽的河,阿尔弗雷德和两个哥哥对父亲的工厂和那里的工作极感兴趣。3人每天做完功课后都要到工厂去,阿尔弗雷德总是被那些快速转动的机器深深吸引,但令他觉得最有趣的是装入地雷或水雷中的火药。只要有空,伊曼纽尔便带着3个孩子在工厂中到处转,把机械的构造原理讲给他们听,有时让他们实际操纵一下,伊曼纽尔尽力把自己的经验和知识传授给孩子们。他不仅仅是孩子们的父亲,也是一位好老师。

诺贝尔兄弟三人各有所长,阿尔弗雷德并不是最聪敏的一个。伊曼纽尔在1849年9月的一封信中是这样评价自己的儿子的:

"看来上帝给予人们的天赋是吝于一个而弥补于另一个。依我看来,路德维希的天分最高,阿尔弗雷德最勤勉,罗伯特对于投机事业勇气最大,并有适应环境能力,这在最近的冬天使我惊奇。"

诺贝尔传

这个说法在当时可能是正确的。但以后人们将发现，阿尔弗雷德在三兄弟中，不仅是工作能力强，并且极富天才。

1849年1月，路德维希曾回瑞典探望外公一家，回到圣彼得堡后他给斯德哥尔摩的舅舅去信说："阿尔弗雷德长得这么快，我几乎不认得他了。他差不多和我一样高，他的声音深沉而粗哑，单凭声音我难以辨认，想不到会是他。"

自从诺贝尔全家迁到圣彼得堡后，伊曼纽尔的事业蒸蒸日上，欣欣向荣。1848年他给他的朋友、妻子的兄弟路德维希·阿尔塞尔（Ludwig Ahlsell）的信中写道："这里诸事都按计划进行，我监工的时候，常以手下不守纪律为苦，他们想得到最高的工资而做最少的工作。我在整个圣诞节期间生病，后来我带了2.1万卢布到工厂发工资时，我简直看不到一点工作的成绩。"虽然语气看似埋怨，实际上流露出怡然自得之情。

诺贝尔家庭学校从1843年起一直办到1850年。1850年，诺贝尔三兄弟结束了学业，罗伯特和路德维希到父亲的工厂去实习。罗伯特担任公司有关业务方面的工作，路德维希负责工厂技

圣彼得堡的涅瓦河。

术方面的事情。1850年1月，伊曼纽尔写给妻弟的信中说："你听到我已成为第一流管理者中的一个商人会感到惊奇。我的许多利益逼迫我走到这一步。罗伯特勤勉而小心地照料外面的事务，经我和我的同事们商定，每月给他薪资100卢布。这对于一个20岁的年轻人是很好的待遇，但我自信他有资格挣这么多。"伊曼纽尔很早就注意到阿尔弗雷德的兴趣和表现。有一次给他妻弟的信中有这样一段文字："阿尔弗雷德是个聪明而勤奋的孩子，而且有力求上进的精神。他的行为是任何人都不能与他相比的，因此他获得父母与兄弟们的尊敬。"他希望儿子长大以后在研制诺贝尔工厂的新产品方

二、阿尔弗雷德的青少年时期

面发挥作用。他不喜欢阿尔弗雷德太内向。伊曼纽尔为了让阿尔弗雷德出众的才华得到充分发挥,决定让他出国学习以完成工程师的教育,同时考察了解欧洲国家和美国在机械及化工方面的现状与进展。1850 年,17 岁的阿尔弗雷德独自出国开始了他的欧美之旅,接触了一些国家的先进设备和研究成果。

4. 游历欧美

当我年轻的时候,
曾大胆离家出走,
到异国旅游。
一种怪念生心头:
漫漫大洋,无限锦绣,
却不能使我留恋回首;
因为我心中的海洋。
更加浩瀚悠悠……

阿尔弗雷德在《谜》这首诗中表达了自己出国时的心情。面前漫无边际的浩瀚大海并不能使他留恋回首,因为在他的心中有一个比眼前的大海更宽广的海洋。

伊曼纽尔当时曾想像用热空气代替水蒸汽。他想让他的一个儿子经过训练实现他的这一想法,而路德维希在工程工作中已成为不可缺少的,罗伯特仍在国外,所以他决定派遣当时 17 岁的阿尔弗雷德去美国跟从著名的瑞典工程师和发明家约翰·埃里逊学习。约翰·埃里逊曾设计了用螺旋桨推动的轮船,后来又建造了蒸汽推动的低舷铁甲舰"莫尼特"(Monitor)号。这条船在美国南北战争时在汉普顿碇泊处(Hampton Roads)的海战

美国内战时的海战。

中取得决定性胜利,由此确立北美联邦在海上的权威。当时埃氏正在试验以热空气代替蒸汽。

抵达美国后,阿尔弗雷德带着父亲的亲笔信去拜访埃里逊。埃里逊在瑞典时曾与伊曼纽尔是同学和朋友,对阿尔弗雷德的到来深表欢迎。此后,阿尔弗雷德便在埃里逊的工厂实习,学习了许多有关各种机械的技术,并帮助埃里逊从事热空气研究工作。热空气引擎就是今天的燃气轮机,在当时尚未正式使用。埃里逊答应以后给他有关图书以及设计图纸。阿尔弗雷德在埃里逊工厂工作似乎并不热情,在一封家信中把父亲的老友称为"埃里逊船长",并说他只向"船长"订购了几张图纸。但有一点可以肯定是他的这次美国之旅对于他后来的事业发展具有重要意义。他后来把炸药市场拓展到美国就是最好的证明。

1852年阿尔弗雷德回到欧洲,在各处旅行。在离开意大利之后,阿尔弗雷德大部分时间住在法国巴黎。

在巴黎期间,他拜访大学的研究所,参观各种科学实验,广识科学家、教授及学生,积极同他们交流,争取尽量多地、尽快地了解发达国家科学研究的新成果,同时在巴黎这座浪漫色彩浓厚的都市里,他领略了一种前所未知的爱以及这种爱所带来的愉快和悲伤。

在巴黎,他遇到一个妓女,第一次领略了一种前所未有的畸形的爱,性生活的体验使他终生感到羞愧交加,得不偿失。

……我来到巴黎……
唉!为青春对爱情丧失了信心
我认识了一个女子
妩媚未衰心灵腐烂,
为了这点体验我们付出了代价
即使吉星高照也无法偿还……
……当情欲第一次膨胀
普通的果子已无法将它喂饱
一霎时罪恶施展了迷人的障眼法——
于是我举杯一饮而尽,

二、阿尔弗雷德的青少年时期

随即发现香醪中掺的是毒药。
沉沦者用姿色做资本
每天拿羞耻换取面包,
她能煽起欲火吞没理智
使兽性的欲望不再饥渴。
当那股激情终于退潮
就感到心头有什么东西撕咬,
原来是悔恨,——因为它辱没了自己。

这次短暂的经历给他的精神带来巨大的创伤,"恐惧的悔恨,折磨着他的心",他感到自己在道德上软弱无能,是继续沉迷于这种生活还是痛改前非,阿尔弗雷德作出这样的回答:

让感觉沉醉于声色之娱
或者迁就淫欲的诱惑,
既然没人知晓,似乎无损清白。
不行!……

诺贝尔家开办的炸药工厂。

有一天,阿尔弗雷德认识了一位在药铺工作的美貌少女,他们一见钟情,在经过几次约会后,他与这位姑娘以纯真感情的圣洁一吻定情。不幸的是,这位姑娘突然离开了人世,初恋的痛苦结局使阿尔弗雷德受到极大的打击。他变得不愿出门,也不愿见人,精神颓丧,身体衰弱。整天一人躲在屋子里,对任何事情都无动于衷,痴迷地回忆同少女在一起时短暂而幸福的日日夜夜。

1852年7月,阿尔弗雷德回到圣彼得堡开始进入诺贝尔父子工厂工作,他主要负责检查化学药品,改良地雷和水雷,研制新产品等。

5. 武器可以制造和平

两年之内，伊曼纽尔的事业飞跃发展，崭新的厂房与设备代替了以往矮小和陈旧的厂房与设备。诺贝尔父子工厂"生产大量的武器、车轮、钢管、机械零件、暖气装置"。"我虽然发明了水雷，可是，不能就此满足，还要造出更强有力的、爆炸力更大的地雷和水雷。"这话经常挂在父亲嘴边。在诺贝尔年轻的心里，

虽然火药在后来被用于战争，但在中国人发明它初期，只是为了吓唬敌人，或者是用它来生火。此图描绘了中国唐代时，士兵们第一次在战场上用抛石机投掷火药。

对父子工厂生产大量武器一直就持有怀疑、不解和反感的态度。诺贝尔认为，自己选择科学研究的道路，是为了给人们带来幸福，为促进世界的文明发展出力。但家族事业的发展似乎与他的愿望是相背离的。有一次阿尔弗雷德与父亲探讨起这个问题时，伊曼纽尔颇富哲理的观点帮助阿尔弗雷德解除了困惑，并且影响了阿尔弗雷德很长一段时间："武器可以制造和平！我们可以不造武器，但不能阻止别的国家拥有武器，所以一旦发生战争，我们就无还手之力。武器并不是造成战争的直接原因啊，我们制造的武器如果非常强大，强大到只要一使用，就可以在最短的时间里毁灭敌我双方，这样也许就不会再发生战争了。"

6. 弗兰第斯巴特疗养

1854年夏天，阿尔弗雷德胃病复发，病情相当严重，使他无法工作，等到他能起床，医生劝他到弗兰第斯巴特疗养。他路过斯德哥尔摩时曾留住阿尔塞尔家中，后来又在达拉罗停留了一段时期。他给舅舅的第一封信的开头说："我在9月4日终于到达埃塞尔，在这里我开始浴疗和饮水疗。这

二、阿尔弗雷德的青少年时期

已经是一年将尽的时候了,但人们仍进行治疗。"他在报告代理公司处理各项业务的情况时写道:"但是业务够受的。回想在斯德哥尔摩和达拉罗的往事,令人很愉快。那个时候是多么快乐啊!一个人离开亲朋好友来到一个陌生的人群中,虽也能欢聚几个小时,但却没有真情实感,分开了也不值得惋惜,弃如敝履。"

伊曼纽尔因为工厂接受了俄国国防部大批订单,急需阿尔弗雷德回去帮忙。他写给阿尔塞尔家的信中这样说:"感谢上帝使我们亲爱的、勤劳的阿尔弗雷德恢复了健康,因为我们做父母的以及他的哥哥们极其珍重他的学识和不知疲倦的精力,这些长处是无人可以代替的。"

阿尔弗雷德虽然在柏林还有几笔交易未了,但他决定在21岁生日那天回到家里。他从柏林回家途中给舅舅的第二封信中写道:"我希望我将很快结束这种流浪生活,转向较大活力的生活。确实到结束的时候了,因为,这样的生活不仅单调而且令人厌烦,还因为我觉得不能为我的父母和哥哥们帮忙,反成了他们的负担,虽然我的健康没有预期的好(我相信在斯德哥尔摩和达拉罗比弗兰第斯巴特对于我的健康较好)。但我希望了清柏林方面的业务后尽快回家。我的思念之情是无法用言语表达的,我希望在本月21日回到家,这一天是我21岁生日。"

他抵家后又给舅舅写了封信,说:"将1855年6月以前账外应付的全部津贴给外祖母应用,妈妈和我们所有的人都请求你,亲爱的舅舅,不要让外祖母太节省,托上帝的福,我们大家能够给她一点小小的安慰就很快乐了。"

德国柏林美丽的夏腾堡宫。

7. 诺贝尔工厂破产之后

阿尔弗雷德在 1857 年仍在诺贝尔工厂工作。他在技术上的第一个发明，是1857年自行设计的气量表，在圣彼得堡取得专利。1859年他又发明了流体计测器和气压计，并获得了专利证。虽然这几项发明在当时未产生广泛的影响，但已显露出阿尔弗雷德的发明天才。此后，阿尔弗雷德就投身于炸药的研制，并为此贡献了自己的一生。

路德维希·诺贝尔在晚年时曾说："从来没有像1854年到1860年那样，把一个人的精力与才华都倾注于某一目标上，而在持续不断的近乎疯狂的工作之后，史无前例地没有任何报偿。"在伊曼纽尔陷入困境的那几年中，诺贝尔三兄弟在困境中寻找着新的出路。

1860 年，罗伯特和阿尔弗雷德合租缪勒将军一座在涅夫斯基大街的住宅，设立了一个办事处，房租包括伙食，4 个月共需 233 卢布 35 戈比，他们这样做或许是为了维持面子，不致在债主和未来的顾客心目中声誉一落千丈。罗伯特要支付房费和兄弟两个人的生活费，已经让他十分为难了，这两兄弟的生活非常俭朴，罗伯特每天的费用从未超过一卢布以上。有一次，阿尔弗雷德得了急性肋膜炎，罗伯特却不知从哪里去弄为弟弟延医治病的钱，这使他感到焦虑万分……

罗伯特还在所谓的"诺贝尔工厂"工作。他曾经做过建筑师，承办了修理卡桑教堂等建筑工程。他还在圣彼得堡附近发现一种耐火黏土，并动手制造耐火砖，还制成赤土陶器艺术用品。1860年的大部分时间，罗伯特从事重建克里洛夫轮船工作，因经营业绩不好，到了秋天，罗伯特将它改造成水上锯木

芬兰的赫尔辛基市。

二、阿尔弗雷德的青少年时期

厂。1861年罗伯特与一位芬兰女子宝莲·兰格雷姆结婚。因为他年轻的妻子不喜欢俄国,加之自己在事业上不甚理想,半年后他们离开圣彼得堡到赫尔辛基定居。

在芬兰,罗伯特先是创办制砖厂,后以灯业为生,操起父亲的老行当。不过他是把芬兰人用的老式灯改成煤油灯,点起来光线明亮多了。因为罗伯特是外国人,不能申请开业执照,于是他聘请孙格伦为合伙人,出头办理工厂事务,并从杜派特和布希博士那里借来1.2万卢布开办了光明灯油厂。他写信给阿尔弗雷德说,他主办的灯油厂名为"光明",但在经营方面很不乐观。

"我的新光明事业在你看来或者以为是造福芬兰人的,以为我绝对地沉浸在煤油事业中,但是我的弟弟!我告诉你,这种猜测是错误的。我没有得到这种荣耀,因为我刚想到这项事业以前,我发现已有两位竞争者正在从事这项事业。这样一来,产品的售价就降低了,而我要付很高的价格去购买圣彼得堡的灯盏和煤油,结果毫无赢利。虽然我做出的新货和改制油灯曾得到少许利润,但积压在库房的灯和油还是让人很伤脑筋,所以我从这个秋天起受降价的影响将要亏本了。"

一次严重的失误几乎使他的一切努力都归于失败。他从布鲁塞尔买进"孚脱精"12箱,但因油质太粗,根本卖不出去,这对罗伯特这样一个穷困商人来说,实在是不小的打击。罗伯特绝望之余,想办法加以提炼,经过多项实验,他在赫尔辛基的一家工厂里精炼成功,油很快就卖出去了,不但没受到损失,除去加工费他还赚了一笔钱。这次痛苦的经历使罗伯特在几年之后取得了重大成功。

1858年路德维希和他的表妹明娜·阿尔塞尔结婚,明娜在1859年6月10日生下长子,为了怀念老诺贝尔,路德维希给他取了伊曼纽尔这个名字,因为这时,老诺贝尔含恨离开圣彼得堡,动身返回瑞典。

路德维希夫妇非常恩爱,这种美满的婚姻正是阿尔弗雷德过去所梦寐以求的,他对这对夫妻的幸福以及他们丰富的文化兴趣深表羡慕,此时那位初恋的巴黎少女的身影又不时浮现在眼前。

路德维希个性极强,很有自信,他认为自己有责任重现诺贝尔家族事业的辉煌。

诺贝尔传

在1859年伊曼纽尔回瑞典时，法庭指定路德维希清理诺贝尔父子工厂的债务，精明能干的路德维希干得很出色，使所有的债主都感到很满意，并因此取得5000卢布的奖金。1862年10月1日他开始创办自己的事业。路德维希用这笔钱的大部分在维布尔格附近的伊克伏德租下一家小工厂，这家工厂在他经营后，逐渐发达起来。正是依靠这家工厂，路德维希的事业起步了。

在克里米亚战争中，保卫塞瓦斯托波尔要塞的英雄托特勒本已擢升陆军工程署的监督人，他心里明白亏待了诺贝尔一家，答应把陆军部门大量的订单交给路德维希的工厂。

路德维希工厂的主要产品是各种兵器和战时应用的物资，如步枪、手枪、炮、炮架、水雷、地雷和其他军事装备。但路德维希意识到自己的工厂不能完全依赖军用物资，父亲的破产就是前车之鉴。所以，他还大量生产其他产品，如生产工具、钻床、镗床等。

矗立在圣彼得堡的诺贝尔纪念树。

二、阿尔弗雷德的青少年时期

路德维希在1860年到1870年的10年时间里,致力于制造步枪和手枪。按照当时先进的克尔和克林卡的方法,制成滑膛枪10万支。这种枪已改进为后膛装弹的。路德维希还进一步提出枪膛装弹方式,但未被采用,不过却是关于装弹问题最重要的一种发明。1871年路德维希和他幼年时代的俄国朋友毕德林陆军上尉奉命在波尔姆附近的伊舍夫国家工厂组织生产20万支来复枪(贝丹"Berdan"来复枪)。他们两人承租工厂8年,一切机械用具由路德维希的工厂提供。路德维希亲自监督指挥生产。政府不断增加订货额,结果8年内共生产来复枪45万支,为沙皇亚历山大二世的军队"现代化"做出重要贡献。

三、炸药大王

1. 危险液体硝化甘油的发现

法国化学家珀鲁兹(Pelouze)在1837年用浓硝酸处理纤维质,得到一种硝酸纤维素。1845年,德国化学家白特哲(Bottger)与旭恩拜因(Schonbein)先后用硝酸和硫酸的混合液,处理棉花纤维,制成了与硝酸纤维素相似的物质,称为硝化棉,俗称火药棉。这种火药棉的爆炸性能比黑火药优越,因此,它的发现,引起欧洲应用化学家的极大兴趣和关注。他们纷纷研究硝化棉的制造工艺和化学特性,特别希望把这种新火药应用在枪炮上,以便代替威力低的黑色火药。然而,他们经过长期努力也未能取得进展,因为,他们当时还不懂得清除硝化棉中所含杂质的重要性,不能制造出放在干燥地方长时间不分解的火药棉。由于硝化棉化学性能不稳定,存放起来非常危险。在1850年到1860年间,各国相继发生了贮存火药棉引起爆炸的惨祸,使得人们对于火药棉望而生畏,因而拒绝使用。直到1860年前后,阿贝尔(Abel)找出了火药棉不稳定的原因,为了克服这一困难,可以将它通过圆筒纸研磨机并仔细洗涤,才又打开了军事上采用高度硝化火药棉的大门。

炸药发展史上另一个重大事件,是意大利化学家索布雷罗(Ascanio Sobrero)在1847年发现了硝化

索布雷罗(1812—1888)意大利化学家。他于1847年发明了硝化甘油。硝化甘油是强爆炸物,同时它还具有治疗心脏病的作用(有趣的是,诺贝尔晚年得过心绞痛病,医生给他开的处方正是"服用硝化甘油")。

三、炸药大王

甘油。索布雷罗生于1812年10月12日,在都灵大学学习医学,1834年得到开业行医执照。他希望成为这所大学的医学教授却未能如愿,决心改学化学。他从1840年到1842年在巴黎当过法国著名化学家珀鲁兹的学生和私人试验室的助手,对珀鲁兹发明的硝酸纤维素及其所用方法非常熟悉。索布雷罗1843年末回到都灵,在力学和应用化学学校内建立了自己的简朴的实验室。在珀鲁兹的鼓励下,索布雷罗致力于研究硝酸对有机物的作用。1846年底,他用硝酸和硫酸处理甘油、蔗糖和甘露糖醇,得到三种新的化合物。1847年2月初,索布雷罗将首次发现的硝化甘油向珀鲁兹提交了一份实验报告,这个报告由珀鲁兹发表在1847年2月15日出版的法国《学会》(L'Tnstitut)上。

1847年2月17日,索布雷罗第一次制成了硝化甘油,他将含水最少的甘油一滴一滴地加入两份比重1.84的硫酸和一份比重1.5的硝酸混合物中,随时摇动使混合物的温度保持在水的冰点以下,待化学反应完成后,将生成的乳化液倾入水中,因硝化甘油是一种重的油状液体,故分离出并沉入底。

索布雷罗曾多次试图测定硝化甘油的化学成分,由于硝化甘油的爆炸性均未得到结果。1847年2月17日,索布雷罗在一份提交都灵科学院的报告中写道:"硝化甘油在加热后即分解。取一滴放置在锡片上加热即着火而猛烈燃烧。在某种情况下会猛烈地爆炸。一次将少量的硝化甘油的乙醚溶液放置在玻璃杯中浓缩,硝化甘油的沉积物不超过2~3厘米,将玻璃杯放置在酒精灯上加热时发生剧烈的爆炸,玻璃杯粉碎成许多小碎片。另一次将一滴放置在试管中加热,发生相当猛烈的爆炸,以致玻璃碎片划入我的脸和手中,还伤及同室内距离较远的人。演示硝化甘油最有效的方法是取一滴放置在表面玻璃上,用炽热的铂针引炸。"最后,他从理论上研究并根据它和硝化甘油露醇相似,得出它是"两相等量的硝酸酐取代两相等量的水"。实际上硝化甘油是甘油三硝酸酯,化学方程式是$C_3H_5O_3(NO_2)_3$。

五个月后,索布雷罗在威尼斯举行的科学会议上报告他对硝化甘油的研究时说:"这种液体会因震动而爆炸,将来能做什么用途,现在还不能肯定,只有将来的试验能告诉我们。"

索布雷罗在1847年制得几百克硝化甘油,在辞去教授职务时送交阿维尼安拉工厂保存,他的继任者对在试验室保存这危险的液体感到很不安。

后来，索布雷罗和鹿特丹医学院的化学教授德·维里奇较详细地研究了硝化甘油对人的生理作用，用硝化甘油药物扩张动脉，炸开堵塞的血管，治疗心绞痛，一直到现在硝化甘油还不失为心脏病患者应急的良药。在美国，将硝化甘油溶解在稀释的酒精中出售，作为药品它的名称是洛诺因（Glonoine）。但在以后的十几年中，硝化甘油仅用在医学上。

2. 挑战硝化甘油

1856年，阿尔弗雷德首次从自己的家庭老师、化学家齐宁教授那里接触到硝化甘油。齐宁教授深知索布雷罗发现的重要意义，他开始寻求应用硝化甘油的方法。1854年齐宁教授曾提出用多孔物质吸收硝化甘油的设想，但因为害怕试验有危险，未能将设想付诸实施。有一次，齐宁教授带了一小瓶硝化甘油给诺贝尔父子看。从表面上看，这种黄色透明的液体并无奇特之处。齐宁教授倒在铁砧上一些，拿锤子去打，受锤打的部分立即发生爆炸；往一块铁板上倒了一小滴硝化甘油，用火一点，硝化甘油"呼"地一下燃烧起来，这对从事炸药研究的诺贝尔父子产生了极大的吸引力。齐宁教授告诉诺贝尔父子说，如果能想出什么切实的办法，使得硝化甘油有控制地爆炸，在军事上必定很有用处。从此以后，诺贝尔父子即下决心要将它付之于实用。

在克里米亚战争中，伊曼纽尔·诺贝尔试制他的水下水雷时需要比黑色火药更强有力的炸药时就想到利用硝化甘油，他的第一次实验失败了，就把这事搁置下来。

1861年2月，在圣彼得

在硝化甘油以前，人们只会使用黑色炸药，威力不大。

三、炸药大王

堡久病初愈的阿尔弗雷德收到父亲的来信。这封信似乎是祝贺，但更像是挑战：

　　亲爱的阿尔弗雷德，我和你妈妈一直祝福你身体早日康复，想必我们的儿子已经如我们所愿。我现在正着手进行齐宁教授所说的硝化甘油的研究，你那边的工作进展如何？这件事比预料中的要难许多，但我相信自己能找出一个正确的答案，我相信你也会成功。

性格内向的阿尔弗雷德喜欢默默无闻地工作。收到伊曼纽尔的信后，他暗暗下定决心，一定要把病床上耽误的时间抢回来，早日把硝化甘油爆炸的试验做成功。

阿尔弗雷德仔细研究了索布雷罗早先公开的各种研究报告，根据索布雷罗的说法，可以做一条含有黑色火药的线芯作为导火线，它有一定长度，把它点燃后，人即跑到安全地方，导火索就能引爆硝化甘油。于是阿尔弗雷德开始实验，他将做好的一根长长的导火线的一端插入装有硝化甘油的小容器，又小心翼翼地从远处在导火线的另一端点火。结果硝化甘油并没有爆炸，导火线在产生一些小小的火星后熄灭了，只在插导火线的小孔里喷出点硝化甘油。

此后多次试验均以失败告终，阿尔弗雷德重新研究索布雷罗的实验结果："把硝化甘油置于盘中，再由底部加热，能够产生爆炸。"他把这句话和以前齐宁教授曾用铁锤敲击铁板上的一滴硝化甘油而产生轻微爆炸的事情联系起来以后得出这样一个结论：必须让全部硝化甘油同时加热或同时受到敲击才会发生爆炸；要使少量硝化甘油做到这一点很容易，但在爆破岩石或水雷的情形下要使大量的硝化甘油都受到加热或敲击就实在太困难了。面对这一难题，阿尔弗雷德很长一段时间未能找到解决方法。

后来，在瑞典的父亲给阿尔弗雷德来了一封信，信上写道：

　　阿尔弗雷德，你还记得齐宁教授拿来硝化甘油的事情吗？我现在把黑色火药掺进硝化甘油，制成了新炸药。你一定来看一看，你看是否能把它推销给俄国军队中有声望的人。

在信中伊曼纽尔叫儿子们去晋谒托特勒本将军，说服他对新型炸药发生兴趣。

阿尔弗雷德不忍心违背老人的意愿,只好请求将军约期接见。但阿尔弗雷德和哥哥路德维希担心父亲又犯了把自己的想像当做现实的错误,至少老人有些言过其实。阿尔弗雷德绝不想让将军失望,况且父亲热衷之事,对陷入困境的诺贝尔家族又是一个不能轻易放过的大好机会。因此他开始苦思冥想,设法找出引爆硝化甘油的方法。在接下来的几个星期里,他在实验室里闭门不出,专心进行研究和实验。1862年5月,当罗伯特到圣彼得堡来看望他们时,阿尔弗雷德告诉两个哥哥,他已经解决了这个问题,办法是把两种炸药以某种方式结合起来,以加强黑色炸药的效率,至少在水下爆炸可以这么办。

1862年五六月间,阿尔弗雷德在路德维希的工厂里选了一条水沟进行试验。他将硝化甘油注入一只玻璃管中,紧塞后放置在一个装满黑色火药的金属管中,将金属管的两端塞紧,插入一根导火线。两个哥哥在一旁观看,他点燃导火线后将整个装置掷进水里,剧烈的爆炸使水花四溅,阿尔弗雷德认为实验并没有完善,还要继续研究。因为他所用的引爆火药太多,无法在实际工程中推广应用,这是一次用较多火药引爆较少的硝化甘油的试验,它第一次证实了引爆硝化甘油的原理。

伊曼纽尔几次三番催阿尔弗雷德回瑞典试验,加上路德维希的劝说,最后他动身回斯德哥尔摩,他对父亲发明的新型炸药充满了期待:父亲发明的炸药威力到底有多大呢?

伊曼纽尔夫妇住在一栋离他们赴俄国之前的居所不远的平房里,和那些恬静、优雅的高级住宅无法同日而语,伊曼纽尔的工作室既是实验室,又是办公室,到处是椅子、小桌子、试管和纸张。伊曼纽尔的精力和体力已彻底恢复了,阿尔弗雷德看到

有了硝化甘油炸药后,开山辟路方便了,修铁路也更加便捷。

三、炸药大王

这些,感到放心了。谈起研究的事情,父亲充满自信和热情,很有朝气。母亲罗琳娜看到分别很久的阿尔弗雷德健康地回来了,总算松了口气。母亲又瘦又长的手的轻轻抚摩,让阿尔弗雷德感到温暖和安心。

伊曼纽尔研制的炸药并不像他说的比黑色火药威力强20倍。按当时的性能来说,无法向俄国军队推销。千里迢迢返回离别许久的故乡,只呆了数日之后,阿尔弗雷德就急着赶回圣彼得堡,他决心制出威力更强的炸药。在路德维希帮助下,他借用了工厂的实验室,继续向硝化甘油发起挑战。

从斯德哥尔摩临走前,父亲告诉阿尔弗雷德他还有一个更好的配方,用酸性氯酸盐粉来代替硝化甘油。阿尔弗雷德取了一些样品,带回圣彼得堡。经过试验,效果很差,因此他和路德维希商定最好不送到托特勒本将军那里去。既然父亲的配方不行,他准备邀请将军来视察自己制造的炸药。邀请信还没有送出,突然接到伊曼纽尔的来信,让阿尔弗雷德尽快回家协助他。

阿尔弗雷德重返斯德哥尔摩后帮助父亲于1863年秋在卡尔斯堡为瑞典军方进行新炸药试验,新炸药用在枪弹里的效果还不错,可是用于炮弹则完全失败,且根本不适用于装药式枪炮。幸好阿尔弗雷德事先对可能出现的情况有所准备,他取了一份硝化甘油与黑色火药各一半的材料装进炸弹后,投了出去,炸弹爆炸了。试验虽然成功了,但前来参观的军官们认为用起来太过危险,不过,他们对阿尔弗雷德还是从心底里钦佩,这个年轻人同这个魔鬼似的玩意儿打交道时竟是那么若无其事,没有丝毫的恐惧。

阿尔弗雷德从反复的试验中发现了一个原理:假如使少量的硝化甘油爆炸,由此生出的震荡和热力,可使爆炸传及全部。也就是说,如果能引爆硝化甘油的一小部分,就会引起容器内全部硝化甘油的爆炸。依据这一原理,阿尔弗雷德独辟蹊径,紧紧抓住不同于他人的研究目标——硝化甘油的引爆剂,力求在这方面取得突破。他将黑色火药不放置在硝化甘油中,而放置在硝化甘油的上面或

> 不能指望一种爆炸物在广泛使用时不伤害生命。从一份简单的统计材料中可以看出,玩耍用的火器所造成的伤亡事故,比开发我们的矿产资源所用的这种伟大价值的东西所造成的伤亡,简直多到难以比较的程度。
>
> ——阿尔弗雷德·诺贝尔

诺贝尔传

下面,他还将黑色火药密封在小玻璃管内放置在爆炸液体中,再用导火线引爆。这些试验最初是在赫伦内堡进行的,并未成功。

就在这个时候,阿尔弗雷德的小兄弟埃米尔做出了重要贡献。他发现颗粒状炸药为硝化甘油所渗透会产生更强的爆炸。

阿尔弗雷德克服重重障碍,以坚韧不拔的精神继续工作,由于旷日持久的试验而进度却微乎其微,哥哥罗伯特出于关心,从芬兰来信劝他停止试验。

亲爱的阿尔弗雷德:

尽快放弃这项发明吧,那只会给你带来失败。你的学识渊博,天资卓绝,应该致力于重大事业,如果我有你那样的学识和才干,就是在可怜的芬兰国,也可以飞黄腾达,然而我现在只是混日子。

尽管有种种失败,但都不能阻止他实验的步伐,有一件事情使他终生难忘,因为被亲人误解是令人心痛的。

一次,阿尔弗雷德用新材料做试验,在他做好一切准备工作之后,伊曼纽尔、回到斯德哥尔摩的罗伯特以及小弟弟埃米尔都来到现场参观。由于这次所用材料不同,试验开始时气氛比往常更为紧张。阿尔弗雷德点燃了导火线,燃烧了一会儿,才把他的新"魔盒"扔了出去,但它掉到前方的草坪上后,好长时间也没有爆炸,看到这种情形,伊曼纽尔不禁放声大笑,罗伯特也忍不住笑了起来。只有埃米尔神情严肃,站在一旁一言不发,紧锁眉头正在思考着试验失败的原因,为阿尔弗雷德分担失败带来的痛苦。父亲幸灾乐祸的笑声一直让阿尔弗雷德耿耿于怀,即使时隔十年,有一次关系到他在美国的专利权的裁决中,他还引证了这件事:

"我经历许多次失败,乃至于亲眼看到这些失败的父亲和哥哥都嘲笑我的固执。"

但是阿尔弗雷德却决心从失败中寻得前进的途径,从探索里获得成功的乐趣。他坚定地奔向既定目标,顽强地进行着试验,诚如他所说:

强者需要坚实的地基,
来建筑他们美好的理想。
……
从那些艰深的学识里,

三、炸药大王

使悲哀和痛苦得到补偿。

纪念邮票中记录诺贝尔家族在不同时期的创业活动。

阿尔弗雷德重新检查了自己的设计,又做了几次试验,仍然失败了。同样的材料,同样的装置,在水里能爆炸,而在地面上却不能爆炸,到底是什么原因呢?阿尔弗雷德反复地思考这个问题。有一天,他心头猛然一亮,是不是因为火药封得不严的原因呢?在水里因为隔着空气把这个缺陷弥补了,但在地面上,它连玻璃管都没能炸开,又怎么能引爆硝化甘油。带着这个疑问,阿尔弗雷德用封漆把管子两端密封,然后跑出去,点燃导火线,把罐子扔了出去,这一次它爆炸了,接着他又反复试验了几次,每次都取得了成功。阿尔弗雷德·诺贝尔以锲而不舍的毅力终于发明了有重大实用价值的硝化甘油引爆物。

阿尔弗雷德把这种新炸药起名为"硝化甘油炸药",立即向瑞典有关部门申请专利。1863年10月14日,他的硝化甘油制品的第一项专利权得到批准。专利期10年,专利号是1261号。接着他在法国、英国和比利时也取得专利权。这标志着整个爆炸技术的一场革命,是引爆概念的直接发展。1864年7月15日又获得第二次专利。

阿尔弗雷德最初认为只要将整个硝化甘油加热到起爆温度(170℃~180℃)就可以使它爆炸。他在1863年第一次专利申请书中讲到硝化甘油的应用是作为普通炸药的一种添加物,于是他讲到发现的重要一点是"硝化甘油受普通火药爆炸的气体加热到它起爆的温度时就发生爆炸"。后来他在1864年5月4日及同年6月10日的申请书中放弃了这种应用说明,他在1864年10月15日获得批准的专利书中讲到硝化甘油的应用时说:"我在1863年10月14日申请书中讲到的关于黑色火药和硝化甘油或其他类似物质的混合物的应用,主要是将混合物突然加热到它起爆温度。此后我根据理论推导得出结论，普通炸药爆炸产生的热会以所需的速度传递给硝化甘油引起爆炸，硝化甘油因受形成气体的冲击和压力产生更大的热，助成它的爆炸。"

3. 父子间矛盾——专利纠纷

阿尔弗雷德的引爆装置发明后，硝化甘油初步具有工业实用价值。也就是引爆装置发明的同年，带有这种引爆装置的硝化甘油就已被用在瑞典北大铁路的施工中。

具有经营头脑的阿尔弗雷德获得专利后决定筹资建厂，开始生产硝化甘油。他离开斯德哥尔摩前往法国巴黎去找佩雷拉银行贷款，法国皇帝拿破仑三世听说有关阿尔弗雷德·诺贝尔发明强力火药的消息，非常感兴趣，为了维护法国当时欧洲霸主的地位，他需要优良的武器弹药，加之苏伊士运河也正是这位皇帝的一项计划。运河工程在1864年颇有进展，但是如果有新的、强有力的爆炸材料，就可以大大加速其进度。于是他下达命令说：

"硝化甘油在军事上将有广泛的用途，银行应该贷款给他，帮助他发展这项事业。"

阿尔弗雷德获得10万法郎可观的贷款，在斯德哥尔摩的郊区购买了一幢小小的房屋，添置了简单的设备，开始生产极少量的硝化甘油，这个不起眼的小工厂，就是诺贝尔炸药工业公司的前身，谁能想到它在30年后会发展成为总资产达500万克朗的大企业。这家企业的诞生，标志着诺贝尔一生的另一个重要角色——企业家的开始。正是从这里起步，诺贝尔后来建立起了遍布全世界的炸药工业帝国，成为当时首屈一指的工业巨头。

法国皇帝拿破仑三世。

1863年阿尔弗雷德以自己的名义取得第一项硝化甘油的专利权时，他

三、炸药大王

的父亲伊曼纽尔并没有表示异议。他尊重儿子的劳动,也为儿子的成就而骄傲,可是,伊曼纽尔开始慢慢地感觉到不公平。他认为自己在这项事业初期所发挥的作用被忽略了,他本人也被忽视了,难道爆炸硝化甘油的方法不是他的发明吗?尽管自己的配方中硝化甘油偏少,但总还是硝化甘油炸药。现在发明硝化甘油的名和利一切都要归儿子了。老人觉得忍无可忍,恼羞成怒地对着阿尔弗雷德大吵大闹,把一腔积怨都倾泻了出来。阿尔弗雷德30年来第一次顶撞了父亲,他认为自己是这一发明的发现者,应该得到父亲的承认。

后来,在母亲罗琳娜的建议下,阿尔弗雷德给父亲写了一封信作出了自己的解释,这封信虽然有些粗鲁,但是刚毅而直爽,实事求是,作为子女,并不冒犯父亲的尊严。信中这样写道:

亲爱的父亲:

你自己认为我们之间的事应当说清楚,我完全同意你的意见。特别是因为我不愿再一次遭受我近来所受到的谴责。此事咎不在我,我也无法承受。因此我将我们之间近来发生的事再叙述一番:

当你最初写信给我是我在圣彼得堡的时候,你让我知道这种新炸药(氯酸钾炸药)是已经完成的新发明,它的爆炸力比普通的炸药强20倍。后来托特勒本将军为这事召见我,我去了,不过我审慎地说这种炸药只是比普通炸药强8倍。后来你要我回到瑞典,发现你所说的是根据在铅管中进行的不能确定结果的试验,结果是完全失败……这次旅行证明你已放弃所有关于甘油炸药的念头,认为它不实用,或者是没有充分考虑。同时我按照路德维希敏感的劝告,决定抛弃我自己或我们俩人因引用氯酸钾而产生的怀疑,开始依靠自己在圣彼得堡进行硝化甘油的试验,我是在水下进行小规模试验,事实上产生惊人的结果。这是把装有黑色炸药的玻璃管放置在硝化甘油中,在玻璃管中插入一根导火线,点燃导火线后,使黑色炸药爆炸而引起硝化甘油爆炸,试验时罗伯特和路德维希都在场。我到这里后重复进行了试验,你和埃米尔都在场……这次小规模的试验得到如此成功。使我想请托特勒本将军到场参观一次精心设计的试验,由此使政府承认这种炸药。但是正在

诺贝尔传

这紧要关头,你又来一信,说你发现了一种炸药,它的爆炸力是普通炸药的两倍。而且只有十分之一阻塞枪筒,信内又提及要我回去照顾这项事业。

其实这次的想法和上次一样,甚至在我离开以前,埃米尔已经发现一种颗粒炸药,是吸收硝化甘油到饱和程度,放置在密闭容器中产生的爆炸力比普通炸药更强。至于后来的情况,我回来后所得的结果大都是无效的,而且是整整一个夏天都耗费在试验上,一个能干的人只消一天的功夫就够了。因此我又采用以前在圣彼得堡试验的方法,就是用玻璃管爆炸,在玻璃管四周放置硝化甘油。你说这方法是你独创的,未免和我开玩笑了……我决定单独试图设计一种有成效的方法,避免摩擦和烦扰。我还从爆炸发生时的情况进行理论研究,得到一条原理与我曾经推测的和我应用甘油炸药的原理完全不同,这原理是假设小量硝化甘油迅速造成爆炸后产生的震动和热可使整个物料产生爆炸。

这封信的确得到预期的结果,伊曼纽尔承认自己是不公平的,并认为他的儿子应得到发明的专利。阿尔弗雷德以爽直的态度解释了当时的误会,父子间的感情恢复。阿尔弗雷德的母亲是站在他这一边的,促进了这一结果。后来她写信给阿尔弗雷德,认为拒绝接受一切罪名是对的。

她在信中写道:"你经过的一切烦扰到底有着落了,如果不是你坚定的处理,这个问题恐怕还得不到解决,当然,我的小阿尔弗雷德能够理解老头子身体不好,有时容易发怒。"

1868 年 2 月父子共同获得瑞典科学院(swedish Academy of sciences)莱特斯泰特

诺贝尔家族的纪念邮票。(土库曼斯坦,1

（Letterstedt）奖。"为奖励在艺术、文学或科学方面特殊而独创的功绩，或对于人类有实用价值的重要发现"，科学院决定将这项奖授予伊曼纽尔·诺贝尔先生和他的儿子阿尔弗雷德·诺贝尔先生，奖给伊曼纽尔是为奖励他用硝化甘油作为一种炸药；奖给阿尔弗雷德是为奖励他发现代拉米特。得奖人可以随意选定，或得现金，或得金牌。他们选择了金牌，保存在老诺贝尔手中。阿尔弗雷德在他母亲逝世后放弃了一切遗产，只保留了少数小物件，其中包括莱特斯泰特奖牌。他给遗产处理人的信中说："这块莱特斯泰特奖牌应归我。我深知母亲所写'这块奖牌属于阿尔弗雷德·诺贝尔'的意思。我的母亲知道许多一般人不了解的事。"

4. 埃米尔之死

1846年9月3月，赫伦内堡生产硝化甘油的工厂发生爆炸，造成5人丧失生命，其中一人是阿尔弗雷德的弟弟、有特殊天才的埃米尔。埃米尔出事的那天，他正在代替阿尔弗雷德管理硝化甘油生产的工作。他们小量的生产，每次把四五克硝酸和双倍硫酸混合，等到冷却之后，再取二三克甘油一

滴一滴地加进去。每一步操作都得极其细心，然后将合成的液体整体倒进磨缸水里，再从水中分离出灰白色的油状硝化甘油。非常重要的一点是溶液的温度决不能超过摄氏25℃或30℃，沉醉在工作中的埃米尔一定没有注意偷偷升高的水银柱，于是悲剧发生了。

埃米尔·诺贝尔。诺贝尔的好弟弟和好助手。他为安全炸药的研制，献出了自己的生命。

这件惨祸引起人们极大的恐慌，公众对这个炸药在以前曾认为是无害的，现在是万分恐惧，人心惶惶。在斯德哥尔摩到处流传着耸人听闻的消息，报纸上也予以了夸大的报道。舆论的压力使市政当局极为不满，下令警察局迅速采取调查行动，调查事故发生的原因和经过，从而查出诺贝尔父子是否应承担刑事责任。由于南方铁路公司和奥梅堡矿业公司从中斡旋，警方最终以低调处理。铁路公司为了开凿苏德曼姆山的隧道，完成通往斯德哥尔摩的最后一段工程，正等待着硝

诺贝尔传

化甘油交货,而那批货被炸得精光。矿业公司也在一年前向诺贝尔父子订货。两个公司都尽力帮助诺贝尔父子开脱责任,他们疏通说:"实验炸药,事故是难免的,如果说伊曼纽尔有玩忽之罪,他心爱的儿子丧生对他的惩罚已经足够了。"

当检察官传讯时,阿尔弗雷德替代伊曼纽尔到庭,阿尔弗雷德准备承担全部责任。他申诉道:硝化甘油是属于他的专利,虽然他利用父亲的制造爆破器材的旧执照进行生产,他的父亲是无过错的,他个人应对整个生产以及可能引起的失败负有责任。

伊曼纽尔为了报答儿子的宽宏大量,为他作了书面辩护。按照当时城市法规规定,即使伊曼纽尔领有生产炸药的执照,但当他准备开始制造爆炸物时,也务必正式通知警方,

诺贝尔家族产业至今仍在延续。

以采取一定的保护措施。伊曼纽尔认为制造硝化甘油是没有危险的,况且当时的制造只是为了改进产品质量而不是为了销售,生产规模很小,并违心地把事故责任推到了小儿子埃米尔身上。下面是伊曼纽尔陈述中的片段:

参与制造爆炸油或说是硝化甘油的人没有一个能在爆炸中逃生,因此不能完全说出爆炸原因,我只能根据我死去的儿子在事前告诉我的一些情况,爆炸是由于他试图简化制取爆炸油的方法。

因为硝化甘油是没有危险的,即使点燃它,非常小心用火,也几乎不会发生爆炸,试验也不可能有火,惟一可能的解释就是我的儿子在试验时发生剧烈反应,使混合物达到近180℃温度,就使完全制成的硝化甘油发生爆炸。

事实是在一次新的试验中,没有使用温度计,以防温度升得太高,

三、炸药大王

因而造成惨祸。

用正常的方法制造不外下述两种,那是不肇祸的:

1. 用温热法。温度升高到大约60℃,从不超过60℃以上这种方法已经使用过几百次,没有些微危险。

2. 用冷却法。温度不超过冰点以上,一切都没有危险。

我所以没有把制造炸药的地点选择在郊外,就是因为在正常情况下实在不可能发生危险,理由如下:

(a)硝化甘油可点燃而不爆炸,燃烧时像普通的油一样,它自动熄灭,较少危险。

(b)我曾经将相当大量的硝化甘油放置在一个玻璃容器中加热,看看结果怎样,发现即使有小部分爆炸,而其余部分散开了。

(c)事实上要使它全部爆炸很困难,除非将它放置在一个坚固的容器中直接加热到180℃,大量爆炸操作已经表明没有引爆不会爆炸的,这个问题尚未完全解决。

爆炸发生时,当天完全制成待运的爆炸油有50磅运到阿麦贝格(Ammeberg),200磅运到北方大铁路(Nornther main Rail-way),合计有300磅,但从爆炸的情况看,明显证明确实爆炸的只是这数量的小部分,其余都已散开,没有燃烧。因此直到最近几天以前只制造出来很少的量,没有向当局报告制造这种爆炸油,而且目的在改进制造方法,不在商业推销,没有在报纸上刊登广告也说明这一事实。

为避免任何误会,我应再陈说关于硝化甘油的精制,我假定我的儿子在事件发生时正在精制甘油这与事件的发生不应有任何关系,因为精制硝化甘油和制造一样不大可能发生意外事件。

赫伦内堡 1864年9月5日

为了防止赫伦内堡以及斯德哥尔摩再度发生类似爆炸事件,市政当局最后作出禁止在城区进行一切与炸药有关的实验和生产的决定。此案就此了结了。

30岁的诺贝尔。

5. 硝化甘油炸药早期的开发利用

阿尔弗雷德·诺贝尔生产硝化甘油的原理曾由索布雷罗研究成功，至今仍应用在炸药工业中，就是用冷的硫酸和硝酸的混合物处理甘油，最初在大规模实际制造时是用最简单的器械。

硝化作用或用"温热法"，或用"冷却法"。用温热法先使酸冷却，然后连同甘油倒入玻璃器皿中，由化学作用产生多量的热，再将此混合液直接倾入水中，新生成的硝化甘油沉于水底。但用此法制成的产量一般不大。

> 最大的硝化甘油爆炸事故发生于1913年。当时英国货船"明矾岭"号载着300吨黄色炸药在驶往巴拿马途中，于美国马尔的摩的帕塔普斯科河中爆炸。

用冷却法可取得较好结果，就是将小量甘油缓缓加入混合酸中，混合的酸事先用冰冷却，每次加入甘油后也要用冰冷却，最初使用此法遇到一些困难。

1865年8月30日，罗伯特·诺贝尔从赫尔辛基写给陆军上尉温纳尔斯特罗姆（当时是斯德哥尔摩硝化甘油公司经理）一封信。叙述他模仿温特维克的工厂在弗雷德里克斯堡附近建造的一座工厂。下面是信里的一段话：

卡尔·温纳尔斯特罗姆上尉足下：

……幸而我没有机器在厂内，制造工作是在三所分开的厂房内进行的，它的草图如下：

试验时一切完全顺利，但我特别喜欢这冷却机，我感到无任何困难就可以维持温度在15℃。冷却机是这样构造的：它和我在斯德哥尔摩H.H.厂内看到的只是底层不同，恰是我感到方便的。你将会看到，铅池的底板完全暴露在空

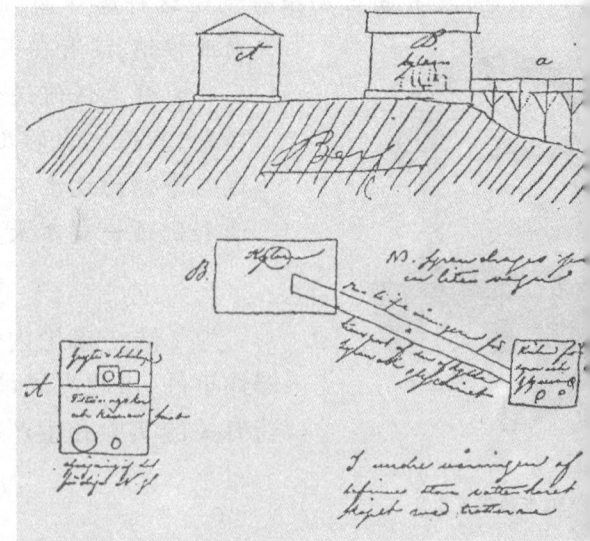

三、炸药大王

气中，使栓塞处不会结冰，只是在铅池的小部分上面和桶底可能有冰块，不会从导管中滑出，因为装有特殊的活动圈，并在出口处置有细筛。打开栓塞可以放出下面的混合液，很方便。

这个冷却机给我们用冷却法制造硝化甘油一个新的想法，不过这还要搁下，要等到我回收到已装置机器的费用，因为我不想试验。

阿尔弗雷德很赞同用冷却法制造，他认为比较安全而能获利。经过各种试验后，我也得出同样的结论。

祝你好。

罗伯特·诺贝尔

1865年10月13日，罗伯特写给阿尔弗雷德一封信："在汉堡利用冷却法混合酸六磅半只能生成硝化甘油一磅，而用通过漏斗的温热法，结果更坏，以致不能继续进行，我用的甘油量已经超过应当制成的量，但我想是由于在倾注甘油时太冷。"他大概不满意用温热法，想尽快去克鲁梅尔（Krummel）会晤阿尔弗雷德，看看他的弟弟是怎么办的。

诺贝尔的工厂渐渐完全采用冷却法，并不断改进，用冷水管不间歇地冷却混合酸，同时不断缓缓加入甘油，作用完成后将硝化甘油与混合酸分开，剩余的酸留作再用。不过这些改进是逐渐成功的，付出了很大的代价，因为用各种新的器械进行试验时发生多次爆炸。

虽然起初硝化甘油的售价比较高，在瑞典每磅2.5克朗，芬兰1.4卢布，美国1.25美元。但是在爆破工程中大量节省人工，使这种新炸药很快就被普遍应用。

阿尔弗雷德在1864年到1865年初在瑞典竭力进行这个新炸药的生产和开发应用试验。

硝化甘油首先在1863年夏天实际应用在爆破休武斯塔和斯德哥尔摩的图斯克巴加贝格两处的花岗岩以及斯托拉罗旭曼的长石。在采矿中，硝化甘油首先在1863年12月试验用在阿麦贝格矿区中。1864年初阿尔弗雷德曾和当地负责人施瓦特兹曼（Herrschwarzmann）通信，这位负责人表示在采矿中愿意用这种新炸药进行更多次试验。可是由于运输困难或其他原因，还不能运送大量硝化甘油以应付这种需要。在1864年夏天里，在丹内

诺贝尔传

摩拉、维杰尔斯波和赫伦矿区都进行了试验爆破。同年10月还用在打通索德马姆地下隧道中，完成通往斯德哥尔摩南方铁路的最后一段。1865年5月中旬贝斯波矿区（阿特维达巴格附近）开始使用硝化甘油，到这年底已使用硝化甘油314磅。

当硝化甘油公司初创时，阿尔弗雷德身兼董事、生产经理、主管办事员和会计。他保存着1864年秋天公司的第一本账簿。虽然赫伦内堡的爆炸惨祸给他以重大打击，但是他的家族对他没有一丝怀疑，而是怀着更大的勇气向前迈

1865年，诺贝尔在德国汉堡注册了"阿尔弗雷德·诺贝尔"公司。这是在汉堡注册的第一家外国公司。1945年被盟军炸毁后，一直未能恢复生产。工厂附近的格斯塔赫特小城，仍可找到诺贝尔当年创业时的痕迹。这里居住着许多跟随诺贝尔闯天下时的工人和工头们的后代。20世纪50年代，瑞典救济组织在这片被夷平的地区建立了一座瑞典教堂，成为安排孤儿和各种难民的中心。

进。不久他就考虑到要推广硝化甘油的开发。1865年阿尔弗雷德到德国汉堡，得到两位合伙人及金融家——瑞典商人温克勒（W.Winkler）和律师班德曼（Bandmann）的保证，同年6月20日设立了阿尔弗雷德·诺贝尔公司。到了1865年11月8日，他得到批准在克鲁梅尔建立一所制造硝化甘油的工厂。

6. 连续不断的爆炸事故

不能指望一种爆炸物在广泛使用时不伤害生命。从一份简单的统计材料中可以看出，玩耍用的火器所造成的伤害事故，比开发我们矿产资源所用的这种伟大价值的东西所造成的伤亡，简直多到难以比较的程度。

——阿尔弗雷德·诺贝尔

三、炸药大王

硝化甘油是甘油的硝酸脂,制成以后要反复清洗,除去残存的酸质才能确保使用和运输的安全。但那时受技术条件的限制,只能用试纸粗略地检验清洗,难以确保产品的纯度,同时包装方法很落后,再加上当时人们对新炸药不太了解,对阿尔弗雷德·诺贝尔告诫他们的种种注意事项也不予重视,因而自硝化甘油上市以来,除了他家里发生的那场爆炸以外,凡是把硝化甘油用于施工的国家和地区,也不断传来硝化甘油酿成事故的消息。

根据当时的记述,有些事情让人哭笑不得,在德国北部运输硝化甘油时,最初是将它装在锡罐中,然后放在运输车上。经过远距离的运输,硝化甘油侵蚀锡罐漏出来滴在车轮上成了减少摩擦的润滑油,幸好是在冬天,硝化甘油结成冰柱,才避免了一场事故。否则硝化甘油摩擦发热后发生爆炸后果不堪设想。

下面一件事可以看出当初人们对处理硝化甘油的危险性不够重视。1865年陆军上尉温纳尔斯特罗姆携带几瓶硝化甘油作为样品去挪威,把这个新发明介绍给这个国家。他把这些样品放在旅行箱中到处行走,准备做爆破试验,由于硝化甘油并未完全提纯,内含有杂质,一边走一边分解,结果产生气体把瓶塞冲开,把硝化甘油洒得到处都是。

有一位瑞典工兵官员阿德尔斯科德很幽默地记述了早年处理硝化甘油的情况。他在1864年夏天从报纸上读到诺贝尔发明炸药的消息,就此结识诺贝尔,约定在科平到乌特斯贝格铁路线上进行爆破试验。罗伯特·诺贝尔带了12瓶硝化甘油到科平。经过一星期的试验,12瓶中已用去10瓶。阿德尔斯科德说:"这真正是一种特别的事,我越想越不理解,就在那六天

在宣传炸药功能时的宣传画。

内,我们有50次可能被炸成原子那样不可见,而竟不曾炸死。俗话说'天佑愚人',真是不假。"

"这就是我们用去12瓶中的10瓶的情况。我们相聚很欢畅,分手时诺贝尔留下剩余的两瓶。以备我自己试验。为了在绍仁的我的工程师享受到这种在现场的乐趣,我把这两瓶放在一个盒子里,带着动身去克里斯蒂安斯塔德(瑞典南部)。

"那时从乔科林到阿尔瓦斯塔还不通火车,我只能随邮车出发。同车有一位可爱而风趣的妇女,姓名已记不清了。我把装有两瓶炸药的盒子放在箱子上。那一天一夜,我们在欢笑的旅途中度过,谁也没有想到死神就在我们头上。我们到达阿尔瓦斯塔时,发觉有一只瓶子因车身颠簸而震破了。里面的液体流到车旁和车轮上,另一只竟奇怪地原封未动,车夫从车顶搬下,放在硬地上,我带着它乘火车到克里斯蒂安斯塔德去了。几天后,铁路局的几位工程师集合在一起,我正想进行试验,但找不到那瓶硝化甘油了,原来被放进厨房里了。我的木工,也是我的杂役霍姆奎斯特以为里面装的是油,就用来擦他的皮鞋、短裤和我的缰绳。剩下的就放在木棚的一个角落里。当我发现那12瓶中最后一瓶时,我叫人在埋在地下的一块几立方米岩石上钻一个洞,将剩余的硝化甘油倒进洞中,插入导火线,然后用铁棍敲碎的碎砖填实,没有用沙。

"人类的愚蠢没有能达到上帝不能容忍的程度。我们将炸药装好后,发现导火线未能使炸药爆炸,我们正在重新打开小洞口再装入炸药时,硝化甘油爆炸了,像黄蜂一样从我们头上飞过。一位惊奇的工人在将硝化甘油倒入小洞里时还笑这是'酸牛乳',这时他被炸到半天空,幸而掉下来平躺在地上,没有受伤。"

就连负责推销或演示这种炸药的人有时也不知道操作的危险,结果酿成可怕的事故。有位技师写信给汉堡克鲁梅尔工厂在加利福尼亚办事处——本德曼·尼尔森公司,报告一个事故的经过。信中写道:

如十日电告,我于本月七日离开旧金山,经过长途旅行返回离旧金山后在海湾里一个小艇上过夜。次晨八点才抵红石(岛)。我们立即将货箱重新包装,到天黑改装完毕并装上船。堆在下层靠近岩石的一只

三、炸药大王

箱子几乎漏光,我就把它留在岛上……另有五箱已生锈,我看出也有点漏,不过我认为最好带走,带到萨克拉门托换新罐子,并发现货车和马匹从十日起已经等在那里。

我买到五只新罐子和箱子,我们下午重新包装,装好车,次日早晨出发回家。路上颠簸得厉害,道路不平,车子赶得很慢。卸车时我们发现又有三箱开始渗漏,但并不严重……还有一箱我取出看时发现漏得很厉害,不过漏油的一面已经朝上摆着……在萨特维尔我认为最好把空罐子(五只)都烧掉,因此我们用空箱子的木板生火,木板有点湿——那一整天都在下雨——火也不容易着。我把空罐子摞做一堆,因为太多,不容易放稳,所以我站在一旁扶着,根本没有料到这么一点热度罐子会爆炸。可是突然两只罐子炸了,炸得四处乱迸,把火都扑灭了。我急忙用手捂着耳朵,好一会儿也不知道耳朵还在不在。过了两个小时听力才恢复。此外没有发生任何事故。

11月12日寄自密执安 布洛夫

每次装运,货箱上都标着"小心轻放"字样,可是这种炸药看起来好像毫无危险,因此人们对这一说法都不大注意。1865年12月4日,汉堡一家报纸刊出纽约发生爆炸的事情。一位德籍推销员带有一瓶装有10磅的硝化甘油,小心地包放在一个箱子里推销,住进伦敦格林尼治地区一家小旅馆——怀阿明(Wyoming)旅馆。他付清账目离开旅馆时,把放甘油的木箱交给搬行李的工人照管,等他来取。这位工人有时把它当做一个坐凳,擦皮鞋时就用做脚垫。一个晴朗的星期天早晨,一位旅馆服务员看到从箱子里冒出红色气体。这位搬行李的工人就把箱子放到外面街道上,回旅馆去了,瞬间就发生了可怕的爆炸,邻居的门前受到严重损害,门窗粉碎,街道路面破裂,深达4尺。

1865年12月即纽约爆炸事件之后不到一个月,一次更为惊心动魄的爆炸震撼了德国的不来梅港,约有200人受伤,28人死亡。这次事故并非由于疏忽,而是由于一个住在布鲁克林的名叫威廉·金·汤普森的美国人,因急需钱而搞的罪恶阴谋。他把一批货交给德国轮船"摩泽尔号"托运,并做了巨额保险。当这艘开往美国的轮船即将启碇时,他在船上暗藏了一个装着硝化甘油的装置。这枚自制的土炸弹爆炸得比他预料的时间早了一些,结果连他本人也送了命。

1866年3月4日,在澳大利亚的悉尼,贮有两箱硝化甘油的货栈,完全被毁,邻近的几座房子被震坍,人员有伤亡。这一爆炸消息传到欧美。犹如连锁反应,世界各地爆炸事件接连发生。

1866年4月3日,巴拿马大西洋沿岸阿斯吕瓦尔(Aspinwall)发生一次猛烈爆炸,欧洲号(European)轮船完全被毁。船上装有硝化甘油和其他军

各国炸药发生爆炸的事件不断。

火,预备经过巴拿马海峡到太平洋,这次事件造成74人死亡和大量物资毁坏。据《每日论坛报》4月21日报道:那艘轮船被炸得七零八落,码头也几乎全毁。铁路公司的货栈是铁石建筑,坐落在轮船200英尺开外,在气浪冲击下完全坍塌,财产损失固然巨大,但比之生命损失则微不足道。船长、大副、二副、随船医生以及船上另外五人几乎立时丧生,码头上有21人遭到同样命运,岸上和船上另有25人受重伤。在轮船附近工作的工人无一幸免……皇家邮船"索仑特号"用铁链将燃烧着的破船扣牢,拖离码头进入海流。"索仑特号"刚刚摆脱"欧洲号",突然发生第二次爆炸——比第一次爆炸更可怕——破船立即迅速下沉,30分钟以后这艘遭噩运的轮船已不见踪影,只剩烟囱露出水面……据查明,有大宗格拉努因油亦即硝化甘油曾以普通货物托运单在利物浦装上船。这和不久以前在纽约格林威治街引起爆炸的是同一种油。

1866年4月16日,另一艘载运一批硝化甘油的船经过同样的路程到旧金山,在卸货后堆存在威尔斯—法戈公司的仓库里发生爆炸。4月17日的《每日论坛报》是这样报道的:

今天(4月16日)在威尔斯—法戈公司大楼附近发生了一起据认为是硝化甘油造成的可怕的爆炸。爆炸像地震一样震撼着1/4英里的范围。7人死亡,10余人受伤。有几个死者已无法辨认,断肢残骸和脑浆飞溅到将近

三、炸药大王

两个街区之遥。数百英尺之内看不到一扇完整的窗子,威尔斯—法戈公司建筑,以及附近的一切,不论是有生命的还是无生命的,一律炸成碎片。据估计损失至少20万美元。爆炸原因尚未查明。据太平洋邮船公司货运经理处透露,有两只箱子,每只体积约四立方英尺,曾从轮船卸下,送到爆炸发生的地点。

后来的报道证实,爆炸是由于一只漏油的硝化甘油箱子搬运时引起的震动所造成的,当时收货人鉴于那只箱子损坏严重而拒绝接受,同时还报道说已辨认出八具尸体,另外七八具仍无踪影,"或许已炸成原子了"。

最后,连阿尔弗雷德在汉堡附近的克鲁梅尔工厂也于1866年5月被炸毁。于是他的合伙人从汉堡向当时在美国纽约的阿尔弗雷德发去了一封长信,详细叙述了关于硝化甘油在各地发生爆炸事件的情况,并讨论对策:

亲爱的阿尔弗雷德:

自从各处发生爆炸事件后,风暴已充耳,也无需告诉你了,两天内阿斯品瓦尔、旧金山和汉堡的事件惊动了公众,我恐怕在公众安静下来以前,我们就是想运出一罐油也不可能了。

这个时候绝不可能发货到比利时和英国,也不可能从汉堡启运,运到伦敦的1250磅货在途中被禁运。愚笨的卡塞尔(Cusel)(驻伦敦代理人)没有能把货退回或是抛到海里去。一句话,据最近的消息,困难已经达到如此程度,完全没有欢笑,我必须审慎,要不然就会陷入经济窘境中了。

因为这个原因,我已留住罗森(Rosen)不让他去巴黎,以等诸事停当和政局平定。我已停止支付卡塞尔和库柏(Wood Cooper)的旅差费,因为这时不可能运送任何油。我已经停止生产油,厂内存货还有1万磅。我正竭力减少开支使我们能平安度过这场危机,正如世界上每一件事一样,需要给出时间自救。至于前途如何,我们必须等着瞧,我仍然希望并确信只要有克服这些困难和修补丢失时间的方法,我们会好的。我比以往更渴望你能帮助公司渡过业务难关,并望你立即带几千元回来,有了钱,什么事都好办。

你也许想到,这些事件对我们和奥地利、英国等国的洽谈是严重打去。我主要希望很快将我们的油卖出以获厚利，奥地利国防部长正在考虑建筑防御工事，我可能不久为此事再去维也纳。

自从炸药诞生的那一天起，事故已不是什么新闻。诺贝尔一生都在为更安全引爆炸药费尽心思。

我不知道你在纽约怎样，你在那里已8天，可以写封信给我，我请求你尽快回来，除非你认为公司在纽约的利益值得重要考虑。不要在那里浪费时间，这里的事情更需要花费时间。因为按我的意见，我们应竭力向各国政府请求派专家组成委员会，研究我们的油，制定处理和运输硝化甘油的规则和章程，使这项营业得到法律规范。如果这件事办不好。我们就是沿街叫卖也无济于事。

附上剪下的报纸上的一条新闻和你父亲寄来的一封信。关于阿斯品瓦尔和旧金山惨祸的详情，想你在场，我毋庸多说了。

希望这黑暗的日子很快过去，光明的时刻在前头。

你的永远忠实的朋友

西奥多·温克勒

1866年5月3日于汉堡

这一系列的惨祸造成公众对这个新炸药产生疑虑和恐惧，迫使各国政府忙于做出种种规定，限制其出口和运输。瑞典国王在1868年7月24日下令禁止运输。许多国家禁止用铁路运输硝化甘油。英国、法国、葡萄牙明令禁止制造和贮存硝化甘油。许多传说将它的破坏力添油加醋进行了夸张，以致到处都谈虎色变。海港工人和铁路、工厂不肯碰这种"送命的油"，最后不得不停止使用"硝化甘油"这恐怖的名字，而代之以无伤大雅的名称——"格拉努因油"（glonoin oil）。

三、炸药大王

7. 达纳炸药

硝化甘油的灾祸迭起，多少人为之丧命。第一个发明硝化甘油的索布雷罗教授，良心受到谴责，自认为是一切灾祸的罪魁，悔不该造出这种危险品。坚毅的阿尔弗雷德·诺贝尔也极为焦虑。每次事故发生后他总是尽快赶到出事地点，努力查明事故的原因。但他比索布雷罗冷静，深信新炸药具有优越性，一定会给工业的发展带来极大利益，眼下的困难是一定能够克服的。他没有失去勇气和信念，决心做出更大的贡献。

最难能可贵的是，阿尔弗雷德·诺贝尔从这些惨痛的事故中给自己确定了新的研究课题：怎样造出一种安全炸药，使它用雷管可以引爆，而在运输或贮存中即使撞击、加热也不会爆炸。他竭力排除营业和诉讼的干扰，开始了新的创造性的工作。

他是从研究硝化甘油的安全运输入手的。

起先他用无爆炸性的溶剂甲醇（木精）加入硝化甘油，相信已得到满意解决。他认为如果加入足够量的甲醇，就可以使硝化甘油和甲醇的混合物在运输中不发生危险。在应用前先将混合物倒进水中，甲醇很容易溶于水，而甘油不溶，这样就可以除去甲醇，使应用爆炸油的人不致遇险。另外，加入甲醇还可以防止硝化甘油在运输或贮存中冻结。这项方法的专利申请书是在1866年5月20日由纽约寄出，同年10月1日得到瑞典发给的专利证。

伊曼纽尔曾用黑色火药与硝化甘油混合，做过新的固体炸药的最初尝试，但由于没有找到合适的吸附剂而失败了。阿尔弗雷德吸取父亲的经验，决定要研制一种新的吸附剂，既能吸收硝化甘油，又能使炸药保持较大爆炸力，还要制造

把炸药厂迁到偏僻的农村。

简便、贮运安全。

阿尔弗雷德在1863年和1864年的较早专利中已经提到这种想法的轮廓,用多孔的木炭,或它和粉末的或纤维的物质,如黑色火药、火棉、硝化的纸的混合物吸收硝化甘油。阿尔弗雷德为什么没有早用这种办法?可能是因为未经混合的硝化甘油明显具有优点:制造简单,爆炸力较大,易于发生爆炸。1866年8月底,阿尔弗雷德从汉堡回来后,用固体吸收物质进行试验。

在有关炸药的文献中,一般认为阿尔弗雷德安全炸药的发明是偶然的。他们说,因硅藻土的比重轻,吸收力大并且来源充足,价格低廉。所以在搬运的时候,就被当做包装材料而填垫在装满硝化甘油的罐子与罐子之间。有一次,一个已坏的罐子漏出硝化甘油而渗入硅藻土中,形成浆状物,结果自然成为安全炸药。奥地利的特劳兹尔在他早期的一篇论说中引述了这段故事,让阿尔弗雷德很不愉快。阿尔弗雷德在1881年3月2日在给特劳兹尔的信里,用苛刻的语气驳斥了他,1883年7月7日阿尔弗雷德写给英国炸药首席检查员马詹迪陆军少将的信中较详细地叙述了这项发明的早期历史:

"我在1863年末第一次制得安全炸药,并在严密紧闭的容器内未用引爆剂使它爆炸。它用大约1份多孔木炭吸收2份硝化甘油组成。我预见到它的极大重要性,在1864年我的几项专利中指出:'用木炭或其他多孔物质吸收硝化甘油。'

"可是那时候我还不知道硅藻土的巨大多孔性,只是在几个月后我才注意到。但是选择吸收物质并不如一般认为的那样重要,有几种木炭、碳酸镁和木浆都比硅藻土多孔。

"我确实在某种情况下未曾注意到硝化甘油漏到硅藻土中形成浆状或湿润物体的状况,这种推测只是一些人猜想出来的。

"硅藻土在干燥后体积膨大,显示它的巨大多孔性,我因此把它用在安全炸药中。

"早在1863年,我已进行了小规模试验,安全炸药实际上从这时已经开始,1866年才投入应用,经过这么长一段时间,好像很奇怪。但是请记住液体硝化甘油还没有被证明是难以控制的,而安全炸药成为完善的需要用特别引爆物,我面对着用一种较弱的炸药(安全炸药)取代一种较强的炸药硝化甘油的困难。这使我想到添加甲醇和从安全炸药中洗去硝化甘油。可是

三、炸药大王

后一种方式从没有实行。"

阿尔弗雷德在使用硅藻土以前曾使用过其他吸收物,包括多孔性硅酸盐、木屑、纸、纸浆、砖灰、煤粉、石膏块、粘土块、木炭粉等。只是在克劳斯托尔、康涅苏特、多特蒙德和其他矿区用硅藻土,因为它具有较大的吸收力和稳定的化学性质。

硅藻土是硅藻的细胞和其他海洋动物的外壳经过几百万年的沉积而形成的岩土,浅灰色或黄白色,多孔而质轻。这种质轻而不易燃烧的物质早在拜占庭皇帝查士丁尼皇帝在位时就被用于粉刷圣索菲娅教堂的圆屋顶。自从硅藻土为阿尔弗雷德·诺贝尔用做硝化甘油的吸附剂后,这种惰性物质便被称为"白色金子",变成一种有价值的新材料。

阿尔弗雷德在选用木炭粉或硅藻土作为吸附剂的问题上曾有过长时间的犹豫。1866年秋天,阿尔弗雷德将试验木炭粉的结果写信告诉了罗伯特,罗伯特在回信中写道:

把炸药实验放到船上进行。

我特别高兴你用木炭和硝化甘油混合的方法,昨天我在浅洞里进行了三次爆破试验,发现比仅用硝化甘油效力大得多。我们曾经用水以及沙子充填,都同样成功。最近我们注意到许多次炸药并不是全部都爆炸,这与各种岩石的抵抗力有关。我想我们可以假定几乎经常是这种情况,因为一部分爆炸油被驱散了,没有爆炸。此外,事实是你的新方法避免了这种情况,是由于物体具有较大面积,爆炸力均匀地分散开。我几乎相信你在克劳斯托尔试验用的混合物中硝化甘油太少,否则你对你的新发现一定愉快。我已制成一种不易流动的胶状混合物,有点像稠厚的黑皮鞋油。小量这种混合物放在浅洞中利用雷管引爆,比纯硝化甘油更易爆炸。这个混合物的一个大优点是工人们节省用它,而且不须用装药筒,又可以安全

诺贝尔传

地用在窄隘的地方和最深的竖坑里。我预见到它的远大前途……

阿尔弗雷德考虑得更全面。他发现含有酸质的硝化甘油与木炭在一起可能会自燃，存有不安全因素。最后他下决心用硅藻土，因为它在吸足硝化甘油后性能稳定，晃动和冲击都不会爆炸，用火烧也没关系，只有用雷管可以引爆。他让一份经燃烧筛选过的硅藻土吸收3份硝化甘油，就制成处理方便、爆炸力强的安全炸药。它的爆炸力为一般火药的5倍，比液状硝化甘油的威力减低22%。但它克服了原先炸药的难处理、对冲击波及温度变化的过于敏感以及不易搬运等缺点。而且它还有另一个优点，能把炸药装入纸管插入岩孔中。

阿尔弗雷德给他新发明的安全炸药下的定义是："任何外表是固体而成分含有硝化甘油的物质，我给他猛炸药的名称。"这个炸药音译为达纳（Dynamite），这个词原于希腊语"力量"。一号猛炸药含硝化甘油的75%，硅藻土25%。不久之后，他又研制出二号猛炸药含硝化甘油66%。

1866年10月，阿尔弗雷德在克鲁梅尔进行了多种试验，一种用硅藻土猛炸药，另一种用加入甲醇的硝化甘油，检测它们的安全性，得到了在场参观的专家委员会的充分肯定。受到早些年在克鲁梅尔制造硝化甘油产生的一系列可怕后果的影响，阿

硅藻土：一种硅质沉积岩，由硅藻遗体沉积而成。呈白色或浅黄色，主要矿物成分为蛋白石。质轻而软，多孔，易磨成粉末，有极强的吸水性。

尔弗雷德非常慎重，他又经过几个月的研究，直到他认为完全满意。在1867年初，阿尔弗雷德·诺贝尔公司才有大量安全炸药和甲醇与硝化甘油混合的炸药运到德国矿区，而关于这个发明的专利的批准都是在运销以后。英国专利批准是在1867年5月7日，专利号为1345号；瑞典专利批准是在同年的9月17日，专利号为2002号；美国批准专利是在1868年5月26日，专利号为78317号。

阿尔弗雷德的这项发明引起了世界各国的关心，安全炸药经各国彻底

三、炸药大王

试验后,被证明可以安全使用,比硝化甘油更具优点。采矿专家梅特申在康涅苏进行了试验,特劳兹尔等人组成的兵工官员调查团在奥地利进行了试验,瑞士一个考察团在1869年也进行了试验。

1868年,举世闻名的美国大发明家爱迪生(1847—1931)当时21岁,服务于美国马萨诸塞州首府波士顿的西部联合电报公司。当他从一本专业杂志上看到有关阿尔弗雷德·诺贝尔将硝化甘油与稳定性较高的物质混合,使之成为能够安全处理的炸药的报道后,也想对炸药研究做一下尝试,结果把他吓了一大跳,从此与炸药无缘。爱迪生在日记中写道:

> 我们虽以我们所认为的极少数量做实验,却产生了远出我意料之外的结果而担心不已,因此,才逐渐认清此物非比寻常,于是我连忙把炸药装进瓶中,先用细绳捆好,再用纸张包裹,清晨六点钟偷偷地把它埋在华盛顿街的一个角落里。

工人们向船上搬运炸药。

可见炸药的发明除了专业知识、坚韧不拔的精神外,还必须有超人的胆量,这是一般人所不具备的。

1868年,阿尔弗雷德在挪利其的英国协会做了一次演讲,题目是"硝化甘油相对黑色火药的优越性"。在报告中他对过时的黑色炸药赞扬备至。他说:

"这种老炸药具有十分奇异的多方面的功能,因此可以用于完全不同的目的。它在矿里爆破而不推动;在枪膛里推动而不爆破;在炮弹里它即推动而又爆破。在烟火里它缓缓燃烧但并不爆炸。"

接着,他列举事实和数字说明硝化甘油炸药的效率以及对生命财产的防护措施,使听众大为惊讶。这次演讲是他一生成就的高峰之一。

阿尔弗雷德·诺贝尔在1875年5月21日伦敦技术协会(Society of Arts)宣读了一篇论文,报告了1867—1874年间安全炸药的销售量:

1867 年 11 吨　　　　　1868 年 78 吨
1869 年 185 吨　　　　 1870 年 424 吨
1871 年 785 吨　　　　 1872 年 1350 吨
1873 年 2050 吨　　　　1874 年 3120 吨

这 8 年中每年产量增加 50% 以上，8 年总增产超过 280 倍，安全炸药在工业中的应用不断迅速增长。虽然与近代世界炸药消耗量相比是微不足道的，但在当时已满足了社会需求的增长。

阿尔弗雷德发明的安全炸药也许并不是他重要的创造，却是他最闻名的一项发明。从那以后，发源于中国的黑色炸药为黄色炸药所取代。他的发明成为以后所有化学炸药工业的基础，带来了一场无法估量的具有深远意义的革命。在安全炸药进入世界市场以后，从前由于时间和费用而不敢想像的矿业、工业和交通运输方面的某些极其重要的工程现在可以开工了。时人评价说，黄色炸药为蒸汽机开创的发展时代增添了一份耀眼的动力。

在开辟许多较大的隧道、水下爆破和运河建造中没有它不行。在采矿方面开辟了新的途径，而采矿在发展经济中起着重大作用。在道路建筑和土地开垦中它也是不可缺少的。阿尔弗雷德·诺贝尔在世时就有下列著名的工程完工：1872—1882 年间圣哥都哈尔都铁路隧道，此铁路连接德国、瑞士、意大利，全长 15 公里；在 1876—1885 年间纽约的东方·利维尔之黑鲁格特附近的暗礁爆破；1881—1893 年间希腊的哥林多地峡挖成深 90 米、长 6 公里的运河；1890—1896 年间多瑙河的艾森·特鲁大岩石的清除。

8. 雷　管

安全炸药"达纳"发明之后，阿尔弗雷德在实验中观察到：他最初发明的以黑色火药为填料的引爆装置，虽然可以与安全炸药配合使用，但其效果并不十分理想：一是引爆装置的爆炸力太小，威力还不够大；二是引爆装置有时失效。于是，阿尔弗雷德又着手进行新的引爆装置的试验。

1822—1823 年间，德国著名化学家李比希就已发现了雷酸。雷酸是氰酸的一种同分异构体，由李比希和德国另一名著名化学家维勒分别发现。

三、炸药大王

雷酸的盐类具有猛烈的爆炸性。在雷酸的各种盐类中,又以雷酸汞的爆炸特性最为突出。同黑色火药相比,雷酸汞的爆炸力要大得多;同硝化甘油相比,雷酸汞的敏感性又要小得多。

阿尔弗雷德在分析了雷酸汞的特性后,想到能否把雷酸汞作为填料制造一种新的引爆装置。开始时为安全起见,他曾以雷酸汞和黑色火药的混合物作填料,但实验效果并不理想。最后在1867年他完全改用雷酸汞作填料。他锲而不舍,屡败屡试。随着"轰"的一声巨响,阿尔弗雷德的实验室被炸上了天,他自己被炸得鲜血淋漓,浑身是血的阿尔弗雷德从瓦砾堆中爬出来却高兴得热泪盈眶。他以高昂的代价,取得有价值的经验。此后,阿尔弗雷德在一个金属管的底部装入硝化甘油和黑色火药的混合物,而上部装入了雷酸汞及导火线。当导火线点燃,燃性极好的雷酸汞会引起底部混合物的快速爆炸——雷管被发明出来了。最初他用铅管封装雷酸汞,后用铜管,现在这种引爆管仍在普遍应用中。雷管发明之后,阿尔弗雷德于1867年5月7日在瑞典和德国申请了专利。

阿尔弗雷德·诺贝尔从选用黑火药的导爆物到发明强力的——雷酸汞引爆物,历经了三四年的艰辛,付出了血的代价。这个发明为一个大工程提供了强大的动力。当时正在修建一条横穿纳雷达(Narenda)山脉的铁路,由于使用诺贝尔制造的硝化甘油炸药,工程进度加快了,节省了几百万美元。

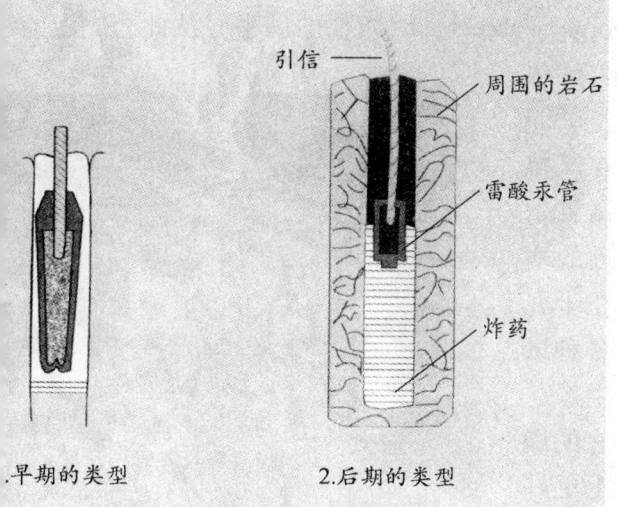

1. 早期的类型　　2. 后期的类型

诺贝尔雷管示意图。

德国著名的炸药研究工作者维尔(Will)教授在1904年的一次关于炸药科学的发展演讲中讲道:"自从黑色火药发明以来,炸药最大的进步是将雷酸汞用做硝化甘油和火棉以及其他爆炸物的引爆剂,使这些爆炸物按人们所希望地释放出爆炸的量,已经不断表现出来。如果没有这一发明,这些物质就不能用做炸药。我们能够发现并利用许多其他物质的爆炸性能,也完全归功于这项发明。"在一般人看来,阿尔弗雷德是以发明达纳炸药而享名,但是实际上他发明的引爆剂和引爆管,不论是从纯粹发明方面看,还是从技术方面的重要意义看,无疑应该列在达纳炸药的发现之上。

9. 炸 胶

任何事物都是在不断解决矛盾中前进的。旧的矛盾解决了,新的矛盾又突出出来。阿尔弗雷德·诺贝尔就是一个善于发现矛盾,解决矛盾的革新家。

阿尔弗雷德用硝化甘油和硅藻土制成的猛炸药的威力低于纯硝化甘油,它还有一个缺点,在受到压力或接触潮湿的情况下硝化甘油有渗出的危险。

1873年,阿尔弗雷德·诺贝尔在巴黎设立总部,建立起一所试验室,聘请法国青年化学家法伦巴赫(George Fahrenbach)当他的助手。从此,法伦巴赫追随他18年,一直到1890年,阿尔弗雷德将他的试验设备迁往圣雷莫(San Remo)。巴黎的试验室最初附设在马拉科夫街(Avenue Malakoff)59号诺贝尔的住所里。1881年迁到巴黎附近的塞夫朗(Sevran-Iivry)。阿尔弗雷德在十九世纪七八十年代里系统地进行了各种试验,特别注意改进炸药的制造和生产。

要使硝化甘油安全而又保持它的爆炸力,关键在于找到一种比硅藻土更好的吸附剂。因为硅藻土本身不参与爆炸的任何化学反应,而且还吸收不少爆炸时产生的热量,降低了爆炸力。安全炸药这种新的技术发展趋向,其他研究炸药的化学家也看到了。1867年5月31

通过坚持不懈地努力,诺贝尔一次又一次把炸药的制造技术提高到了一个新的水平,安全又爆炸力强的炸胶诞生在1875年。1876年专利获得批准。此图是诺贝尔发明的"超级达纳"炸药

三、炸药大王

日,瑞典人奥尔逊(Ohlsson)和诺宾(Norrbin)用硝酸铵和木屑、木炭粉或一些类似物质以及有机硝基化合物与硝化甘油混合,而取得专利。

阿尔弗雷德在年轻化学家法伦巴赫帮助下又向新的目标冲击。1869年,他们用可以燃烧而不能发生爆炸的物质取代硅藻土,以减少硝化甘油爆炸的热量的损耗,增强爆炸威力。他们反复地试验、探索,先是选用化学药品。后来,工作使他们入了迷,顺手可以拿到的东西,都拿来进行试验。

就这样,他们试验范围超出了化学试剂,将一切有希望提高硝化甘油爆炸威力的东西都拿来试验。然后分析、鉴定、筛选。认定硝石粉、松香、糖、淀粉等都可以用做吸附剂。事后将这些成果,报请了专利。

但是这种用不同吸附剂制成的猛炸药,有一个难以避免的弱点,那就是它既可以吸附硝化甘油,也就可能吸附水分,使炸药受潮而失效。为提高猛炸药的防潮性,阿尔弗雷德又用不同的添加剂进行试验,加入石蜡、石油精、硬脂酸等等,使之生成一种保护膜,不再吸收水分,又可以避免猛炸药中硝化甘油的渗漏。这些繁复的试验,细致的改进,提高了猛炸药的质量。当时,这些改进都获得了专利证。但是,却没能从根本上消除猛炸药威力不够大的弱点。因为,所有这些改进措施,只不过是用不同的吸附剂制成了不同的猛炸药罢了。

当时与阿尔弗雷德猛炸药并行于世的还有硝化棉炸药。硝化棉炸药也曾多次发生严重事故。英国的阿贝尔教授摸索出了安全处理硝化棉的方法,得到了安全性能好的硝化棉,开创了硝化棉在军事上应用的实际途径。但是,由于彻底清洗硝化棉中的杂质非常困难,硝化棉的生产也受到限制,而爆炸事故又时有发生。阿尔弗雷德的猛炸药,虽然在安全性能上高于硝化棉,但不能在军事上应用。在这种情况下,阿尔弗雷德·诺贝尔断然停止了对猛炸药的小修小改,以极大的胆略和气魄,为自己确立了一个新的课题是:将硝化棉与硝化甘油炸药的优点溶为一体,制成一种威力大,安全性能好而又适用于枪炮的新炸药。使它在实际应用的竞争中不仅超过猛炸药,而且优于硝化棉。

目标既已确定,马上全力投入工作。阿尔弗雷德·诺贝尔全神贯注,如醉如痴,不断地试验硝化甘油与硝化棉不同比例的配方,不断地分析试验结果,顽强地探索解决问题的途径。为获得一种新的化合物,化学家总是反复试验,逐步逼近,完全凭经验工作。所以,阿尔弗雷德·诺贝尔要将两种炸药掺在一起,是一件极具危险性的实验。

美国有一名叫美纳尔的医科学生,曾做过用棉花和酸的实验。他让棉花与硝酸发生轻微的作用,制成了类似棉火药剂,这种药剂很容易溶解于酒精中,若把这种溶液涂抹在物体表面,酒精会很快挥发,于是留下一层薄膜,这层薄膜就是硝酸纤维素胶片。

美纳尔是个医科学生,所以很自然地把他的发现应用于医疗上,这就是大家熟知的绊创膏的由来。美纳尔把他的发现制成水溶液出售,销路出奇的好。这种液体就叫"棉胶"或"哥罗丁",它一直被当做绊创膏来使用。有时也当做浆糊来用。

阿尔弗雷德·诺贝尔正是由这种棉胶,引发了他的灵感。

1875年的一天,阿尔弗雷德·诺贝尔在实验室工作,不慎划破手指,助手法伦巴赫拿哥罗丁帮他涂抹了伤口,当天的工作只好提前结束了。

那一天晚上,阿尔弗雷德手指疼痛,难以入睡,在辗转反侧之中,他盯着受伤的手指,突然想到了哥罗丁的配方。这种胶质溶剂,在它所含的液体发挥以后,就形成一种薄膜,封住了伤口,他想,用硝化程度低的硝化纤维(含氮量只有11%),溶于乙醚或酒精,是不是也可以制成一种新的胶棉呢?用这种胶棉与硝化甘油混合,会不会制成可以成型的炸药呢?想到这里,他忘记了手指的疼痛,急忙起身到楼下实验室去验证自己的设想。从凌晨4时

1881年3月8日,诺贝尔在离当时的塞夫朗村不远处购置了一块地产并建造了豪华的实验室。在这里,他可以静享他喜欢的实验所带来的快乐。他在此发明了"炸胶"和"无烟炸药"。他信任的助手乔治·法伦巴赫从巴黎来到这里帮助他管理这个实验室。

三、炸药大王

　　一直工作到旭日东升,当法伦巴赫来上班时,他已成功在即。两人极为兴奋,法伦巴赫竟忘记了劝阿尔弗雷德去进早餐和治疗伤口,两人一起继续工作,直到制成了硝化棉与硝化甘油的混合物——炸胶样品。

　　进行爆炸试验的结果,威力远在猛炸药之上,且兼有硝化棉和硝化甘油的优点。新的成功使阿尔弗雷德和法伦巴赫欣喜若狂。不过当阿尔弗雷德以一个工业家的眼光来审视时,他清醒地认识到,要将这种新炸药付诸生产,还有许多工作要做。他说:"凡一件东西,不能因为仅具有爆炸力,甚至具有强烈的爆炸力,就可以有实际用途,还有问题,必须加以考虑。我们要看它能否与采用的那些东西较量和竞争。再就是在同一体积内是否具有同等的效力;制造的成本高低;有无适应的化学稳定性;在实际应用时,是否能安全运输,在受潮时有何影响;最后,爆炸产生的烟和气,是否对矿工的健康有害。"他知道,现在仅仅是工作的开始。然而,他却只向助手提出了与当前研究直接有关的问题,他说:"法伦巴赫先生,你能说这个制品所含硝化纤维的硝化程度是最佳状态吗?你能说这种胶化程度刚好符合使用的要求吗?……"年轻的法伦巴赫明白阿尔弗雷德·诺贝尔的意思,就是要在已取得成功的基础上,分别找出纤维硝化程度和胶化程度的最佳点。为此,还要不懈地反复进行试验。

　　为了寻求满意的配方,阿尔弗雷德·诺贝尔在试验室用棉纤维和其他纤维素进行了几百次的不同硝化程度的试验,又对硝化纤维的含量进行比较,使之递增或递减之后,检验爆炸效果。这些试验在生产这种新炸药的工厂中继续进行着较大规模的试验。

　　里德贝克制成需要的机械设备,他和法伦巴赫共同指挥在保里尔、阿维里安拉、阿迪尔、施莱布西等地工厂生产这种新炸药。

　　按硝化纤维素的含量,可以制成各种不同组成成分的炸胶,一般的比例是7%、3%和2.5%,它可以制成果冻似的固体物,或是一种可塑物,半液体物。这种半液体物可以用做基本材料,供混合硝酸盐和碳氢化合物生产所谓"特等"安全炸药("Extra"Dynamite)、胶质安全炸药,葛里炸药(Gelignite),有效而价廉。纯粹的炸胶(含7%硝化纤维素)从各方面看都是理想的炸药。它的成分可以完全烧尽,生成气体,不会出现氧气供应不足或多余,它比纯硝化甘油具有更强大的爆炸力。炸胶爆炸时明显地不感到震动,在其他方面也较安全。例如在水中爆炸时完全没有影响。不过纯炸胶的应用受到限制，因为它的价格比较高，因此特别限于水下操作应用。在大多数国家里，普通爆破操作中含硅藻土和其他各种不含硝化纤维素的安全炸药已被炸胶完全取代。

诺贝尔设在巴黎市郊的实验室之一。

阿尔弗雷德·诺贝尔再三进行大规模的实验后，方才申请专利。1875年在英国，专利号为4179；1876年在美国，专利号为175735；1878年德国，专利号为4829。

炸胶和胶质猛炸药，在瑞士、意大利、法国很快就风行一时。建造戈特哈尔德隧道时，曾用胶质猛炸药代替猛炸药，炸胶的爆炸力比猛炸药高出46%，戈特哈尔德隧道横穿阿尔卑斯山脉，凿通后火车可以穿山而过直达意大利北部肥沃的伦巴第平原，隧道全长9.25英里，岩石又极其坚硬，但还是以创记录的速度提前竣工了，节省了不少人工及费用。

英国炸药当局起初对胶质炸药是否安全抱十分怀疑的态度。1879年开始试验这些炸药，但是炸药检查长马赞迪（Majendie）少校下令禁止，直到1884年安全问题得到满意解决后，制造和销售炸胶和胶质炸药的执照才发放，阿尔弗雷德·诺贝尔的最大的工厂——阿迪尔厂开工了。英国政府之所以给予许可证，要感谢被阿尔弗雷德称之为"英国的棉花炸药之杰出的辩护人"的阿贝尔教授公正的态度，他这一次公开证实阿尔弗雷德·诺贝尔的炸胶是"从各方面所见最为优秀的炸药"。

10. 巴里斯梯

阿尔弗雷德·诺贝尔发明炸胶之后10年左右的时间内，他把主要精力放在他已获得的各项专利产品的生产、经营以及此起彼伏的商务纠纷之中。即使他的资产已十分富有，商务十分繁忙，他仍不忘进一步从技术上改进他

三、炸药大王

的硝化甘油产品，从而扩大产品销路。

阿尔弗雷德设想把炸胶用于军事，制造枪炮弹药、鱼雷及其他军用物资。同硅藻土做吸附剂的安全炸药"达纳"相比，炸胶实际上就是一种用火棉做吸附剂的高效安全炸药，不过这种高效安全炸药还是有一定的缺点，那就是它的爆炸还不够大，在储藏时也易起变化。阿尔弗雷德将炸胶用于军事的设想，还未能实现。于是，他又在反复思考这样一个问题——几十年来，硝化甘油或硝化棉炸药得到了广泛的应用，黑色火药为什么并未被抛弃呢？谜团终于揭开，他认为，这是由于黑色火药有很好的适应性（虽然它的性能是不稳定的）。用在矿山，它有适用的爆破力；用在枪炮中，它有适用的推动力，二者兼备。这是黑火药的优点，也是它的特点。但是，黑色火药的弱点是威力较弱。从此，一个使炸药适应于专业化要求的思想，在阿尔弗雷德·诺贝尔的头脑中确立起来。他要求自己制造出具有发射、爆破、引火等不同用途的新炸药。这个思想，是炸药发展史上的一个重要进步，是阿尔弗雷德·诺贝尔的又一项贡献。

1875年5月21日阿尔弗雷德·诺贝尔在伦敦技术协会上宣读了一篇有趣而发挥到极致的论文，叙述适合应用的炸药所需的性能和使用了几百年的黑色炸药的优缺点，内容如下：

"炸药这一物质不能因有爆炸力，或仅具强大的爆炸力，就可做实际应用。还有许多问题必须考虑。首先比较它和已经采用的是否优越，其次比较在同一大小的范围内是否击中目标，制造费用若干，处理它时有什么危险或困难，在一切气候条件下是否具有必要的化学稳定性，实际应用时运输和使用是否不太危险，是否吸湿，遇水有何影响，最后还要考虑爆炸所产生的气体或烟尘对矿工们的健康有什么影响。

这可以解释为什么我们即使拥有更强大爆炸力的炸药而不能轻易取代黑色炸药。这个古老的混合物，确实具有令人惊奇的爆炸性能，适合于各式各样的用途。例如在采矿中它爆破不需推动，在枪炮中推动而不爆破，在导火线及烟火中燃烧很慢而不爆炸。它产生的压力在许多操作中各不相同，在导火线中每平方吋1盎司左右，在弹壳内每平方吋8.5万磅。但是因为它用途广泛，以致无一处十分完善。现代科学拥有较好器具，渐渐侵入它古老的统治范围。"

诺贝尔传

从1879年开始,阿尔弗雷德·诺贝尔即着手进行无烟炸药的实验研究。促成这一研究的背景,是欧洲一些国家的政府出于当时的政治形势,急需更适合于枪炮以及其他常规武器使用的无烟火药。在当时不仅阿尔弗雷德看到了这种技术趋向和市场需求,其他化学家同样也看到了这一点。到19世纪80年代末,这个问题在欧洲成为了焦点问题。奥地利伦克(Lenk)将军放弃了早期用非胶化火棉代替黑色火药的试图。德国舒尔采(Schultze)上尉早在60年代就成功地制成硝化木屑的炸药,木屑是用硝酸盐的溶液处理的。它与英国制造的E.C.炸药近似,只限于射猎,不适合军用。法国维尔(Vieile)从1884年就开始研究制造最早类型的胶化的硝化纤维素炸药,他的试验成果不详。德国杜坦荷弗(Duttenhoffer)也进行了同样的试验。瑞典斯科德隆德(Skodlund)研制了一种称为阿派里特或称灰色炸药的无烟火药等等。

炸胶是无烟炸药发明的起点。1879年4月15日诺贝尔实验室有这样一张表,记录着一个含硝化甘油和硝化纤维素的炸药成分(硝化纤维分为"不溶"型即火棉,"可溶"型即哥罗丁),配方如下:

1. 1份硝石(Nitve)
   8份硝化甘油
   5份火棉
   1份硝基苯
   共计15份
2. 1份硝基苯
   4份硝化甘油
   2.5份可溶的硝化纤维素
   共计7.5份

这些成分并未获得满意结果,因为阿尔弗雷德后来的试验是按完全不同的途径进行的,是用苦味酸,压缩的火棉,硝化(Corrozzo)一种植物纤维。阿尔弗雷德发明无烟炸药的途径是非常奇特的,是他后来研究了赛璐珞后受到启发,得到新的灵感,最后获得成功。

当时,英国化学家帕克斯(A·Parkes,1813—1890)于1865年发明的那

三、炸药大王

种被称为假象牙的合成材料制品已经上市,这种合成材料是用硝酸纤维和樟脑等为主要原料合成的。阿尔弗雷德·诺贝尔对这种合成材料的成分、配比和性质进行了实验分析。发现,这种材料虽然燃烧得很慢,但却没有烟雾发生。他认为这主要是因为其中含有樟脑的原因,并由此推断在炸胶中加入一定比例的樟脑,就有可能制成一种既高效又无烟的炸药。

1887年,阿尔弗雷德·诺贝尔初次申请巴里斯梯专利时说他曾想过这件事,他在申请临时专利中说:

"赛璐珞这种东西一般含有2/3重的硝化棉纤维,但由于含有樟脑,所以它坚固,赛璐珞即使研细,燃烧仍慢得不适宜用于枪弹。试验表明用硝化甘油整个或部分代替樟脑,制成的赛璐珞很坚固,足以假定它具有适当粒子性质。用来装枪炮能按适合的速度燃烧,可作为黑色炸药的代用物,有下列优点:爆炸力较大,炸后无残渣,无烟或差不多无烟。"

阿尔弗雷德·诺贝尔发明的这种无烟炸药,是以等量的硝化甘油和硝化纤维与10%的樟脑合成的。这种炸药在燃烧和爆炸时既高效又无烟,也特别安全。它能在一定的温度下被压制成线状、粉状、粒状等形状,因此特别适合于用做军用炸药。他于1887年11月28日在法国申请专利,专利号为185179;1888年1月31日在英国申请专利,专利号为1471。巴里斯梯炸药又称为"C.89"炸药。

这项发明自然引起军事部门的很大注意和各国政府的重视,因为各国都怕落后于其他各国军备,特别期望无烟炸药在战术方面具有远大和不可估量的影响。

意大利政府首先决定引用巴里斯梯,在瑞典则称为诺贝尔炸药。1889年8月1日意大利政府与诺贝尔的代表里斯托里(Ristori)签订了一份重要合同,在阿维里安拉工厂增设一个制造诺贝尔炸药的大车间,运送3万公斤巴里斯梯。炸药在阿维里安拉制成,诺贝尔获得一定比例的分成。

意大利政府希望获得制造巴里斯梯特权,1889年9月16日与诺贝尔签订合同,获得了这项开发利用巴里斯梯的专利权,以制造每公斤付1.45法郎作为回报。意大利政府一次增付50万里拉。

在法国,当局不仅拒绝了阿尔弗雷德的专利申请,而且予以排斥和打击。在英国则受到法院的不公正判决,赔偿两万八千英镑。这使他感到极

诺贝尔传

度愤懑，金钱上的损失是次要的，冤屈使他在精神上难以承受，心脏病日益严重。

1891年，阿尔弗雷德心情沉重地离开了曾给他带来快乐和幸福的法国，迁居意大利波嫩特河边的美丽的小镇圣雷莫。勤奋和努力一直是他不变的工作信条。他在圣雷莫建造一座伸向海里

诺贝尔在巴黎的实验室。

的码头，在这里，阿尔弗雷德进行了最后5年高度紧张的工作，他在炸药领域的最后发现，即"改进型无烟炸药"，是为了适应某些特殊目的而进一步改进的混合无烟炸药，就是在这里研究出来的。

这项发明的目的在增加枪炮弹的出口速度，而不增加枪炮弹在枪炮膛内的最大压力，在炸药燃烧时使推进力增加，而枪炮弹在管腔运动时所受压力均衡，整个巴里斯梯的效用增大了。要达到炸药递进消耗有两种方法：一种是从机械方面，在燃烧进行时使炸药丸粒表面积递进增大；另一种是从化学方面，使各层单个炸药丸粒按层积配置。内层燃烧的速率较大于外层，因此随燃烧进行递增。

这两种改进无烟炸药的方法是柏格博（Bjokbom）诺贝尔试验室在1895年和1896年间大量试验的课题。按较早的方法，诺贝尔炸药制成的是粗条形或圆盘形，圆盘形上有六角形的小洞，看上去像是蜂窝。燃烧进行时小洞的内部总面积逐渐加大，于是得到所需的"递进"。在多次试验中枪炮弹的出口速度是增加了，可是这种制造方法有些简陋，后经多次试验效果不理想而放弃了。

这种方法后来被美国人马克沁（Maxim）和舒普豪斯（Schupphouse）采用，制成多孔硝化纤维素炸药，引用进美国陆军和海军，以及许多国家。

阿尔弗雷德·诺贝尔对另一种化学方法更感兴趣。他将这种具有递进

三、炸药大王

作用的炸药在各国取得专利。他实际上制成了低压状态下具有高启动速度的炸药。制成的盘状或管状炸药各层硝化甘油不同，还在外层添加一种阻抑物质，即硝化甘油和硝化纤维素的非液体溶剂和不爆炸的物质。这个发明未按原来形式实际应用，因为贮存后各层相互作用而形式改变。诺贝尔逝世后就停止了继续研究。同时这项发明需要修改形式才适合应用，这种改进的硝化纤维素炸药首先在德国进行了试验，是根据诺贝尔在他的专利中所讲述的原理制成的。

11. 专利诉讼的漩涡

科学能够给人类带来进步和文明，科学家却并不都是社会的"宠儿"。阿尔弗雷德·诺贝尔一生的成就是杰出的，然而由于被迫卷入许多商业纠纷和专利诉讼之中，他的生活又充满了纷扰、烦恼和悲愤。

1873年，阿尔弗雷德移居法国，住在巴黎的马拉高夫街59号一所漂亮的房子里。他于1888年发明"巴里斯梯"无烟炸药后，曾向法国政府申请专利，当局以已有一法国教授发明了一种近乎无烟的炸药为由，不发给专利证。这位法国教授即韦爱乐，他1884年研制成几乎不冒烟的胶炸药，并命名为"沙罗韦爱乐火药B"，简称B火药。B火药发明后立即被陆军和海军购买供训练使用。对此，阿尔弗雷德曾以讥讽的口吻说：

"无论哪一个国家政府，似乎只要是谁拥有强大的靠山，其火药的爆炸力无论怎样微弱，都会远远胜过没有附带条件的强烈火药的。"

阿尔弗雷德只好向别的国家申请专利，得到了意大利政府批准，在法国的阿维里安拉工厂生产"巴里斯梯"，后将这项专利卖给意大利。这件事惹恼了法国

诺贝尔在巴黎的豪华别墅。

诺贝尔传

政府。早在1859年,拿破仑三世就出卖了意大利统一的拥护者。1867年当意大利爱国者准备解放罗马时,拿破仑三世镇压了加里波的义勇军。所以,法意两国早有宿怨。阿尔弗雷德·诺贝尔既然生活、工作在法国,怎能随意把巴里斯梯的专利卖给意大利呢?此前,法国炸药和硝石管理局的政要就以猜疑的眼光注视阿尔弗雷德的活动。现在,他们简直是恼羞成怒了,认为这是公然与国家主义的对抗。在得知阿尔弗雷德获准专利后,法国报纸连篇累牍地攻击他,诬蔑他窃取了法国政府所属实验室的情报……

阿尔弗雷德·诺贝尔的试验室受到警方搜查,最后被封闭,而且禁止他进行射击试验。在洪弗尔(Honleur)的法国诺贝尔公司所设的工厂也被禁止生产,已经制成的少量试验用炸药被没收。

阿尔弗雷德·诺贝尔勃然大怒:

"真是笑话!什么叫违反公卖法?我多年来一直从事这一行业,它曾给法国带来无穷利益,你们竟来封闭我的工厂,简直无理取闹!"

他向前来执行任务的警察提出强烈抗议:

"这是我私人的研究室,不属于工厂任何一个部门,你们擅闯民宅,难道不怕违犯民法吗?"

"真是无法无天,岂有此理!随便捏造一个罪名诬告我,破坏我的工厂,B火药算什么?你们这样做,只会让法国遭受重大的损失。我再也不想逗留在这种不讲道理的国家了!"

阿尔弗雷德迫于无奈,于1891年将他的住所和实验室迁到意大利圣雷莫。

此外,有两件专利诉讼案对阿尔弗雷德·诺贝尔身心的摧残更为严重。

一件是阿尔弗雷德与夏弗勒(Shaffner)之争。夏弗勒曾在1864年秋天到斯德哥尔摩进行官方考察。他在1864年9月到赫伦内堡拜访伊曼纽尔·诺贝尔,表示赞赏硝化甘油作为炸药的发明,并说想收买它。罗森伯爵担任他们会谈的翻译。后来夏弗勒几次会见阿尔弗雷德·诺贝尔本人,经常向他探询硝化甘油的发现和它的应用方法。他曾提出以很低的价(1万西班牙银元)收买诺贝尔的美国专利权,遭到诺贝尔拒绝。又写信给美国驻斯德哥尔摩公使,请求公使搜集关于使硝化甘油爆炸方法的材料,公使回复他一封简单的拒绝信。这些事实都包含在罗森伯爵后来的证词中,伯爵对

三、炸药大王

诺贝尔在意大利圣雷莫的乡村别墅。

夏弗勒的行为非常愤慨。

后来,阿尔弗雷德·诺贝尔向美国政府申请专利,1865年12月25日,美国政府发给他硝化甘油专利证。这时夏弗勒居然对阿尔弗雷德提出控告,声称自己也申请了硝化甘油专利,发明权是他的,并诬陷阿尔弗雷德窃取了他的发明。为此,汉堡和斯德哥尔摩的美国领事召见阿尔弗雷德和夏弗勒,并接受各自见证人的证词。

阿尔弗雷德详细地介绍了他初次试验硝化甘油引爆剂的经过,那是1863年初夏,在圣彼得堡,当着他的两位哥哥:罗伯特和路德维希的面,他成功地进行了硝化甘油水底爆炸的试验。阿尔弗雷德·诺贝尔以其令人信服的事实证明,他是世界上第一个制造出硝化甘油引爆剂,使硝化甘油成为可以实际应用的炸药的人。

对于阿尔弗雷德·诺贝尔的指责,夏弗勒本来无法反驳,但他以在美国首先采用硝化甘油做炸药,并早于诺贝尔向美国申请了专利自居。在双方争议不休的情况下,法官宣布休庭,以便传讯证人,核对供词。

传讯的证人中,有帮助诺贝尔在爱麦柏格矿区进行第一次实验的工人约翰逊。他叙述了当时的试验情况,他说,在瑞典除了诺贝尔,没有别人可算得上硝化甘油炸药的发明人。约翰逊还是诺贝尔不断改善自己发明并使之逐步完善的见证人。另一位证人是温纳尔斯托罗姆上尉,他也是诺贝尔首次试验硝化甘油的参加者,在他担任经理的公司,在1864年就取得了诺贝尔的专利权,开始制造硝化甘油。还有曾担任阿尔弗雷德和夏弗勒在斯德哥尔摩会面时的翻译——罗森伯爵。

经过法庭核实当事人的供词,审慎地进行调查之后,判定诺贝尔发明的硝化甘油炸药,远早于夏弗勒所说的"发明"日期,在美国制造硝化甘油炸

诺贝尔传

药的专利权,应归诺贝尔所有。诺贝尔的胜诉,为他在美国经营硝化甘油炸药企业,打开了局面。

1866年4月,阿尔弗雷德·诺贝尔远渡重洋,亲赴纽约,在美设立硝化甘油工厂并开展经销业务。为了避免夏弗勒继续无理纠缠,他不得不于1866年5月16日,将其所得的美国军用硝化甘油的专利权,转让给夏弗勒,只象征性地索价一美元。以此保证他在美国经营硝化甘油的权利。阿尔弗雷德·诺贝尔还将他的专利权转让给"美国爆破油公司"(United seatos Blasting Dil CD),同时愿意将将来关于硝化甘油的改良或新发现无偿赠予这一公司。

另一件是"巴里斯梯"与"戈代特"的诉讼案。当阿尔弗雷德·诺贝尔利用硝化纤维与硝化甘油试验新炸药的时候,世界上也有许多科学家从事这方面的工作。在英国就有两位专门制造炸药的权威——阿贝尔教授和吉姆斯·德瓦教授,进行这一研究。1880年以后,他们和诺贝尔建立了联系,并相约交流科学资料。

1888年,英国政府设立炸药委员会,负责审议炸药的新发明和新技术,并且负责推广应用。所有军用炸药的改进和发明,也由这个委员会向国防相关部门推荐,然后才能付诸实用。阿贝尔教授和德瓦教授都是这个委员会颇孚众望的成员。他们请诺贝尔经常将研制炸药的进展告诉他们,并由他们转告炸药委员会。从1888年秋到1889年秋,诺贝尔与这个委员会建立了密切的联系。这两位教授根据诺贝尔提供的"巴里斯梯"的资料,对于他制造新炸药所用的各种化学成分和工艺过程都了如指掌了。

这个委员会对"巴里斯梯"的原来形式和制造方法提出不同意见:关于含有樟脑,因为它的挥发性不适用。因此诺贝尔建议改用其他组成成分,如醋精或类似物质。而且这个委员会认为所谓已溶的硝化纤维素没有特殊优点,因为所含有组成成分将会受到改变。根据阿贝尔和德瓦的提议,利用高硝化的所谓未溶的火棉进行试验,结果制成一种炸药,

1866年4月,诺亲赴纽约。图为纽由女神像。

三、炸药大王

含硝化甘油 58%、火棉 37%、凡士林 5%，再加一种挥发性的溶剂丙酮，减低胶化。这一产品被压制成条状或绳状，因此在英国称为"戈代特"（Cordite）。丙酮在压后被除去。

不久，阿贝尔和德瓦两人声称，他们采用高度硝化的不溶性硝化纤维，制成一种新炸药，称为"戈代特"。他们以此产品在英国和世界各地申请专利，英国军事部门接受炸药委员会的劝告，决定购买阿贝尔和德瓦的专利证，制造"戈代特"，并将这种炸药应用于英国防海军部队。"戈代特"颇有在英国代替"巴里斯梯"之势。

"戈代特"问世之初，诺贝尔还蒙在鼓里。弄清真相后，他向炸药委员会提出抗议，指责该会成员阿贝尔和德瓦剽窃了"巴里斯梯"的制造方法。为此，阿尔弗雷德·诺贝尔向阿贝尔和德瓦提出：双方共同合作设厂经营。但这个合理要求，遭到炸药委员会的拒绝。他们要独享厚利，而不许向他们提供技术资料的诺贝尔分得一杯羹。

诺贝尔炸药公司曾取得诺贝尔的巴里斯梯专利，认为这是侵犯了他们的专利，提出抗议。经过多次协商没有结果，于是决定将此事诉诸法庭，作为所谓"友谊诉讼"。这件案子在当时曾引起很大注意，英国报纸竞相报道这起诉讼案。诉讼拖延时间较长，一直到上诉法院和贵族院，结果诺贝尔公司要求英国政府赔偿的诉求败诉。原告诺贝尔炸药公司应付巨额的诉讼费用 2.8 万英镑。

在审讯中，阿尔弗雷德·诺贝尔指出：在他提出申请"巴里斯梯"的专利权时，所谓"可溶性"硝化纤维一词，是个含义不确定的词汇，并不排除"戈代特"使用的所谓"不溶性"硝化纤维。而且，"戈代特"用做原料的所谓"不可溶性"火药棉一词，含义也不确切，它们在某种情况下，也同样是可溶化的。但是，英国法庭偏袒本国专家，执意判定诺贝尔的"巴里斯梯"专利中，没有说明采用"不溶性"的硝化纤维，而阿贝尔和德瓦制造的"戈代特"，解决了如何用不溶性硝化纤维和硝化甘油制成炸药的难题。

法庭在审理此案时，一般人都认为诺贝尔的工作在炸药领域内具有开创性的重要性。审判员卡叶勋爵（Lord Kaye）对上诉法院的裁决表示严重关切，他认为应以非常适当的姿态同意按技术理由所作的判决。他在诉讼进行中发表的一段谈话如下：

诺贝尔传

"这是十分自然的,一个矮子站在一个巨人肩上能看得比巨人远。人们不禁要向做出重大发明的诺贝尔先生表示同情。他已得到一项新的而最有用的成果,其他人也得到实际上相同的成果时,就应该仔细检查他们所用的方法是否侵犯了专利。"

卡叶勋爵指出,诺贝尔的发现涉及一种真正重要的新原理,两位聪明的化学家仔细读完详细说明书后用同样的材料,即使是稍有差异,得到的确是同一结果。卡叶勋爵希望以他的贵族地位得出使诺贝尔的权益不会被剥夺的结论。

检察总长答复说:"我们的解释并没有侵犯他什么,我不希望引起误解……我不希望在这件案子中压服诺贝尔先生。"审判员卡叶勋爵说:"如果你试图压服他,我不认为你能够做到,因为依我看你所做的事对诺贝尔先生是可能的最大的敬意。"

但是,上诉法院依然根据技术方面理由维持对原告的判决。1895年贵族院批准了这一判决。

阿尔弗雷德·诺贝尔对这一判决表示强烈不满,金钱上的损失是次要的,他悲痛的是他蒙受冤屈。他觉得这是对一位发明者成就的污辱,他经常对此有些敏感。他甚至打算给英国军部寄一封长信,发泄他的怒气,除申诉他申请专利前的经过事实,还要求英国政府支付他1尼(Guinea)作为赔偿和承认他在解决炸药问题中的贡献。他的英国法律顾问阻止了他寄出这封信。他又写了一篇戏剧式的游戏文章,叙述一件英国专利诉讼案和有关人物。在这个案件结束后不久,一个时期里诺贝尔在私人通信中表示他受到的影响。1895年4月11日,他给一位英国朋友的信中说:

> 人说覆水难收,哭也无益,我也不哭了,但是这痛苦的冤屈是国家给我的,使我憎怨不绝。是非自有神圣知觉,不能从民众上达于朝廷。但应由最高当局向下传布……你试想一个穷苦的发明家为了维护自己的权益,不得不花费2.8万镑在一件"友谊诉讼"中!真是荒谬至极。人不该只为一点损失就小题大做,我也不例外。如果是个人,做了错事情有可原,但堂堂一个国家却罔顾道义,我实在无法想像他们何以还能安然立足于世!

三、炸药大王

在另一封信中他气愤地写道：

你提到许多朋友，他们又在哪儿呢？他们已经深深地陷入了虚无缥缈的沼泽，或者掉入了捞取钱财的泥潭。我可以肯定，只有在群狗中，在寄生虫堆里才能找到如此朋友，他们用别人的血肉养狗，用自己的血肉喂虫。感恩的肚皮和戴德的心肠是天生的一对孪生兄弟。

不过，阿尔弗雷德·诺贝尔毕竟是一个精明的企业家，他终于从感情的圈子里跳了出来，他想既然官司输了，自己为什么不可以做"戈代特"的生意呢？他也在炸药原料中采用"不可溶"的硝化纤维，与阿贝尔展开竞争。

在英国，诺贝尔炸药公司制造的"戈代特"一面销售给英国政府，一面销售世界各地，使阿贝尔教授也无可奈何。公司每年从赚取的利润中，支付大笔酬金给诺贝尔，加上其他制造诺贝尔炸药的"戈代特"的国家，每年付给诺贝尔大量的酬金。总的来说，诺贝尔因这次诉讼失败造成的经济损失，虽然很快就得到补偿。但在诺贝尔的心灵上却留下了难以平复的创伤。

工厂工人操作的情形。

四、广泛的发明事业和领域

阿尔弗雷德·诺贝尔热爱工作,从事科学研究和发明是他最大的乐趣,他总是希望摆脱一切商业上的事务,一心一意地进行发明创造,但由于种种原因他未能如愿以偿。然而,即使在繁忙事务的羁绊中,诺贝尔还是完成了许多出色的发明。他凭借自己的天才和勤奋。像同时代的许多发明家一样,涉足众多领域,知识广博、建树甚多。他的发明以炸药为主,但又超出了炸药工业的范围。他具有天赋的想像力,达到超人的程度,除了应用化学外,对数学、光学、机械学、枪炮学、生物学和生理学等应用科学都感兴趣。阿尔弗雷德·诺贝尔申请并获得大量的专利,根据处理他逝世后的遗产而制成的表册记载,他的专利在不同国家里大约有355项。

阿尔弗雷德曾谦虚地说:"即使我明知在1000个构想中只有一个可用,我也非常满足。"他的想像和他的父亲伊曼纽尔一样,有时是深思熟虑

诺贝尔在圣雷莫建筑了一座伸向海里的小码头,用来进行炸药和火器试验。他在那里进行了5年的高度紧张的工作。

四、广泛的发明事业和领域

的，但常常是怪诞的。与其他天才的发明家一样，阿尔弗雷德不是经常能区分什么是具有划时代意义的发现，什么是纯粹的幻想。

阿尔弗雷德·诺贝尔早年的科学训练似乎主要是力学和科学仪器。50年代末他自称是一位"土木工程师"。他的最早的三项英国专利已经简要说过了，主要是关于仪器的制造。他的第一项专利是在1857年9月获得的，是一种量气表，它的原理是测量被气体所吸收的水的体积。1859年1月，他获得测量水和其他液体仪表的专利，原理是将一根棒插入流动的液体中，棒由溶于这种液体的物质构成。它失去的重量是可以测定的。同年3月他又获得了一种气压计结构的专利。可是这些专利并未投入实际应用。

1860年—1870年，阿尔弗雷德·诺贝尔的精力完全集中投入到硝化甘油和安全炸药中，但是自从在巴黎建成试验室并聘任法伦巴赫当他的私人助手后，他开始研究一系列其他技术和工业问题。这些问题有一部分是关于制造炸药的，例如，硫酸的浓缩、冷却器、液体的汽化等等，另一部分是关于挥发油工业的。最有价值的是，他发明了专用于比重较高的油类的特种燃油器和挥发油的连续蒸馏方法。他的这些活动又伸展到完全不同的领域，例如1878年8月他在法国获得一种汽车自动刹车装置和一种防爆锅炉专利。这种锅炉是管式的，管子是螺旋形略带圆锥形，用以产生蒸汽。1879年6月他在英国取得精炼生铁的专利。

后来，阿尔弗雷德·诺贝尔的主要精力重又回到炸药研究上，巴里斯梯使他闻名，但根据他的专利记录和他的试验日记，表明他正研究许多其他设想和发明。他竭力设计包装吸湿炸药的安全方法，研究制造一种引爆装置，采用比雷酸汞较稳定和较廉价的材料。1886年4月他提出利用含大量碳代替木屑的液体溶剂溶解硝化甘油，制造安全炸药和它的不同品种，这一想法，早在1875年发现炸胶时已有了大致方案，这具有很大的实际重要性，后来广泛应用在制造不易固化的安全炸药的不同品种中。

在英国申请获得的两项临时专利中有一个有点奇怪的项目，是在1885年和1886年提出的，是"一种利用热爆破岩石的改良方法"！一位安全炸药的发明人居然想到这种十分原始的方法，在岩石上燃烧火使它炸裂，真是怪事。这是模仿汉尼拔（Hannibal）翻越阿尔卑斯山脉（Ahps Mountains）的方法，正如伊曼纽尔·诺贝尔仿效汉尼拔的军事战术想到训练海豹去启动水雷爆炸。按诺贝尔的笔记所载，他的这一想法是这样的：按通常的方法在岩石上钻一个洞，将液体或气体燃烧的强有力灯火插入洞中。岩石受热到一定程度后泼入冷水，使岩石脆而易凿。然后重复操作，洞口扩大，可以凿得较大石块。

1880年以后，阿尔弗雷德·诺贝尔的注意力逐渐转向大炮和军火方面，这些是他从未重视的，从纯粹理论方面看，对他有特殊的魔力。同时他接着将这些发明付诸实际应用，阻断了理论研究。

他在"巴里斯梯"研制成功后，对军火的研究是特别值得讲述的。他尽力制造无声枪和扩张（枪炮后膛的）闭锢夹层，以避免枪膛磨损和断裂，并用枪弹导火线和火箭枪炮进行试验。他还试图发现枪炮管内部锻造方法。无声枪是枪弹在施放时，离开枪口前一种瓣阀立即在它后面放下，使放出的气体通过一消音器。这些试验部分是成功的，但无真正实际应用价值。

扩张闭锢夹层是在枪炮弹后面有一夹层，内放置少量炸药。炸药燃烧后产生的气体被封闭在其中，势必有力地压向枪炮膛铜衬里，因而得到很高的气体压力。这个发明在理论上完全有根据，但遇到一些实际困难和反对，以致不能投入实用。

"火箭弹"或"空中鱼雷"的想法部分由恩盖（W.Unge）上尉创始，但阿尔弗雷德·诺贝尔承担试验费用，并参与解决大量问题。顾名思义，这种炮弹是由一些长钢筒组成，底部装有火箭，供应真正的推动力。这些炮弹从一简单部分纵裂的钢管给出它们初始的方向。排出的气体通过后面的涡轮保持炮弹沿着它的方向旋转运动。发明人的目的不仅希望空中鱼雷能用于战争，并可用以拯救遇难船上的人。试放时得到很远的射体轨道，达4公里，但精确度不可靠，这一发明未能适用。

阿尔弗雷德·诺贝尔在晚年还研究了许多关于工业生产的问题。他曾努力利用各种非挥发性剂溶解硝化纤维素，试制橡胶、杜仲胶、皮革和专利皮革。后来，当阿尔弗雷德·诺贝尔在圣雷莫和柏格博试验室研究这些问题时，有关硝化纤维素的溶剂知识有很大增加，许多新的溶剂实际上已变得非常重要，部分与巴里斯梯结合，以降低燃烧温度，并减少枪炮膛磨损和破裂；部分作为现代涂料的组成成分。事实上，诺贝尔的这项专利指出了一条制造含硝化纤维素涂料的途径；而且，诺贝尔在这个领域内的发现虽然还不

四、广泛的发明事业和领域

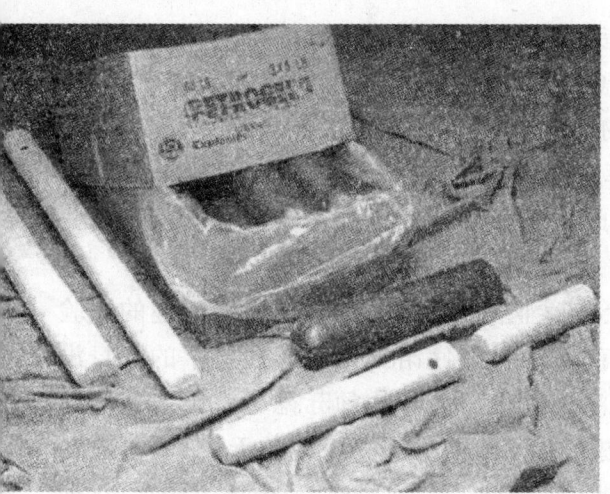

诺贝尔工厂当年生产的炸药。

能证明制造一种橡胶物质具有经济效益,但无疑对现代人造皮革,例如毕加穆(Pegamoid)等的制造是有帮助的。

阿尔弗雷德·诺贝尔在早年还注意到硝化纤维素的另一个用途,就是制造人造丝,他在1893—1894年在圣雷莫试验室进行了关于这方面的试验。他获得制造人造丝的特种玻璃管专利。管嘴口细微,适合硝化纤维素从管口喷出成细丝。管口是将细白金丝熔入玻璃中制成,然后再用王水溶解。后来诺贝尔聘任工程师斯特雷伦勒特研究此项技术,并出资制造人造丝的机器,斯特雷伦勒特因此获得专利。这些试验在诺贝尔死后仍继续进行。虽然结果未成功。但是对人造丝制造这一现代工业的发展是功不可没的。

阿尔弗雷德是一个富有想像力的人。他常常由此及彼、妙想奇思。他的许多想法,堪称为技术发展的预见。例如,在爆炸试验时,常常形成许多坚硬的砂粒,可以用做金刚砂。诺贝尔想,既然这样,为什么不能用来制造红宝石、绿宝石呢?他设想将铝的化合物放置在爆炸产生的高温中,使氢氧化铝熔化,用这种方法制造红宝石。他在意大利圣雷莫的实验室里,用镀着铂的容器,加入过氯酸铝和铝,让炸药在其中爆炸,以期合成氧化铝或氯化铝。他的这项试验虽然失败了,而他设想的这种方法,与后人采用的高温高压法合成红宝石,在原理上是相通的。

阿尔弗雷德·诺贝尔对电化学也有浓厚兴趣,他在瑞典的电化学工业中发挥了作用。事情的经过是这样的:一位瑞典土木工程师里尔杰维斯特,在英国和法国长时期从事专门职业工作,回到瑞典后在斯德哥尔摩工艺学院进行试验。采用卡斯特勒的方法,电解盐水制取苛性碱和氯气,计划在达尔斯兰德的班特斯福德建造一座工厂。可是他遇到很大困难,需要资金30万克朗。1895年2月他给在圣雷莫的阿尔弗雷德写信求助。他们约定,这年夏天在斯德哥尔摩相会。阿尔弗雷德详细研究了在班特斯福德建厂的方案，决定参与组建公司，并投资10万克朗。他无疑是信任里尔杰维斯特的，后来他委托里尔杰维斯特为他的遗嘱执行人表明这一点。

阿尔弗雷德·诺贝尔还打算自己在柏格博进行电化学试验，他对利用电解制取金属钠特别有兴趣，为此制成新设计的特种器械设备。可是这些试验在他去世后便搁置下来。

诺贝尔在晚年辞谢了事务上和商业上的活动，专心他最感兴趣的试验和研究中。不管什么人，只要他有所发明，即使诺贝尔对有些技术的本身没有多大兴趣，但他还是会给予经济资助的。青年牧师苏德布罗姆曾这样评价他：当他孤零零死去时，没有妻儿在旁给他安慰……他的天性，既不为名利所动，又不为孤独所苦，直到他生命的末日，他是热心的、仁爱的。在他的生活里，处处表现出高贵的品德。

在这些发明人中，他们的工作得到了诺贝尔在经济上帮助的有比杰兄弟和隆格斯托姆（后来成为蒸汽涡轮机等的建造人）。1895年比杰兄弟发明可变齿轮的第一辆自行车，名为Svea-velocipede，诺贝尔打算将这一发明在英国开发，出资4万镑组成新自行车公司，可是这家公司没有成功，一段时期后被迫破产。诺贝尔还出资供隆格斯托姆设计建造一种锅炉。诺贝尔曾说："能与富有天才而又诚实、谦虚的隆格斯托姆兄弟一起工作，感到非常愉快。"他还承担了巴黎一个工程师施密特研究消音装置的试验费用，诺贝尔提醒他用来消除留声机上的杂音。

1890年10月，诺贝尔委托年轻有为的学者、斯德哥尔摩的罗琳娜斯卡研究所的研究者约翰逊，在巴黎的薛兰实验室从事5个月的输血研究，他的设想是："如能好好地加以利用，定能获得惊人成果。"在与约翰逊商讨后，他拿出母亲总值84万克朗遗产中的5万克朗，作为"在实验医学专门领域从事研究，发表成果及做临床讲学的罗琳娜·安德丽塔·诺贝尔基金"。约翰逊曾写过一封信，叙述两人合作的经历：

"我与阿尔弗雷德·诺贝尔相识，是由于他向罗琳娜斯卡研究所（Karolinska Lnstitute）一位讲师表示愿意与一位瑞典生理学家相会，讨论一系列研究的计划。我得知这消息时正在旅途中，研究所请我尽快与诺贝尔会面。我立即允诺。在1890年10月初到达巴黎，在那里停留了5个月。

四、广泛的发明事业和领域

瑞典卡罗琳医学院。

"诺贝尔和我会谈后,我发现他对医学试验研究有着强烈兴趣,他发表了许多想法和意见,目的是利用试验方法以确定与疾病有关的生理过程,利用试验发现治疗疾病的途径。他鼓励我在塞夫朗他的试验室中进行输血试验,因为他对此特别感兴趣。

他经常说,他考虑创办一个研究所供医学试验研究。他认为医学理论可能是一种障碍,不局限于这些理论的人会比较容易解决一项问题。

"在后来几年中见面时,诺贝尔常常提及我们以前的会谈,深悔因各方面活动太忙阻碍了他从事医学研究。他对医学是非常有兴趣的。"

阿尔弗雷德·诺贝尔总能站在时代科学的前沿。1892年阿尔弗雷德很有远见地说:"我对航空非常感兴趣,但我们不能从气球中找出路。当一只鸟在空中高速飞行的时候,它只要做一个小动作,就可以克服地心吸引力,这不是魔术。鸟能做到人也能做到。我们必须有一个推进速度很快的浮动的船。"他预见未来的空中旅行不用气球或飞船,而是利用螺旋桨推进的高速飞机。阿尔弗雷德说这话10年之后,莱特兄

1903年纪念莱特兄弟的飞行纪念邮票。

弟成功地进行了第一次飞行。

在阿尔弗雷德·诺贝尔去世前4个月给他的助手索尔曼的信中,详细描绘了高空摄影、航空测量的方案:

我想在小型气球上安装降落伞、照相机、小巧的定时装置或限时信管,当气球放出并抵达应有高度时,使得气球自动泄气或降落伞自动离开。于是照相机以及它所摄制的照片就随同降落伞一起落下。

就是阿尔弗雷德在病魔缠身、生命垂危时,他那发明家永不熄灭的热情之火仍在燃烧,他的最后一封信是写给已到瑞典博福尔斯实验室工作的索尔曼,信中写道:

圣雷莫,1896年12月7日,索尔曼先生。

你送来的样品特别好,纯粹的硝化甘油炸药我看好极了。不幸我的病势加重,我写这几行字也觉得困难,但我将尽快回到我们感兴趣的事中。

你的永远的朋友
阿尔弗雷德·诺贝尔

索尔曼在日后曾就诺贝尔在炸药领域以外的发明及他的思想影响做了中肯的评价:

"乍看起来,批评家会从诺贝尔的专利目录,发现怀疑其技术判断力的理由;对冷静的技术家或实业家,其发明的多数也许会被认为是单凭想像力的产物。但我们不能忘记,当时技术界不屑一顾的大半构想,系由诺贝尔本人促成其实现,并获得很大的意义。确实,他的构想有时朝着与他本人意图不同的方向发展,甚至转向其他领域。这位天才的发明家就像自然界那样,不惜新生命的滋生。他可以构想出许许多多的东西来。如同自然中所见的那样,只有极少部分的种子落地生根,而多数种子则一开始就失去发芽的能力,或栽落于不毛之地。可是,这些精神之芽却能延续数十年,有时甚至延续数百年。只要给予适当的生存条件,它们便能生长了,这就像种子被吹落到肥沃的土壤上一样。

从历史上来看,技术的发展程度取决于发明家对解决问题所付出的努

四、广泛的发明事业和领域

力与思考,这种努力与思考在当时是否能够得到结果并不是主要的,关键在于被后来的技术与发明所重视了,它扩大了人们的视野,对于促进未来的进步大有裨益。"

五、世界工业帝国

1. 第一家硝化甘油公司

阿尔弗雷德·诺贝尔生前曾说他不喜欢经商,尤其厌恶那些尔虞我诈的商务纠纷。他说与其进那些商务仲裁所,不如进他的技术试验室。尽管诺贝尔确实厌恶商务,然而他又确实成为了一位富有的商人。诺贝尔一生的经历说明,他不仅是一个天才的发明家,而且也是一位优秀的企业家。到19世纪70年代他已是欧洲最富有和最著名的人物之一。他以巴黎作为经营基地,在整个工业化世界建立起一个由许多炸药工厂组成的工业帝国。

1863年10月14日,诺贝尔在瑞典获得硝化甘油引爆物专利之后,就打算立即建厂投产,可是要建厂投产,首先面临的是资金问题,除此之外,由于赫伦内堡惨祸的影响,市政当局严禁在城区生产危险物品,因此又遇到筹建厂房找不到厂址的困难。

诺贝尔发明的炸药成为不可取代的爆炸物。

在资金和厂址双重困难夹击之下,诺贝尔没有退缩,他得到他的舅母爱尔德的帮助,介绍他去见一位瑞典大富翁斯米特(J.W.Smit)。斯米特赞赏这项发明的重要性,资助诺贝尔建起一家制造硝化甘油的公司。公司的组织

五、世界工业帝国

条例和一些项目如下:

  签名人同意开办硝化甘油公司,宗旨在收购土木工程师阿尔弗雷德·诺贝尔所得商务局于本年7月15日授予的专利,制造和应用硝化甘油,使该项专利得以在瑞典国内开发,签名人决议下列条例,使公司组织就绪后即日实行:

  1.公司资本总额分为125股,阿尔弗雷德·诺贝尔先生应得62股,以31股转让给伊曼纽尔·诺贝尔先生。温纳尔斯特罗姆先生得31股,斯米特先生得32股,总计125股。

  2.阿尔弗雷德·诺贝尔先生应将上述在瑞典申请的专利连同一切附属专利全部售让给公司,经议定共付款10万泰勒,其中付现金3.8万泰勒,已交付诺贝尔先生。余额6.2万泰勒作为上述摊派的股票62股。

  3.剩余股份金额共值2.5万泰勒,应由斯米特先生认购1.3万泰勒,温纳尔斯特罗姆先生认购1.2万泰勒,等到股东大会开会时分别派付,召集大会按章程第十七条办理。

  4.诺贝尔先生制造硝化甘油所用的一切材料和器具由公司出资接管。

       斯德哥尔摩 1864年10月22日

  阿尔弗雷德·诺贝尔得现金3.8万克朗和股票31股,另有31股转赠给父亲,伊曼纽尔·诺贝尔逝世时仍有25股,收到股息按10%计。1872年9月3日他死后,财产总值28701克朗的大部分是硝化甘油的股本,每股值1000克朗。他的个人财产仅3575克朗,负债额4202克朗。他的妻子于17年后去世,她仍保持那25股硝化甘油公司的股本。那时的市价是伊曼纽尔·诺贝尔生前的8倍。两位合伙人温纳尔斯特罗姆和斯米特合购公司股份3.8万克朗,另存入2.5万克朗,作为公司的流动资金,这笔款是否用现金照付不得而知。诺贝尔是否按条款收到3.8万克朗也是疑问。全世界第一家硝化甘油工厂在开工时的流动资金实际不到2.5万克朗。

  公司第一次大会时任命阿尔弗雷德·诺贝尔、斯米特和温纳尔斯特罗姆为董事。诺贝尔仅参加了这一次会议,他似乎卖出了他的一些股票,因为他那时急需用钱,此外他和他的父亲各给罗伯特5股。在3月28日召开大

诺贝尔传

会时,伊曼纽尔·诺贝尔好像持有26股,阿尔弗雷德19股,罗伯特10股。罗伯特回瑞典后,硝化甘油公司以十分优裕的条件给了他一个职务,公司除每年从净利润中提取10%给他,并保证每月付薪资500克朗,还支付他到温特维肯(Wintewiken)的旅费1000克朗。不过他在公司任职时间不长。

启动资金解决之后,由于市政当局的禁令,使得他在市区任何地方都找不到厂址。在无计可施的困境中,阿尔弗雷德·诺贝尔买下了一艘废弃的梅拉伦湖畔的平底驳船,由他自己和一位助手在这艘驳船上着手投产。

诺贝尔的"船上化工厂"投产不久,附近的居民得知他们是在生产一种导致赫伦内堡爆炸的那种炸药时,立即纷纷提出抗议,不准他们的"船上化工厂"停靠在湖畔,为此,诺贝尔只好请人把他们"船上化工厂"拖到湖心之后,才得以真正开始批量生产。一个后来对世界产生巨大影响的跨国公司,就这样在一艘废弃的驳船上迈出了艰难的第一步。

到了1865年3月,由于瑞典北大铁路工程施工的需要,同时也由于诺贝尔的多方奔走,瑞典政府批准诺贝尔公司在远离斯德哥尔摩的一处荒郊温特威坎建厂。这样,诺贝尔才把他的小工厂从那艘废弃的驳船迁移到温特威坎新建的真正的工厂。

温特威坎工厂的生产规模最初也不大,在开办初期,诺贝尔除了作为工程师负责技术施工之外,还兼管营销、财务、广告、通信等方面的工作。此后不久,由于生产规模日趋扩大,他就聘请他的哥哥罗伯特和他童年时代的朋友利德伯克(1834—1912)工程师参与公司的管理和经营。

此后,以温特威坎工厂为起点,诺贝尔的瑞典硝化甘油公司在其他地方开办了4家工厂,其中一家是诺贝尔的合作人温纳尔斯特罗姆受命将硝化甘油专利售给挪威政府,洽谈成功后,1865年夏在莱沙克建造的,不久因爆炸被毁,后搬到克里斯蒂安拉海湾内德罗巴克附近的恩根。挪威的专利是用现金20万克朗购买的。这是阿尔弗雷德·诺贝尔惟一售得现金的专利。因为这一时期,他的父母急需钱用。

在瑞典,诺贝尔生产硝化甘油的五家工厂中,以温特威坎工厂连续生产时间最长。它从1865年开始,直到诺贝尔先生去世20年后的1915年才关闭。时间长达50年。

阿尔弗雷德·诺贝尔的哥哥罗伯特在1865年8月开始在芬兰制造硝化

五、世界工业帝国

甘油，阿尔弗雷德和父亲伊曼纽尔让罗伯特利用这项发明，并让给他专利权，不过名义是阿尔弗雷德的。1864年12月9日发给他5年期的专利，与阿尔弗雷德在1864年7月15日获得的瑞典专利时间相等。1865年春天罗伯特在赫尔辛基租得弗雷德里克斯贝格（Fredriksberg）一块地，建造一座小的制造硝化甘油的工厂，1865年8月开工出货，开始销售。罗伯特竭力宣传这种新炸药，1865年9月21日，他在赫尔辛基的《达布拉》(Dagblad)报上登出下列广告：

"按签署人请求，河桥管理主管已批准用黑色火药和硝化甘油各做两次爆炸试验，以资比较。地点在北港（North Harbour）附近斯卡图登（Skatudden）俄罗斯教堂（Rtlssian Church）的下面，时间是下一个星期三，9月27日下午5时。凡对本试验有兴趣的都请去参观。最好是站在库罗加登（Kyrkogatan）和诺拉卡根（Norra Kagaen）的转角处。

硝化甘油爆炸时以红旗为号；黑色火药爆炸以白旗为号。

硝化甘油制造人罗伯特·诺贝尔。"

根据赫尔辛基《达布拉》报所载，结果是"令人惊奇的"。同样的试验后来在阿波（Abo）和其他一些地方举行。罗伯特在一年时间里除从事灯油事业，对制造硝化甘油也做出技术改进，并设法推销产品。

罗伯特在芬兰并不很得意，营业状况呆滞，因此在1866年5月接受斯德哥尔摩硝化甘油公司聘请，担任推销员和营业部经理职务。但是这个职务也有不愉快的一面，到1870年末，他回到圣彼得堡，加入路德维希的事

赫尔辛基的一所教堂。

业。

1865年3月，阿尔弗雷德为了把自己的硝化甘油产品迅速打入瑞典以外的欧美市场，推广硝化甘油的开发，他把瑞典硝化甘油公司和工厂交给他的哥哥罗伯特和好友利德伯克之后，来到了德国汉堡。

2. 第一家外国公司

1865年，阿尔弗雷德来到德国汉堡，得到两位合伙人和金融家——瑞典商人温克勒（W·Winkler）和律师班德曼（Bandmann）的保证，1865年6月20日，阿尔弗雷德·诺贝尔公司在汉堡商业部注册，名称是阿尔弗雷德·诺贝尔炸药股份公司（Dynamite Akien-Gesellschaft, Vormals Alfed, Nobel & Co）。这家公司在德国的炸药工业中长时期占有领导地位。在德国初期的试验时，可能只是诺贝尔在汉堡制成的少量硝化甘油，不过是普通试验室里的状况，地点可能是在温克勒的仓库里，但是到1865年11月8日，他得到批准在易北（Elbe）河岸距离汉堡几里的克鲁梅尔（Krummel）建立一所制造硝化甘油的工厂。1866年4月1日开工时，工厂的全部工人大约50人，大部分是曾在阿尔弗雷德·诺贝尔工厂工作过的瑞典人。

设在德国的诺贝尔工厂，厂房看起来非常简陋，但所创财富数目惊人。类似这样的工厂，诺贝尔生前大约开设了93家。

在德国当局为克鲁梅尔工厂颁发批准文件时，对兴建硝化甘油工厂规定了严格的安全措施：

根据古尔绍法庭和医药官员伏尔克博士的报告，由此准许汉堡制造人阿尔弗雷德·诺贝尔按照这年9月24日的申请书，在克鲁梅尔的

五、世界工业帝国

古尔绍地区建立化学工厂生产称为硝化甘油的爆炸油,遵守下列条件:

1. 工厂厂址和储存产品的任何房屋都属建筑公安部门管辖,他们特别提出下列一些条件:建造的房屋应离任何住宅适当距离,工厂和其他建筑的四周,包括面向易北河的一面,应有天然的或人造的土垒,至少高15呎,底宽20呎,如果制造硝化甘油不在房屋的底层,而在楼上,土垒的高度应增加,或适当加强牢固。

2. 制造或储存雷管的房屋应与制造或储存硝化甘油的房屋隔离。

3. 工厂内部和工厂所属建筑的管理以及工厂的全部管理应受地方政府管辖,工厂主对工厂的设施应服从现在或将来的警卫章程。

4. 厂主应有防止损害工人健康的义务,应负责办理由工厂建筑和生产操作引起的危害,关于这个工业的抵押担保以后另备公文。

申请书附件两项一并发还。

里沙·雷兹伯格　1865年11月8日
普鲁士芬恩堡公爵政府

1866年初,温克勒的兄弟西奥多·温克勒进入公司,任会计和股东,尽力解决建厂初期几年中的各种棘手的问题。

诺贝尔设在汉堡的实验室内部。在诺贝尔去世之后,这里仍保留他生前的原貌。照片摄于1915年。

1866年起,汉堡工厂生产的硝化甘油不仅输送到德国和奥地利各地,还销往比利时、美国、英国乃至澳大利亚。英国政府虽早在1863年就把硝化甘油炸药专利权授予了阿尔弗雷德。但当时英国人对它并没有给予应有的重视,直到阿尔弗雷德亲自前往反复进行研究试验,并建立安全的贮藏库后才大量输入。诺贝尔最早的大买家,是两家瑞典的采石公司。

自1865年至1873年间,阿

尔弗雷德·诺贝尔在克鲁梅尔拥有简朴的住宅与私人研究所,而其办公室设在汉堡。"阿尔弗雷德·诺贝尔炸药股份公司"为整个欧洲及大西洋彼岸的国家供应硝化甘油炸药,其供应量逐年增加,因此,1870年以后,他便将供应的责任开始交给设在各地的新厂了。

阿尔弗雷德的德国公司所属的克鲁梅尔工厂,曾在1866年和1870年两次被爆炸事故摧毁,德国的诺贝尔公司因此蒙受巨大损失,然而在诺贝尔不屈不挠的努力下,又两度奇迹般地重建起来。1876年重建后,扩大为股份有限公司,公司仍设在汉堡。诺贝尔于1868年在布拉格的近郊扎姆吉,1872年在匈牙利的普雷斯堡筹建大厂。当奥地利与匈牙利两国的需要量大幅度增加以后,即成立"德意志·奥地利·匈牙利炸药公司"统一组织该地区炸药的生产与销售。以后不久,发现该公司的名称中没有提及诺贝尔的名称,影响了公司的知名度,遂改为"阿尔弗雷德·诺贝尔炸药公司"。该公司成立于1876年7月25日,资本额350万马克,股数7000。当它开始生产后,每年为诺贝尔赚进百万马克以上的利益。

这时,德国的诺贝尔工厂出现了难以应付的局面:生产黑色火药的工厂联合起来向达那炸药工厂发动了猛烈的进攻。这是一股很大的势力,单靠压服是不行的;必须使对方觉得有利可图,同时运用交际手腕,耐心地个别磋商,讨价还价,才能达到稳定市场和价格的目的,只有权威人士才能完成这一使命。这项任务落到了巴布身上,他既有魄力,又讲策略。经过一系列的运作,使诺贝尔在德国的企业恢复常态。完成这一使命是分布在世界各地的诺贝尔工厂开展协作的先决条件。1878年,巴布到了汉堡,在那里负责管理、营运长达三年之久。他首先说服了诺贝尔集团以外的生产高爆炸药的企业同他们一道反对甘油行业哄抬市价,因为甘油是制造高爆炸药必不可少的原料。接着,他在经营黑色炸药的卡特尔与诺贝尔的德国工厂之间达成了一个利益均沾而各自保持独立的价格协议。这个"总卡特尔"没有多久就解体了,因为新的竞争者不断打入德国市场。而诺贝尔的英国工厂以及国外附属公司的竞争也不能避免。

1886年,诺贝尔和巴布决定组建英德托拉斯,总部设在伦敦。在诺贝尔去世时,英德托拉斯已拥有数十家公司,成为诺贝尔国际托拉斯中与拉丁托拉斯并立的两大支柱。

五、世界工业帝国

在20世纪最初的几年间，克鲁梅尔工厂的工人超过600人，加上在德国的3家子公司，诺贝尔在汉堡的工厂成为全欧洲最大的炸药生产基地。

第一次世界大战期间，有着2700名工人的克鲁梅尔工厂，在战争政府的压力下，生产了大量的弹药及混合无烟炸药。凡尔赛和约条款签订后，整个工厂的炸药产量急剧下降，工厂受到严重的影响。

在诺贝尔去世与和平奖设立40多年后，第二次世界大战爆发，诺贝尔在1866年建立的进行和平工业生产的克鲁梅尔工厂，变成了一个拥有9000名工人的德国最大的弹药厂。从事着与和平事业相违背的工作，终于在工厂设立80年后的1945年4月的一天，盟军将1000多枚重磅炸弹投向克鲁梅尔工厂，而这些炸弹所用的正是诺贝尔所发明的炸药。

战争后期，希特勒为满足军工需要，命令将所有的金属材料熔化用来制造炮弹，甚至连工厂前矗立的"技术胜于自然"的大型铜像也未能幸免。幸运的是，它未被熔化就被人从废铜烂铁堆中捡了回来，现在它已被重新置于杜塞尔多夫总公司的管理大楼前。

矗立在诺贝尔汉堡炸药工厂门前的雕像。它意味着人类技术战胜自然威力的胜利。
二战期间，德国法西斯欲将它熔化以制造更多的枪炮子弹。

如今克鲁梅尔工厂旧址早已成为废墟，杂草丛生，只剩下一座残缺不全的管理大楼。

3. 法国的诺贝尔公司

早在青少年时期，阿尔弗雷德·诺贝尔就在他的欧美之旅中来到法国巴黎，那时巴黎给他留下了难忘的印象。法国既是他初恋之地，也是他非常喜爱的国家。所以当他的炸药事业在瑞典和德国有了初步发展之后，就非常想把发明引进这个国家，并开办达纳炸药公司和工厂。

1868年，阿尔弗雷德来到巴黎，但他在法国申请开办公司和工厂的要求遭到了拒绝。法国国家专卖是为生产和销售炸药而制定的政策，这也包括硝化甘油和安全炸药。法国政府当局开始时加以阻挠，根据阿尔弗雷德1865年夏天在巴黎写给他母亲的信中可以看出，他似乎使法国政府对硝化甘油感兴趣，一个委员会曾研究了硝化甘油在军事上的应用。这个委员会提供的文件并没有给出结论。1866年罗森伯爵曾打算去巴黎将硝化甘油的开发利用介绍给法国，因这年硝化甘油发生惨祸作罢。1868年1月罗伯特·诺贝尔为了将安全炸药介绍给法国供军用，去巴黎停留了一些时间，也未成功。

在阿尔弗雷德谋求用硝化甘油打破黑色火药在法国的垄断地位的一段时间里与巴布结识。巴布当时协助他的父亲经营一个冶金厂，名为"巴布父子锻铁公司"，地址在离南锡不远的里弗尔顿，他比阿尔弗雷德小3岁。他

巴黎是世界上最光彩照人的艺术之都。它汇聚了法国，乃至整个欧洲2000多年的艺术珍品，其典藏艺术品之丰富，规格之高，是世界上任何一座城市都无法比拟的。它始终代表着西方文学、绘画、雕塑、建筑的最高峰。卢浮宫、巴黎圣母院、凡尔赛宫、枫丹白露，以及罗丹纪念馆等许多的艺术品珍藏馆使这座城市就像一个大大的博物馆。再加上街巷中随处可见的各代著名艺术家的雕塑作品，真是令人眼花缭乱，目不暇接。在这样一座到处弥漫着艺术气息的城市里，诺贝尔那颗流浪的心得到了前所未有的抚慰与安宁。

五、世界工业帝国

俩一见如故，在1868年5月签订合约，组成一家公司在法国开发利用诺贝尔的发明，阿尔弗雷德出技术，巴布提供所需资金20万法郎，预先提出资本总额6%作为利息，并享有均分红利的权利。他们之间的合作扩大到各个领域，一直到巴布在1890年去世。

巴布具有多方面罕见的天资和独特的组织才干，这给阿尔弗雷德·诺贝尔留下深刻的印象，同时他为巴布有些寡廉鲜耻而不安。他在给哥哥路德维希的一封信中对巴布作出下列评论："他是一位极好的人，十分勤恳，但是他的良心就像橡皮一样有伸缩性。这真是可惜，要找到一位兼有许多才智特质的人是难得的。"1883年，巴布大工厂委任厂长出现问题时，阿尔弗雷德给罗伯特的信中写道：

> 要寻觅一位胜任这样一家大工厂有力而稳重的管理人员是不容易的事。我知道的只有巴布一人。他具有奇特的科学想像，是一位非常好的推销员，一位眼光远大的商人，他懂得如何管理人才，如何人尽其力。他自己的成就正如他工作的能力一样难以置信。但是作为路德维希的辅助经理，我喜欢提出巴布。这样可使公司在短时期内发展不会有任何困难。最近大多数成功的巴黎银行家们称他为第一大人物。

巴布曾任农业部部长几年，他在巴拿马运河计划中获取很大利益，1890年逝世。有人在他死后发觉他严重陷入巴拿马丑闻中。并且有几位巴布的亲信在法国安全炸药公司占有重要位置，曾假借公司名义投机甘油事业，结果使公司破产。阿尔弗雷德·诺贝尔在去汉堡途中听到这一惨祸，立刻想到他是一个完全失败的人。

1869年12月，巴布到法国管理专卖的财政部，请求允许从国外输入一吨安全炸药供试验用，于1870年5月又与财政部洽谈在法国建造一家安全炸药工厂。他在与财政大臣辩论时指出：国家垄断的结果便是让黑色火药独霸市场，任何正当的理由都无法使政府准许高爆炸药的生产。但是各大垄断工厂

普法战争中使用的老式机枪。

101

诺贝尔传

以最强大压力反对批准这些请求，政府还是不同意阿尔弗雷德和巴布在法国境内设置炸药工厂的请求。1870年7月，普法战争爆发，法国军队指挥官决定使用诺贝尔发明的安全炸药，国防大臣勒波夫命令巴布立即着手生产制造这种高爆炸药。可是巴布没有接到这个命令，巴布是预备役炮兵军官，已经应征入伍，到了普法战争的前线。巴布曾被普军俘虏，但很快获释。他不愿背叛祖国，逃出普军封锁线来到图尔，新共和政府在此时建立。巴布向时任国防大臣甘必大提出为自己的军队生产高爆炸药。1870年10月31日，甘必大代表法国政府签订建造安全炸药工厂的合同，并由政府赠款6万法郎。巴布在1871年春，在远离战区的法国南部靠近旺德勒港的保里尔开办了法国境内的第一座工厂。1871年3月开工制造，3月16日由保里尔运出第一批安全炸药，在很短时期内大量运到法国军队中。令人啼笑皆非的是诺贝尔所厌恶的战争，竟为其在法国建立工厂起到重要作用。

甘必大同时还采纳了特里比埃将军的建议，派去一名副官，即巴布的合作人、工程师布鲁尔，在巴黎就地建厂，制造硝化甘油和安全炸药，以供应被围困在那里的军队。为了向比利时和被普军占领的法国各地运送安全炸药，同时在里弗尔顿利用简陋而现成的方法制造安全炸药。

和约签订后，巴布将安全炸药成功应用于铁路、建筑、公路、开矿和采石中，他们的产品不仅在法国销量巨增，而且还外销瑞士等国。巴黎公社等运动，使法国政府对一切新型炸药产生一种恐怖感，因此在1871年6月19日，由国会议决，禁止民间制造一切炸药。巴布接到通知，令保里尔工厂停工，巴布虽为此提出抗议，并代表合伙人提出赔偿损失的要求，还特别强调了炸药在和平产业中所占的重要地位，希望政府不能因噎废食……却未被理睬。经过多年的洽商，法国才恢复民间生产炸药及销售。1875年保里尔工厂恢复开工。

诺贝尔和巴布在瑞士弗鲁伦(Fluelen)附近伊斯莱滕(Lisleten)和在西班牙比尔巴鄂(Bilbao)附近加答坎诺(Galdacano)各建一座工厂。加答坎诺工厂1872年10月前生产一直活跃。安全炸药输入意大利，最初是从保里尔，后来是从伊斯莱滕和布拉格附近的扎姆吉。汉堡的阿尔弗雷德·诺贝尔公司早在扎姆吉建成一座安全炸药工厂。意大利感到需要在国内有一家安全炸药工厂，于是1873年在都灵附近阿维里安拉建成安全炸药工厂。

五、世界工业帝国

　　法国炸药事业的兴起，使硝化甘油的发明家索布雷罗也不想再保持缄默了。1873 年，他在意大利的托斯卡纳地区设立了炸药工厂，也以硅藻土和硝化甘油混合做火药。但取名"黑色素"出售。可是索布雷罗作为一位科学家比作为一个商人具有更大天才，他的计划未能实现。不久，他受瑞士—意大利诺贝尔公司（Swiss-Italian Nobel Caupany）聘请任科学顾问。他担任这一职务得到很丰厚的薪资，公司在他死后支付他妻子一笔赡养金。诺贝尔和他的公司对这位科学家表示的敬意还不仅仅如此。1879 年一座索布雷罗的半身塑像在阿维里安拉（Avig Liana）工厂内建成。下面是 1879 年 5 月 25 日阿尔弗雷德写给索布雷罗的信，在形式上和内容上对双方——科学研究工作者和发明人都带来同样的声誉和光荣。

亲爱的教授：

　　刚接到你感人的来信，请允许我对你经常给我的鼓舞表示钦佩和深深的敬意，我羡慕杜切尼（Duchene）先生在阿维里安拉愉快地纪念你造福全世界的重大发现和躬亲发现人的面目。

　　我希望不久去都灵拜访你，祝你好。

你的忠实朋友
阿尔弗雷德·诺贝尔

　　普法战争期间，阿尔弗雷德·诺贝尔还在苏格兰第一大城市格拉斯哥筹建阿迪尔厂的事宜。普法战争结束以后，诺贝尔于 1873 年迁居巴黎，直到 1891 年才被迫迁居意大利。在此期间，他主要留居于巴黎。

　　诺贝尔在巴黎期间，与巴布合伙的法国诺贝尔公司开办到 7 家。1875 年，诺贝尔和巴布决定在巴黎建立一个科学顾问理事

诺贝尔当年在巴黎马拉可夫大街 53 号的别墅，今天是雷芒得大街 59 号，1899 年别墅被拍卖后几经转手，被一个和诺贝尔一样非常富有的人买走。1994 年以后，一家巴黎最著名的饭店占用了这座房屋。

103

会,以备各国安全炸药工厂的业务咨询。里德贝克当选这个理事会的主席。在此后几年里,法国、意大利、西班牙、葡萄牙、瑞士以及瑞典和挪威完全独立的公司都求助于这一理事会。

阿尔弗雷德·诺贝尔1875年5月21日在伦敦技术协会作讲演时提出附表一张,这张表内包含诺贝尔自己创办或合办的猛炸药工厂的名称,共有15家。它们是:

厂址及厂名	开办年份
斯德哥尔摩近郊温特威坎厂	1865年
汉堡近郊克鲁梅尔厂	1865年
挪威奥斯陆近郊莱沙克厂后搬到恩格根	1865年
奥国布拉格近郊扎姆吉厂(现属捷克)	1866年
美国旧金山近郊加利福尼亚猛炸药公司	1868年
芬兰汉戈的汉戈厂	1870年
苏格兰格拉斯哥附近阿迪尔厂	1871年
法国旺德勒海港保里尔厂	1871年
德国科隆近郊施莱布希厂	1872年
西班牙毕尔巴鄂附近加尔答坎诺厂	1872年
瑞士弗露伦附近伊雷墩厂	1873年
美国纽约近郊巨人包达厂	1873年
意大利都灵附近阿维里安拉厂	
葡萄牙里斯本附近特拉法立亚厂	1873年
匈牙利普雷斯堡的普雷斯堡厂	1873年

巴布所喜欢的是复仇与战争、政治与权力、名誉与声望,金钱是他的第一动力。固然巴布以其杰出的组织才能对诺贝尔1870年至1880年间的事业发展有很大贡献,但以后,他却与其伙伴给予正处于巅峰状态的诺贝尔联合企业以很大打击。巴布的贿赂丑闻和投机行为被揭露之后,诺贝尔对他的法国公司进行了改组。任命著名而有声望的商人杜布为两家法国公司的经理,改组后的法国公司后来发展成为诺贝尔公司的拉丁托拉斯的重要分公司。

五、世界工业帝国

4. 英国的诺贝尔公司

英国是阿尔弗雷德·诺贝尔第一个在国外、又是最广泛请求保护其发明专利国家。他在1863年和1864年在英国获得利用硝化甘油作为一种炸药的专利,1867年5月7日,获得安全炸药的专利,1869年2月12日又取得硝石和碳或碳氢化合物与硝化甘油混合成的安全炸药专利。而当阿尔弗雷德取得硝化甘油炸药专利后,却得不到生产的专利,硝化甘油最初只能从克鲁梅尔工厂输入英国。

诺贝尔在英国遇到的困难与在法国遇到的困难不一样。他在法国遇到的困难主要是政府的垄断行为,而在英国遇到的困难则主要是来自政府的禁令和同行的排斥。

在英国硝化甘油炸药被充分认可并让它开始制造花费了很长时间。1866年2月13日阿尔弗雷德·诺贝尔到英国介绍新炸药,温克勒写信说按照他的吩咐,12箱每箱重25磅的炸药正运往伦敦,同年2月26日又运去"油、雷管和弹药筒"(弹药筒可能是用于钻孔后装入硝化甘油炸药的)。诺贝尔在同年4月经过英国去美国,又来到伦敦,打算在伦敦附近建立一座硝化甘油堆栈。

硝化甘油在英国最初的最重要市场是北威尔士(Norhwales)的采石场,这里有两处采石场,1866—1868年间共消耗炸药9吨。由于运费使它的售价很高,每磅3先令3便士,而普通爆破炸

北威尔士风光。

药每磅仅4.5便士。

1866年因硝化甘油自燃而发生惨祸后，在英国引起深重的疑惧。1867年7月14日他亲自在萨里(Surrey)红山(Red Hill)附近的默沙姆采石场进行了一系列试验，在场的有许多要人，包括采矿工业、采石工业、筑路和自来水厂的负责人，根据英国近代工业杂志报道：诺贝尔首先演示安全炸药可以点燃并燃烧而不爆炸，然后他将一箱重10磅的安全炸药放置在一堆木材上点燃，并从60呎高的岩石上丢下同样的安全炸药一箱，两种情况都没有发生爆炸。他又在橡树横梁上、大石上和熟铁桶上装入不同分量的安全炸药，用导火线和引爆物演示安全炸药的爆炸。最后在采石场一个15呎深的洞穴中装入13.5磅安全炸药，引导爆炸。所有这些试验都完全成功，使参观者留下极深刻的印象。

1868年，阿尔弗雷德·诺贝尔在英国协会(British Association)年会上宣读一篇长论文，阐明硝化甘油和安全炸药与黑色炸药比较在技术和经济方面的优点，他指出这些炸药发生意外是由于无知识和不谨慎，还特别提到引用新发明于炸药领域内的先进国家瑞典的经历。他还将这些意见发表在报纸上。例如《泰晤士报》(The Times)上发表的一篇文章，注明1867年12月24日发自汉堡。讲述他所知发生的一系列事件，表明在处理硝化甘油时严重的疏忽大意在出乎意料的情况没有发生任何事件。

可是英国当局对硝化甘油以及含硝化甘油的安全炸药等仍抱怀疑，1869年8月11日，英国议院通过一条法令，禁止在英国制造、输入、销售和运输硝化甘油。这条禁令包括所有含硝化甘油的化合物。不过内政大臣在办理个人案件时有权准许输入已证明较为安全的硝化甘油化合物。但内务大臣却不肯使用这个机动权，因为任何爆炸事故都可能惊动公众。

诺贝尔的代理人，伦敦的维伯(Messrs Webb)公司和格拉斯哥的道尼(J.Downie)埋怨获得这种允准的困难。因为这个缘故，诺贝尔在1869—1870年间，给内政大臣布鲁士(Henry.A.Bruce)先生写了三封恳切的信，请求减少这些困难，他提到德国、法国、奥地利和瑞典的情况，还提到几个官方委员会的报告，指明安全炸药可以比较安全地贮藏和运输。他特别抗议安全炸药和火棉所受到的不同对待，火棉比安全炸药曾造成更多和更严重的事件，而火棉实际用途较小，重要性与安全炸药相比小得多。

五、世界工业帝国

阿贝尔（Frederick Abel）是英国政府和议院掌管1869年硝化甘油法令的专家，在炸药科学史中具有声望，特别是因为他使火棉获得化学稳定性。阿贝尔担心诺贝尔公司进入英国市场之后会抢占他的火棉市场，对安全炸药提出强烈的反对意见。阿贝尔的意见对政府和议院的影响很大，这样，使诺贝尔在英国遇到了意想不到的困难。

为此，诺贝尔在1870年3月29日写信给调查委员会为他的安全炸药的安全性能辩护：

"迄今为止，已有560吨猛炸药，经过制造、运输及贮藏，并未发生一起事故。560吨猛炸药在爆炸力方面，相当于2800吨黑色火药。有人说这是'交了好运'，像这样大量生产而无事故的'好运'实在难得，倘若棉花火药真的如阿贝尔教授所强调的那样安全，那么，它的消费量虽微乎其微，为什么却（在奥地利以及别的地方）造成大量的严重事故？……查一查统计数字便能证明，玩弄枪支所引起的事故比使用猛炸药不知要高多少倍，须知，后者乃是我们开采矿产资源的巨大而宝贵的动力。"

对于应用猛炸药所发生的事故的起因加以解释后，诺贝尔在信里继续说："我们不能希冀一种炸药，毫不经过生命的牺牲，就能得到普遍的应用。"

他实事求是地指出炸药的危险性，警告大家小心谨慎。

"不能希冀一种炸药，毫不经过生命的牺牲，就能得到普遍应用。"一场意外爆炸，会将一切化为灰烬。

高爆炸药的需求急剧增长，政府终于认识到这道禁令有损国家利益，于是指定诺贝尔在苏格兰开拓市场。诺贝尔在格拉斯哥再三进行野外公开试验获得成功后，1871年，安全炸药生产的最后一道法律障碍终于被排除了，获准在英国生产。

诺贝尔在1871年与英格兰金融家道尼签订合同,将他的专利售给一家总部设在格拉斯哥的英国安全炸药公司(Brtish Dyrtammine Conpany)。公司股本2.4万镑,分为2400股,每股10镑。1500股是现金支付,900股付给阿尔弗雷德·诺贝尔,作为他的专利售价。诺贝尔又从那1500股内购进300股,于是他控制了公司股本的半数。此外,他将整套图样和设计除一些特别费用外无代价交与工厂,并允诺诺贝尔其他专利中的一切改进供公司优先采用。最初董事会中的成员除诺贝尔外,还有阿德罗桑的莫法特、格拉斯哥的加尔布拉士、兰道尔夫和莱尼,道尼任总经理。

同年,公司即在苏格兰西海岸阿德罗桑附近阿迪尔的荒僻沙滩建厂,在此期间,诺贝尔把他的合伙人,也是他的好朋友里德贝克调来苏格兰,负责阿迪尔厂的筹建和投产事宜。里德贝克是瑞典工程师,诺贝尔的忠实同事,曾任温特威坎工厂经理。工厂建造历时两年,1873年1月13日,这座工厂开始制成硝化甘油,后来成为世界生产硝化甘油最大的工厂之一。苏格兰人麦克罗伯特斯受任工厂经理。几年后,瑞典人隆德荷姆任首席工程师,在职约20年,后来又担任诺贝尔安全炸药托拉斯公司技术顾问10年。

阿迪尔工厂始终是诺贝尔的英国公司所属的几家工厂的中坚。到19世纪80年代,阿迪尔厂占地面积达850英亩,拥有厂房45栋,聘用工人多达数百人,具有年产黄色炸药1000多吨、硝化甘油1400多吨的生产能力。此后又在1877年建成生产雷酸汞、导火线、雷管的工厂。1880年,建成生产硫酸的工厂。后来,阿迪尔厂还曾修筑了通向工厂的专用铁路,在海运方面工厂建立了专用码头、仓库和船队。到19世纪90年代,阿迪尔厂又有了进一步的发展,它当时的年产量已达到5000吨,占有世界炸药市场10%左右的生产和销售份额。

阿尔弗雷德·诺贝尔在阿迪尔厂工作和生活了近两年时间。他在1873年移居巴黎之后,也常常来往于巴黎和阿迪尔之间,其中炸胶的发明就是完成于1875年诺贝尔在两地往来期间。

1875年,诺贝尔又获得另一项重要发明,就是炸胶。为了取得英国专利,签订新的合同,决定收购诺贝尔和麦克罗伯特斯在苏格兰西部曾经建成的一座雷酸和引爆剂工厂。为此成立了一家新公司,名为诺贝尔炸药公司,

五、世界工业帝国

股本24万镑,每股10镑。发行股票所得分给旧公司各股东以付清各公司所有资产,如果股东愿得股票票面值可付现金,由他们选择。在后来4年时间里英国安全炸药公司的股票价格增加了10倍,有力地证明了诺贝尔的发现的价值。诺贝尔将他的专利交与诺贝尔炸药公司,并保证他在炸药领域内进一步的发现权给予该公司,除了有关"发射药"的发现。他在售出炸胶专利期间里,收取一切售出炸胶价值的5%。

德国克雷布公司曾输入英国一种安全炸药仿制品,他们称为"里托弗拉特",是利用硅藻土、木炭粉或锯木屑、硝石和硫磺的混合物吸收硝化甘油制成。克雷布公司还曾经建成一座制造这种炸药的工厂。诺贝尔对克雷布公司提起侵权诉讼,在案件胜诉后,诺贝尔公司完全控制了英国炸药市场。

诺贝尔公司的产品输出量在欧洲以外的地区也有大幅度增加,尤其以南非、澳大利亚、东亚和南美等地为主。分公司在世界各地成立,包括许多企业:

英国南非炸药公司(Brtish South African Explosives Company)(现名非洲炸药工业有限公司 African Explosivesrand Lndustries Ltd),供给南非炸药的需求,特别是德兰士瓦(Transvaal)地方。

哈密尔顿炸药公司(Hamilton powder Company)(后来改名为加拿大炸药有限公司 Canadian Explosives Ltd)和加拿大北方巨大炸药公司(Nonrten Giant Powder Comparny of canada)(现在这几家公司已合并为加拿大工业有限公司 Canadian Industries Ltd)。

日本炸药有限公司(Japanese Explosives Company Ltd)(后来由日本政府收办)。

比利时阿伦唐克股份公司(Societe Anonyemd'Arendonock in Belgium)和其他家公司。

1886年,阿尔弗雷德·诺贝尔和巴布经过长时间洽商成立诺贝尔安全炸药托拉斯公司。英国诺贝尔炸药公司已付股息若干年,平均在12.5%和20%之间,诺贝尔安全炸药托拉斯公司按旧股每10镑换新股25镑分付各旧股东,作为报酬。

第一次世界大战发生后,诺贝尔安全炸药托拉斯公司于1915年结束。公司的资产分配给各国股东,英国的股东仍旧收回诺贝尔炸药公司的股票,至今英国各分公司仍保持大量诺贝尔炸药公司的股票。

1918年11月，所有英国炸药工业合并成一个单独组织，以诺贝尔炸药公司为核心，各企业联合成立新的大托拉斯，名为炸药贸易有限公司（Explosives'Trades Ltd）。可是几年后，因为诺贝尔这个名字在世界工业中享有盛誉，是不能轻易丢弃的历史财产，这个托拉斯改名为诺贝尔有限公司（Nobel Industries Ltd）。这家公司股本合计有1600万镑，全部资产价值2400万镑。

后来在1926年和1927年间又进行更大的组合，诺贝尔工业有限公司与其他三家英国化学工业公司合并成新公司，名称是以诺贝尔命名的帝国化学工业有限公司（I·C·I）。这家大托拉斯的股本合计有9500万镑，在英国化学工业中占统治地位。1955年出版的《I·C·I诺贝尔部门研究史》中有这样的评语：

"诺贝尔部门对此称呼、历史及创始人感到无比骄傲。这位大发明家具有无与伦比的才华，以及丰富的创造力。他处理事务不但超出常人，而且又是一位理想主义者。今天成为本部门特长的旺盛研究精神，实肇始于他。如今若把炸药研究的进步与发展当做整个事情来看，而不拘泥于为某个个别之物的话，则可说其所有根源都在诺贝尔于1862年所做，欲使硝化甘油实用化的实验了。

诺贝尔本人也会感觉满足的是其发明成为有益于和平的炸药产业最安全的技术的基础，而与军用物资的发达所走的路子少有关联。"

英国发行的纪念诺贝尔诞辰100周年的邮票

5. 美国的诺贝尔公司

阿尔弗雷德·诺贝尔很早就注意到美国，预期美国将会是他的一个重要市场。但阿尔弗雷德在美国申请专利的事进行得很不顺利，在他于1865

五、世界工业帝国

年10月25日在美国取得硝化甘油炸药专利时，弗尼吉亚州的上校夏弗勒居然对他提起了诉讼。

阿尔弗雷德·诺贝尔的汉堡工厂合伙人班德曼博士介绍他结识了纽约陆军上校布尔斯坦宾德（Burstenbinder），由他组建一家公司，在美国开发利用诺贝尔的发明。

1865年12月24日阿尔弗雷德·诺贝尔获得在美国应用硝化甘油的专利。布尔斯坦宾德在1866年1月未经诺贝尔同意与美国一家公司签订出售专利的临时合同，以股本资金100万美元组成公司。诺贝尔以他的发明获得股本资金25万美元另加2万美元现金，其中1万美元在专利让渡时付给，余额待工厂建成并每日产量达到1000磅时方可付清，实际上股份无人认领。

汉堡的阿尔弗雷德·诺贝尔公司在美国加利福尼亚的代理人来信，描述了硝化甘油炸药的发展前景，并催他去观察。

"三百桶到七百桶黑色炸药一齐爆炸，您曾见过这样开矿么？我们这里有这样的矿。含金量极高的矿山用水冲洗着，水是从高山通过水管冲下来的。岩石太坚硬了，于是要开凿出一条石槽，然后装进七百桶之多的黑色炸药（每桶25磅），使之爆炸。可是这种方法既费钱又费时间。现在只要开凿一个深井洞，直径四至五英寸，大约二百英尺深，填进硝化甘油，就会节省巨额的钱财和时间。单是中央太平线铁路每天就要消耗大约三百桶黑色炸药。因此引进你的甘油非常值得。这里的化学家因为发明爆炸油的不是他们的同行，正费尽心机将硝化甘油的危险性描绘得一团糟，务请驾临，并电告行期。"

阿尔弗雷德还听说，不仅有人非法制造硝化甘油以获得暴利，侵犯了他的专利权；而且经营黑色炸药的集团也正危及他的事业的前途。为了安顿美国的经营业务，1866年4月他亲自到纽约，在那里一直住到7月底，这年8月11日回到汉堡。

诺贝尔于1866年4月15日到达美国，可是，他还没有来得及调查布尔斯坦宾德建立的纽约硝化甘油公司的事务，报纸上就登出了旧金山发生惊人爆炸的消息。监察委员会通过一项法令，指示凡在旧金山范围内发现的硝化甘油一律缴公并予以销毁。同时，加利福尼亚的科尔法克斯也发生了

诺贝尔传

一起硝化甘油爆炸事件。

在加利福尼亚的科尔法克斯发生爆炸事件后,纽约市长霍夫曼得到报告,说炸药是从纽约发货的,便下令凡拥有或储存任何被认为是硝化甘油的人一律传讯,虽然此案主要是针对布尔斯坦宾德的,但阿尔弗雷德·诺贝尔也被卷进这场刑事诉讼案中。

控诉布尔斯坦宾德的刑事案开庭时,诺贝尔到庭作证,他对两场灾害的起因向庭长提出了动听的意见。他相信在怀俄明旅馆事件中,本箱中填充的锯木屑渗透了硝化甘油,以致不慎起火。至于科尔法克斯爆炸事件,他认为不可能是硝化甘油所造成。这种液体的爆炸点是摄氏360℃,达到这个温度,全船都会炸光,那就不可能再发生第二次爆炸。为了进一步维护他的事业,他致函纽约各报编辑,写道:

美国发行的纪念诺贝尔诞辰100周年的邮票。

先生:

自我抵达贵市,得知两起因硝化甘油而发生的不幸事故,深感悲痛。虽然爆炸的起因尚未查明,我希望主管当局及掌管科学事务的部门相信,硝化甘油其实比黑色炸药更易对付。为此目的,我准备在几天之后进行一系列有说服力的试验,具体时间与地点将送贵报刊登。在试验以前敬请公众暂停议论,因为试验将使他们做出明确的判断。

这次演示于5月4日在83号街附近第八和第九大道之间的斜坡上举行。

报纸上的报道很精彩。《纽约时报》于次日清晨报道:"这位专家准备了

五、世界工业帝国

大量材料,成瓶成箱,还准备好火柴、香烟、引信以及足够的勇气。"这篇报道的结尾说:"他用各种奇怪而巧妙的办法,对材料进行试验,使所有在场的人都相信……硝化甘油在操作和运输过程中比黑色炸药和火棉更为安全,而其爆炸力则大得无比。"

阿尔弗雷德为了避免夏弗勒的继续纠缠,在1866年5月16日将开发美国军用硝化甘油的专利权以象征性的1美元转让给夏弗勒。

两星期之后,包括夏弗勒上校在内的几个人成立了美国爆破油公司,资本为100万美元。诺贝尔可享有1/4的股份及2万美元现款,半数在转让专利时支付,另一半在工厂建成并开始投产时支付,这家新公司不论按什么标准,从一开始纯粹就是诈骗,许多印刷精美的股份证券仍保存在诺贝尔基金会的文库里。只有股本100万美元的5%是实际现金认购的,主要由公司创建人之一霍尔(Israel Hall)承销,其余的股份在公司开始营业后才发行。工厂的建造因布尔斯坦宾德的阻碍而延缓,他得到从汉堡运给工厂的各种器械,一直到保证他获得一些利益后才交付给工厂。工厂竣工后付给诺贝尔2万美元。这时公司的财源已耗尽,从此公司经常处在困境中。布尔斯坦宾德和夏弗勒施展阴谋而造成的各种障碍更是雪上加霜。

美国旧金山的标志——金门大桥。

与此同时,阿尔弗雷德得到了来自欧洲的不幸的消息,他的最重要的工厂——汉堡克鲁梅尔工厂——炸毁了。之后不久,在挪威莱沙的工厂也焚毁了。汉堡合伙人的那封来信使他迫不及待地同意转让专利。汉堡急需现款,以便从废墟中恢复。

自从阿斯品瓦尔和旧金山爆炸事件发生后,美国国会通过了禁运硝化甘油的法令。夏弗勒早在约翰逊总统批准硝化甘油法案之前就利用与一些议员的关系，取得了一种安全运输硝化甘油的专利，从而得到解除运输硝化甘油的禁令。他设计了一种双层桶，里层的表面敷上涂料，里层与外层之间灌满了水，用这样的桶装运硝化甘油既安全又迅速，因而立即得到议会的支持，认为这是装运硝化甘油惟一安全的方法。当时，美国爆炸油股份公司已经在新泽西州的小渡口建了硝化甘油厂，应补给诺贝尔的1万美元也已付清。夏弗勒给公司以包装专利，从而达到控制它的目的。但是，他对生产不大感兴趣，也不愿别人分享利润，相反他提出控告，要求诺贝尔退还2万美元并赔偿损失，同时又继续向军方出售硝化甘油，欲独占其利。他甚至要爆炸油公司分售生产硝化甘油的执照，每张执照对生产的数量和销售的地区都严加限制。

硝化甘油在加利福尼亚的销售量不断增加，阿尔弗雷德·诺贝尔公司在这里的代理人尼尔森·班德曼控制着销售业务。尼尔森·班德曼打算在加利福尼亚创建一家生产硝化甘油的公司，诺贝尔劝他们与美国爆炸油公司洽谈，因为这家公司享有专利，在制造方面也许能分工合作。商洽开始了，但是美国爆炸油公司采取拖延和刁难的态度。就在这个时候，诺贝尔发明了安全炸药。

1867年6月，诺贝尔委派汉堡克鲁梅尔工厂合伙人西奥多·温克勒到旧金山洽谈制造安全炸药事宜。与此同时，诺贝尔授权班德曼以诺贝尔的名义申请安全炸药的专利。班德曼获得安全炸药专利后转让给旧金山巨大炸药公司，事前他曾与自己的兄弟沟通，但未与诺贝尔磋商。这个公司1/3股份归诺贝尔所有，外加2万美元现金以抵偿班德曼转让的专利。温克勒决定不必浪费时间征求阿尔弗雷德的同意，他也看不出有什么理由把这件事通知夏弗勒和他的爆炸油公司，只是尽力催促公司股东们筹建新厂。巨大炸药公司于1870年在旧金山附近建成制造硝化甘油和安全炸药的工厂。瑞典工程师阿马克承担建造这个工厂和开工事宜。并于1870年4月就任工厂经理。就在工厂破土动工时，温克勒死于斑疹伤寒。

阿尔弗雷德得知此事后大吃一惊，立即写信到代办处对他严加责备。不过，这比起夏弗勒上校的勃然大怒来说简直就算不上一回事了。夏弗勒听到这个消息后认为自己受骗了，他控告阿尔弗雷德与美国西部人合谋侵

五、世界工业帝国

害他在安全炸药方面的利益，声称诺贝尔既然把硝化甘油及其日后的新产品的专利权转让给爆炸油公司，那么达纳炸药理应包括在内了，因为达纳炸药只不过是硝化甘油的一种新的剂型。

旧金山巨大火药公司同时又获得太平洋沿岸公司硝化甘油专利权，但对于将来的发明未签订任何协议，这在诺贝尔看来是签订合同的必要条件。

在工业化迅速推进的美国，安全炸药不可估量的前景使这些争执显得微不足道。诺贝尔为了迁就事实，被迫很大程度地牺牲了自己的权利和利益，最后由各集团组成一家新公司，名为"大西洋巨大火药公司"，这家公司按1873年4月12日签订的协议享有爆炸油公司的一切权利，而爆炸油公司成为新公司的股东之一。

这两家新的安全炸药公司——巨大火药公司与大西洋巨大火药公司开拓落基山脉两侧的市场，一开始发展就很成功，不过它们之间相互竞争，常常为侵犯专利提起诉讼，几次纷争，不分胜负，最后公司之间签订协议，合作并均分利益。大西洋巨大火药公司股份资金增加到300万美元，其中1/3分配给已被合并的公司，余额按比例分配给大西洋巨大火药公司的旧股东。

阿尔弗雷德·诺贝尔于1885年售出了他最后持有的两家巨大火药公司的股票。

诺贝尔在美国的事业使他感到烦恼和身心交瘁。获得的发明回报较小，而为了正大光明地保护自己的利益，不得不与那些流氓金融家、投机者、骗子以及恬不知耻的律师周旋。诺贝尔无法忍受在美国的遭遇，自1864年4月至7月底这次美国之行后再也没有去过美国。

6. 巴库油田

路德维希在俄国的事业蒸蒸日上，迫切需要一个能干而又可靠的助手。罗伯特是个才识过人的工程师，可是迄今似乎还未能独立经营或获领导职务，于是路德维希说服哥哥罗伯特于1870年辞掉斯德哥尔摩的职务去帮助他。

1871年，罗伯特奉命为俄国政府制造来复枪。来复枪投产以后，困难接踵而来，最棘手的问题是采购不到做枪托的木材。做枪托最理想的木材是

诺贝尔传

核桃树,这在圣彼得堡附近买不到,据说高加索山区核桃树很多。可从彼得堡到高加索路途遥远,而且这项生产关系到一国的军备,依赖从国外进口不是安全之计。因此,路德维希要罗伯特到高加索地区去实地考察采购,就供应、运输、成本等问题提出一份详尽的报告。

罗伯特答应了,这也成为他一生中得益最大的一次旅行。

他发现那里核桃树虽多,但分布太散,运输方面耗费过大。离开高加索以后,他在归途中沿着伏尔加河走向世界上最大的内陆湖里海。接近里海时,他被眼前出现的一种可怕的景象迷住了。不见泥土,不见海水,无边无际的荒漠里黑色的沼泽地星罗棋布,只见处处都有火焰在升腾,烟雾弥漫了整个天空,这就是巴库。

来复枪是当时一种非常先进的武器。

罗伯特曾经在芬兰经营过灯油,并且精炼过"孚脱精",他对石油有一种特殊的感情,知道石油的利用价值。"在巴库这个地方,处处可见油田,石油像河水一样从地里喷出来到处流淌,而人们却没有想利用它!"罗伯特暗暗思量着。

巴库油田自有历史以来就为一般人知悉,但在诺贝尔兄弟以前,还不曾在世界商业上占得任何重要地位,那时美国的石油占领着整个市场。巴库位于里海边,而流入里海的伏尔加河(Volga)在冬季冰冻封航,在巴库通往黑海边的巴统(Batun)铁路建成以前,巴库与世界各地的交通是完全阻塞的。另一个使这里的油田得不到发展的障碍是19世纪初俄国战胜波斯得到这一地方后,就颁布由国家专卖石油产品的命令,并租给两位俄国商人,一位是米尔索夫(Mirzoeff),另一位是柯柯雷夫(Kokoreff)。通常一项工业得不到自由竞争而受垄断的结果是每况愈下。1872年,俄国政府废除专卖后,

五、世界工业帝国

美国人控制了包括俄国市场在内的全世界石油市场。俄国政府最失当的措施是征收煤油出口税,一直到1877年,俄国政府垄断油田所得的收入十分有限,每年仅10万卢布。1872年,油的总产量还不足2.5万吨。

政府废除专卖令后将油田分段售出,新建了几家工厂,最重要的就是以前经营专卖的米尔索夫所办的,石油产量很小,提炼的方法原始、效率很低。主要靠伏尔加河外运,冬天封冻后用大木桶装运,运费比石油本身还要贵。

罗伯特看了一些油田,发现泰泽根岛的石油丰富,质地优良。政府打算将油田分片出售,泰泽根这一片的售价估计相当低廉。

返回圣彼得堡后,罗伯特将他所见到的情况告诉路德维希,并表示如果用他的方法炼油,相信石油事业大有可为。路德维希对他的想法非常感兴趣,接受建议并愿意提供资金,两人合办一家小炼油厂。

1875年,罗伯特在巴库买下泰泽根这一块他认为有发展前途的小油田,又在离巴库三英里的巴拉克哈涅附近租下了一块地方,在那里购置了房屋,办起了一个小型炼油厂。没隔多久,就取得了很好的效益。事实证明只要增加投资,取得巨额利润是十拿九稳的。

由于罗伯特迅速取得成效,在巴库立住了脚,路德维希约阿尔弗雷德一同去巴库看看。1875年1月31日他在信中写道:

"罗伯特由里海东岸旅行回来,他在泰泽根岛上发现一处深达10呎最佳的油井。他由此得到所需的原料了,我们将看到他显示大规模生产和销售煤油的才能。他将来的成功和命运就在此一举。我已经尽力在经济和技术方面给他帮助。罗伯特说,他在石油蒸馏和精炼方面有新的发现。我因为不熟悉这些,无从评判,最要紧的是要知道如何能大规模顺利进行这项事业,我想我和你应该同到那里去,看看能怎样帮助他,我们各自自立,应该帮助罗伯特也得到自立,所以我要你考虑巴库之行。"

最后,只是路德维希一个人去了。阿尔弗雷德乐意资助,但考虑到自己的身体,他不愿长途跋涉到一个没有开化的荒地旅行。他只得向罗伯特表示自己的歉意:

"想到能与你以及路德维希在一起,我是想去(巴库)的,这是惟一的吸引力。但我实在不喜欢那个气候干燥、满是灰尘的和油污的荒原。"

1876年,路德维希在巴库的所见所闻让他大大出乎意料,他立刻意识到

诺贝尔传

石油这项事业将是一笔巨大的财富。

路德维希前往高加索时，在蒂弗尔斯遇见一位大公爵米歇尔，谈起提炼石油的事，公爵很关心。路德维希一回到圣彼得堡便写信给阿尔弗雷德说："巴库的工厂已竣工，生产已开始，产量很大，按现在的设备估计，每年可出50万勃。厂房既已完工，加装同样的机件并不怎么费钱，而产量可增加两倍甚至四倍。这样，无论什么时候我们每年可生产200万勃，不过在运输和存储方面仍须另有设置。这个问题是要全盘计划的。"讲到质量，罗伯特已得到完满的结果，因为巴库产的石油只有30%质重低劣，他提炼的质轻而佳的产品，可以与美国最好的油相比。"所以我们首先要拿好的产品推销到市场上，使公司得到好的信誉。"他相信当面谈谈会使阿尔弗雷德认识到积极参与是明智的。

1877年，阿尔弗雷德应约与路德维希在普雷斯堡相会。从这时开始，阿尔弗雷德在经济上与巴库的工厂合作。1878年5月，他们兄弟一致同意将这家公司改组为诺贝尔兄弟挥发油公司(Nabel Brothers'Naphtha Canpany)，原始股东是罗伯特、路德维希、阿尔弗雷德和毕德林陆军上尉。公司的资本都已投入业务中，多半由路德维希提供，达80万银卢布，按当时的汇兑率折合320万法郎。

阿尔弗雷德·诺贝尔第一次付给公司的现金是有限的30万法郎，但到第二年，他因为公司发展的需要，又收进不少新的股票和债券，同时又帮助公司筹募基金，筹募的办法是直接贷款或以俄国国债券借给公司，公司可以用于挥发油产品应纳税款的抵押——就是所谓 Salog。他还将公司的债券借出，作为俄国帝国银行(Russian lmperia J Bank)承受债务的抵押。

阿尔弗雷德死后，遗产内公司股份价值200万卢布，根据权利向公司要求价值200万克朗。早期他在这家公司的利益是相当大的。

在谈到技术发展规划时，阿尔弗雷德提出了一些建议，后来对企业的迅速发展很有贡献。他劝说路德维希在巴拉克哈尼油井与巴库之间铺设一条输油管道，以解决桶装和靠车辆运输既慢又贵的问题。要想将企业扩大到世界规模，还需要从里海边的巴库炼油厂铺一条更长的油管一直通到里海的港口巴统，这样才能与海上贸易以及俄国的内河运输衔接。对于后者，路德维希怀疑能否得到批准。因为俄国政府正打算在两海之间筑一条铁路，

五、世界工业帝国

决不会容许这样的竞争。

阿尔弗雷德的另一个建议是在原油提炼过程中实行流水作业,他自己想出一套流程,可以让废渣得到利用。以前为了防止废渣着火需要用水来冷却,他建议用废渣来预热原油,这样,整个提炼过程就能够循环往复。

诺贝尔兄弟的石油公司迅猛发展,具有发明才能的诺贝尔兄弟不只是对于石油的开采、精炼,同时对运输、销售也不断创新。

他们开始在离巴库大约10公里的巴拉克哈尼(Balakhani)地方的油田采得油后,装入大桶内用特种两轮的高车(鞑靼人称为Arbas)运到港口各精炼场地,这样运费自然是很贵的,据统计,每年需要近100万克朗。后来他们建成一条输油管,接着建成几条,从那里将油运到巴库。在这新征服的地区各方面都是不发达的,引用一种新的技术是不容易的。Arbas的拥有者们感到他们的生计受到危害,对这事非常仇视,以致诺贝尔兄弟不得不设立警卫队,保护他们的输油管,以防侵袭事件。

路德维希又产生了购置油轮以扩大海上运输和伏尔加内河运输的念头。最初横穿高加索从巴库通往里海的道路未建成以前,完全利用伏尔加河流域经水路运输,从里海到阿斯特拉克罕和察里特桑(Zaritzan),再从那里沿水路和陆路,运入俄国内地。伏尔加河仅在夏季可以通航,而煤油最高的消费期却在每年冬季。路德维希采用油轮和铺设铁轨的办法将油直接装入油轮和在油槽车中运输。这种油轮是运油最重要的关键,是路德维希在石油工业发展中最大的成就,使巴库丰富的石油得到充分发展,供应全俄国的需要。美国早已制成一艘油轮为横渡大西洋使用,只是在试航后失败了,不得不弃置在安特卫普(Antwerpen)

名画《伏尔加河上的纤夫》局部。

海港。

第一次用于航海的油轮是瑞典摩塔拉（Motala）工厂的厂长阿尔姆克维斯特（S.Almkvist）按照路德维希·诺贝尔的设计制成的。它最初只是航行在里海中，后因运输需要，油轮开始载运机器油、灯用油、燃料油到世界各地销售。

沿伏尔加河从察里特桑到尼尼诺弗高罗德各码头都有油趸船，灯油和其他产品油都从这里转运，大小趸船密如蛛网，遍达俄国全境。自从横穿高加索铁路建成以后，里海边的巴统成为驳运和储存油的最重要中心。

石油的产量在10年间巨增，1872年这个地区的油产量不过2.5万吨，此时通过输油管运到巴库的油量已达68万吨。1872年的售价是7先令9便士，到1882年就降到2先令6便士。精炼油的产量在1878年不到10万吨，到1883年就增加到20万吨以上。这是根据马夫因于1884年发表的一本英文书《不灭火的地方》(Tbe Region of Etemal Fire)。这本书翔实地记述了诺贝尔兄弟的功绩。

石油工业是诺贝尔非常关注的事业之一。

马夫因写道："两位瑞典人,罗伯特·诺贝尔和路德维希·诺贝尔,完全改革了俄罗斯的石油工业以及俄罗斯在里海的工业和政治状况,正如阿尔弗雷德·诺贝尔利用他发明的黄色炸药改变了采矿操作方法和战争技艺一样,也给予民主不可估计的力量。

诺贝尔兄弟石油公司（Nobel Brothers'petreleum Produc-tion Company）成立时，资本150万英镑，平均付出股息20%。他们在巴拉克哈尼共有油井40口,其中14口是'油泉'。有一油泉在去年一个月内产粗石油11.2万

五、世界工业帝国

吨。有两条输油管,各长8哩,每年能运油400万桶。这两条管子从油井起运,直达巴库的黑城(Black Town)所设的精炼油场……这精炼油场占地1哩多……每一油池一次可容400万加仑。公司有12艘大油轮在里海上行驶。价值25万镑以上;伏尔加河上有汽轮12艘,驳船40艘,在阿斯特拉克罕(Astrakhan)有造船所一处,三项共值18万镑。此外公司每季还要租用别处的帆船和驳船。在特沙里特津(Tsaritzin)和俄国其他26处地方有铁路油槽车1500辆,价值27.5万镑以上。公司雇员5000多人,有时增加到两倍。"

马夫因又说:"诺贝尔兄弟是以诚信而公开的态度获得资产,这在今日英国也是罕见的。他们对待雇员特别慷慨。在巴库郊外靠海岸的地方有一座壮丽的村舍。这是一所四周有墙的公园,里面建造有15所精心设计的石砌的平房别墅,还有供几百人居住的住所。墙外四周栽有数百株从伏尔加买来的树,汽轮在运油返航时每次带来水,灌溉这些树。这座村舍名叫石油别墅(Villa Petrolia)。诺贝尔的高级雇员们安居乐业地住在这个地区里,可供英国资本家们仿效。诺贝尔还为他们建造一所公共图书馆、台球房,供他们娱乐,并设立全体职工合作的规定,储款于公司,分享公司的赢利。"

诺贝尔兄弟石油公司以迅雷不及掩耳之势迅速崛起。为了使工作井然有序,处理得当,路德维希在圣彼得堡负责安排经营、管理方面事务,罗伯特则负责在巴库方面组织并指挥技术工作。1879年,50岁的罗伯特突然得了一场重病,无法工作,在1888年身体恢复后不得不辞职。罗伯特回到瑞典,在布拉维肯海湾买进盖塔的地产,于1896年去世。就在同一年末,阿尔弗雷德也去世了。

在罗伯特离职后,路德维希挑起重担,兼顾圣彼得堡的军火工业和巴库的石油企业,应该承认,巴库油田的业绩应主要归功于路德维希。路德维希·诺贝尔是一位卓越的工程师和制造家,他全身心贯注在他生平的事业上,尤其是挥发油公司的前途,有着深厚的坚定的信心。路德维希的座右铭是"无能者无所求"。他以工作为乐、事业为荣,每逢困难挫折,都勇往直前决不后退,并能一一克服。这种不畏艰难的决心和毅力是诺贝尔兄弟所共有的品质。

但是偌大的事业对于另外一些既有事业心又有资金的人不可能没有吸引力。高加索铁路施工不久,油田便涌来了一批承包商。他们也租下地皮,打井开钻,办起炼油厂。此时,诺贝尔公司正在与美国石油公司开展价格战,在诺贝尔公司采取最新式的生产方式并组织销售网之前,俄国市场一直是美国的几家公司操纵的。激烈的竞争之后,在不到一年的时间内,油价跌落到年前牌价的1/3,只有少数资金雄厚者经得起这场残酷的角逐,余者纷纷倒闭。

幸存者当中有个叫巴拉索夫斯基的俄国人,他曾投资兴修高加索铁道,企图利用这一身份垄断沿线的石油运输,单独为自己的炼油厂服务,形势对诺贝尔公司很不利。接着巴黎的罗兹柴尔德又打进油田,出现了更加严重的局面。他们先是要挟诺贝尔公司完全按照他们的条件签订一个协议,碰壁之后便转向巴拉索夫斯基,买下他的全部股份和炼油厂,接着又扶植起那些在价格战中倒闭的油田和油厂,使诺贝尔公司失掉优势。祸不单行,偏偏在这种情况下,发生了爆炸和火灾事故,使企业蒙受极大的损失。巨轮诺登斯乔尔德号被炸毁,新船从瑞典船厂赶到时,伏尔加河已经封冻了。诺贝尔公司无法交付定货,销售额与利润比最保守的预计数还要低。

在19世纪80年代初期,路德维希的公司虽然赚了大钱,但所赚的钱没有多少积累而化解成两大块:一块被投入扩充设备,增加固定资本;另一块被作为收益分配,其中20%至25%的利益由股东所得,另有50万卢布的现款又被充作年终奖金或退休金。因此,公司没有足够的应急资金,这些情况使公司财政陷入极端困境。

阿尔弗雷德曾经不止一次地警告过路德维希,要他有所克制,等到财政上确有把握再扩大规模不迟。虽然阿尔弗雷德对哥哥的措施严厉指责,但他还是不遗余力地供给公司需要的财政援助。

阿尔弗雷德于1883年曾有一封信给路德维希,他说:

我们见解的惟一差异在于,您是先计划后筹措资金;而我则先筹措资金,然后再解释为什么扩充事业对将来是上乘策略。如把这种差异置之不理,那么我也跟您一样赞成扩充啊!

路德维希在回信中这样写道:

……勇气与诚实,加上为完成义务而具有坚强毅力的人,他无疑立于办事员与书记官之上……你的援助对我们非常宝贵。我不希望世人

五、世界工业帝国

这样说:诺贝尔兄弟公司仅是路德维希·诺贝尔的而已!

要渡过这个难关得靠大笔贷款,俄国修铁路曾通过伦敦和巴黎银行募集贷款,但这些贷款都是由俄国政府方面担保的。巴库的情况则不同,路德维希可以用做抵押的只有钻井和石油的股票,其价值又是相当不稳定的。诺贝尔兄弟挥发油公司设法在伦敦发行债券以维护信用,或从伦敦一家银行借款的尝试又遭失败。幸而路德维希有百折不回的精力和阿尔弗雷德的经济援助,解除了这些困难。后来在柏林成功发行债券。

关于进行这项借款所遇到的困难,路德维希·诺贝尔的同事拉杰瓦尔博士(Dr Iagerwall)曾有下列叙述:

"19世纪80年代初,我作为他的代表,竭力通过欧洲西部银行发行债券,想在资本方面谋求一条新的出路。那时欧洲各国所知的俄国投资方式仅限于俄国国债和俄政府担保发行的铁路债券,我们所提的担保是与公司业务有关的,一半是打钻工程,而公司产品是石油。这项产品是与群众燃烧有关,又与经纪人投机有关。

最后我们是成功了,但这次功劳不是归属我们自己。路德维希·诺贝尔在柏林有一位亲密朋友,是公司的顾问和赞助人,从前输运军火给俄国政府时曾与路德维希有来往。他叫贝杰(Louis Berger),是普鲁士邦议会(Landtag)和德国国会(Reichstag)知名会员。他虽无党派色彩,但势力却很大。由于他令人爱戴,富有历史知识和实用商业见识。我们曾听他说,自1878年举行柏林会议(Congress of Berlin)后,俄德两国邦交冷淡了很久,德国人正设法恢复从前的邦交。就在这个时候,俾斯麦(Bismarck)给柏林各大银行暗示:表明政府方面赞许此事,只要各银行能放出空气说经济方面的通融可使两国政府的妥协得到顺利进行。所以这项借款的真正经纪人是德国的大宰相。他那时做出了一件

俾斯麦首相。

123

好事,不但对于我们,而且对有关系的德国银行……"

一个资金150万马克的德俄合办挥发油进口股份公司就这样建立起来了,可在与阿尔弗雷德会签的条件下提交这笔贷款。

阿尔弗雷德反对独资经营,他在自己所有的企业中都持有半数以上的股份,总把余下的股份留给别人。路德维希却不同,他喜欢负责任,而且希望独负其责。除了路德维希的经营方针使他感到不安外,他又开始为兄长的健康状况而担忧。他在1883年7月7日写信向罗伯特抱怨说:

"路德维希一点职权也不想松手,他固执己见,事必躬亲,健康和精力已受到严重影响和损害。事实上我们谁也没有足够的精力管理像巴库这样庞大的企业。我们的工作只应限于筹划,机构管理方面的事应统统交给别人。"

1883年3月,阿尔弗雷德曾去圣彼得堡看望路德维希,逗留了一个星期。那时挥发油公司决定发出大宗股票,按阿尔弗雷德的意见,希望股金能分本到多数股东手中,所以新发的股票票面额仅250卢布。诺贝尔兄弟仍持有多半股票。阿尔弗雷德离开后,路德维希在1883年3月17日写信给他,里面有一段说:"你在此停留短时期,留下许多愉快的回忆,这里无论老少还时时怀念你。你提起的事我深切地考虑了。你在公司管理方面有长久而丰富的经验,对我是很有价值的。一直到现在为止,这项事业只属于我们两人,也可作为私人的经营,但是以后既有股票卖给我们的朋友,票数虽然不多,我们理应遵守规章,这一点是我不能忽视的。我以后只要可能,将依照你的劝告和提议办理一切,同时参考这里高级职员们所定的法则。"

那年公司举行大会,阿尔弗雷德当选为董事之一。4月15日路德维希写信给他报告此事,并热烈赞扬他兄弟的功绩:"你对我们的帮助确有很大价值,我想将你当选公司董事的消息通知经理,让一般人不再说诺贝尔兄弟公司只有一个路德维希·诺贝尔。"

德国的大笔贷款拯救了诺贝尔兄弟挥发油公司一时的经济困难。此后,石油行业间的竞争更为剧烈,挥发油产品的售价一跌再跌,同时欧洲政局又起波澜,以致俄国卢布贬值,引发经济危机,举债受到限制,1885年公司仅付息2%,这使股东们失望,都想将股票售出,使股票行情大落。各方面对公司董事会纷纷责难。这时阿尔弗雷德已退出董事会,他对于哥哥的措施也有严厉批评,他认为路德维希太乐观,又时时想发展,以致出现财政危机,不加充分考虑。但是他未停止供给公司需要的财政援助。路德维希深信他的事业前途无限,将所有财产作为救济,平息了上述困境。可是他的身体却积劳成疾,他的喉部患了一种慢性病。1887年他辞去公司职务,由长子伊曼纽尔管理全厂事务,次子卡尔(Karl)主持诺贝尔工厂。路德维希想去里维埃拉(Riviera)疗养,1888年4月12日死于坎雷斯(Can-nes)。

路德维希病逝之后,他的工厂仍在困苦中奋斗,在长子伊曼纽尔的管理下得到继续发展。

下面是诺贝尔兄弟石油公司自开办后25年间状况报告中的一段:

1879—1904年间公司钻探油井433口,深度计为70502 Sashen(141公里),这些钻井的产油量是挥发油9亿勃。

在同一期间,公司从自己和购进的挥发油精制成的油11.9500亿勃,公司生产出各项油产品如下:(单位勃)

石油	3.7950亿
苯	240万
粗石油	4630万
润滑油	4980万
挥发油副产物	7.1280亿
总计:	11.9080亿

1917年十月革命之后,诺贝尔兄弟石油公司被苏联政府收归国有。诺贝尔家族的后代成员不得不离开他们先辈奋斗了75年的俄国,于1918年全部返回瑞典。

7. 英德托拉斯与拉丁托拉斯

巴布具有天生的企业管理才能,他既有组织才能,又具有杰出的经商本事。如果没有巴布的大力支持与参与,阿尔弗雷德·诺贝尔可能会一直在实验室致力于他的新发明,而不会投身于其事业的大组织之中去。在19世纪70年代和80年代初,阿尔弗雷德和巴布经常忙于公司的组织问题,主要是谋求各公司相互合作和调和相互冲突的利益。

诺贝尔传

当时诺贝尔的公司与其他炸药公司的竞争激烈,因为他们都羡慕诺贝尔公司的巨额收入,于是纷纷致力于生产新型炸药。非但如此,就是诺贝尔公司的内部各工厂之间也为开拓市场,尤其是欧洲以外地区的市场,展开如火如荼的争夺战。

于是阿尔弗雷德·诺贝尔和巴布开始将阿尔弗雷德·诺贝尔公司原来的各公司由各国的分公司接管。例如他们将在法国的专利以及保里尔工厂交与安全炸药制造总公司,总部设在巴黎;瑞士和意大利的工厂由诺贝尔无名安全炸药公司接管。这家公司是在1872年创建的,总部设在伊斯莱滕;在西班牙,成立西班牙安全炸药制造公司;汉堡的阿尔弗雷德·诺贝尔公司改组为有限公司,名为德—奥—匈安全炸药有限公司,后来改名为安全炸药公司,诺贝尔和巴布获以前阿尔弗雷德·诺贝尔公司的管理权,诺贝尔在汉堡的合作人班德曼博士和卡斯坦(Canstens)成为这家公司的股东。

托拉斯是当时正在形成之中的专业企业的一种垄断组织形式,当时这种组织多限于国内,跨国的托拉斯还极为罕见。经过诺贝尔与巴布的筹划,最后决定把诺贝尔在各国的公司和工厂改组为两个国际托拉斯:英德托拉斯和拉丁托拉斯。

英德托拉斯创建于1886年,总部设于伦敦,最初拥有200万英镑资本。属于它的公司是:格拉斯哥的诺贝尔炸药公司;克鲁梅尔的莱茵炸药公司;汉堡的安全炸药股份公司和德意志炸药股份公司;德累斯顿的德累斯顿炸药公司和南威尔士炸药公司;墨西哥的诺贝尔公司;里约热内卢的诺贝尔公司和南美的巴西菲哥公司。

在英德托拉斯组

图为西班牙首府马德里的阿卡拉门。

五、世界工业帝国

建的同年,拉丁托拉斯也组建起来。它的总部设在巴黎,最初时拥有股金1600万法郎。其主要成员为在法国、西班牙、葡萄牙、瑞士、比利时、意大利和南美洲以及其他有关各公司。

阿尔弗雷德·诺贝尔最初以董事会会员,有时以名誉董事长资格加入各公司,但不过问一般业务。干涉公司管理时主要是关于他的新发现,有时为了要实行行政重要改革或调和各部门的利益冲突。1890年和1891年他辞去了各处安全炸药公司董事会的一切职务。阿尔弗雷德·诺贝尔希望能够分出一部分时间开展他的发明创造。但是他仍然对各公司发挥着决定性的影响,一直到他逝世。一是因为他处于重要的股东地位,二是他所享有声望,三是因为人们对他的发明天才仍抱有希望。

这两个托拉斯之间也签订了有关售价与市场分配的重要合同,在此后数十年间,均发展成为庞大复杂的企业集团,其工厂和分公司也一直在增加。

六、最富有的流浪汉

1. 我的安乐窝

诺贝尔生前说过:"我在哪里工作,哪里就是我的家。"事实确实如此,他终生都是一个没有永久固定住所的发明家。虽然他有几处家,但也可以说他没有家。曾有人对阿尔弗雷德·诺贝尔开玩笑,称他是欧洲最富有的流浪汉。他为了许多工厂和公司的利益,经常旅行进行业务活动。如果他一时"在家",那就是他的实验室,他整天在那里研究新发现,他脑子的活动片刻不停。

从1865年走出瑞典之后,诺贝尔第一个相对稳定的住所在德国汉堡的克鲁梅尔。刚来克鲁梅尔投资办厂时,诺贝尔还不富裕,他只是在离工厂不远的地方修建了一栋平房作为他的住所。在这所房屋内,最重要的设施是他的实验室。他在这里断断续续地工作和生活了8年。

诺贝尔的第二个相对稳定的住所是在苏格兰的一处荒僻的海滨阿迪尔。在阿迪尔工厂附近,也像在克鲁梅尔一样,诺贝尔建了一栋作为住所和实验室的平房。普法战争期间,诺贝尔主要工作和生活

这幢名叫"山楂别墅"的公寓是诺贝尔从他的部下手中购买的,诺贝尔在苏格兰时就住在这里。直到今天诺贝尔对这所房子仍拥有产权,这也是在苏格兰与诺贝尔有关的惟一一幢建筑。

六、最富有的流浪汉

在这里。

诺贝尔的第三个相对稳定的住所在巴黎。诺贝尔1873年离开克鲁梅尔时，已成为巨富。来到他曾留下爱与恨的巴黎之后，他在属于巴黎富人区的马拉可夫大街购置了一栋豪华的公馆，同时也在这里开设了实验室，并聘请了助手和男女仆人若干名。他曾在这座公馆内筹措他的公司和工厂的发展计划，继续进行各种新发明的实验研究，同时也处理那种没完没了的专利和商务纠纷。可是一段时期后他觉得那里设置的实验室太小，所以在1881年在离巴黎不远的地方塞夫朗建造了新的实验室。

诺贝尔在巴黎的住所断断续续工作和生活了18年。这18年是诺贝尔一生比较愉快的时期。他在这座公馆内会见法国上流社会的各种人物，举办他感兴趣的各种沙龙，招待从俄国和瑞典来的亲友，向他的妈妈和其他亲友汇款和寄送各种礼物。与此同时，他也继续渴望建立一个以爱情为基础的美满家庭，而这一愿望在这里始终未能实现。

在巴黎工作和生活期间，流传着不少有关诺贝尔的轶闻趣事。有一次，他聘用作为厨娘的一个法国姑娘告诉他，说她要辞职去结婚。富于同情心的诺贝尔问这位法国姑娘要他送点什么结婚礼物。这位聪明而机灵的法国姑娘提出：别的都不要，只想要"诺贝尔先生本人一天所挣的钱"。这个请求可难倒了诺贝尔，因为诺贝尔本人也不知道他一天挣多少钱。然而，诺贝尔是一个答应了的事就一定要办的人，于是他经过几天计算之后，算出他一天大概能挣4万法郎。这样，他就把4万法郎作为结婚礼物赠给了那位姑娘。这笔钱在当时仅靠它的利息就可以让这位姑娘舒心地过上一辈子。

> CE BATIMENT
> FUT LE LABORATOIRE
> DALFRED NOBEL
> DE 1879 A 1889

今天，诺贝尔原来在塞夫朗的实验室外面的纪念牌上赫然写道"阿尔弗雷德·诺贝尔 1879—1889年曾在此"。

世界上有两座围绕诺贝尔企业发展起来的繁荣城镇被命名为"诺贝尔城"。一座在加拿大安大略地区休伦湖畔，紧靠1959年通航的运河——圣劳伦斯海运，另一座则在美国的加利福尼亚州。苏格兰的阿迪尔，曾是一片荒无人烟的沙漠空地，用诺贝尔自己的话说是个连兔子都难以找到吃的东西的地方，在不到10年的时间里，这里已变成一个工业小城，有自己良好的水陆交通、水、供电、煤气等设施，并成为全世界大炸药生产基地之一，提供全球炸药需求量的10%。

诺贝尔传

他后来因将诺贝尔炸药转给别国，惹起法国的恶感，被逐出塞夫朗。1890年4月他给侄儿伊曼纽尔的信中说：

"3月初巴比和弗雷西（Freycinet）在国会中开始辩论。巴比办理此事不当，因而遭受应得的谴责。但是不幸的结果是法国政府凭借专卖，禁止我制造甚至是最少量的炸药，不允许我用任何军器进行射击试验。这纯粹是一种诡计。但是他们恐吓我，要把我拘禁在一个要塞中，这将更会损伤我的消化力，我不能抗拒禁令。可喜的是陆军部长在禁令未颁布前几天亲自写信向我索取炸药样品。我的计划因不能在塞夫朗工作被完全扰乱。我对一些很有趣的问题进退两难。只好将它们放置在一边，把试验室搬到国外，需要耗费大量资金，完全是不容易的事。"那时法国报纸也猛烈攻击他，他离开这个国家，定居在意大利的圣雷莫，他在那里建起华丽的试验室和一所别墅，还建有一处伸向海洋进行实弹射击的大型试验场，命名为"我的安乐窝"（Mio Nido）。不过，诺贝尔后来只是在冬季才到这里居住。

1894年他购买了博福尔斯的工厂后，将柏格博一所旧庄园加以修葺，预备在那里终老。关于修葺的事，他托付侄儿海尔马·诺贝尔，1894年10月他写给海尔马·诺贝尔的信中说：我还要加注几点：

1．只要我能提供，愿以好烟草飨我男友，因此实在无须另辟吸烟室。

2．一个未婚男子不允许备一间女来宾寝室，但可以备好几间。因为有几间房适合供最时髦的有身份的男士和女士们是好的方案。实际上根据我做过的调查，房屋的构造并不要美好，而是需要一些家具。……一般的困难是装饰的

意大利的圣雷莫别墅是一座乡村别墅，四周宽阔的园林一直延伸到海边。1891年，诺贝尔在买下它以前，曾辞去了所有黄色炸药公司董事会成员的职务，他希望在这个和平与安静的环境中进行工作。但由于他对世界的重要影响力，这一愿望直到死前也没有实现。

六、最富有的流浪汉

圣雷莫别墅里的诺贝尔实验室,比他最喜欢的塞夫朗的实验室在面积上大了许多,设备更加先进。诺贝尔生前没有完成的几个重要发明的基础工作就是在这里做的。后来,这些发明被接着试验成功,并且在某些重大事件中起了推动作用。

设计要协调,但是人们由于自然本身触犯这些规章这一事实容易疏忽大意,除美国妇女外,你曾看见过上肢和下肢侧面平衡的吗?你曾看见过一个鼻子不弯曲的吗?

不过,诺贝尔在这里工作和生活的时间并不长,只是在他去世前几年才偶尔在夏季来这里居住。

1896年,诺贝尔去世后,产生了这样一个问题:他的住所在哪里?法国、意大利还是瑞典?这个问题在确定博福尔斯后解决了。这项决定除法律方面外,从感情方面是符合事实的。阿尔弗雷德·诺贝尔和同代的许多人一样,自认为是

四海为家的人。虽然他没有考虑这个问题,但他地地道道是一个瑞典人,不过他可以认为是一个世界公民。诺贝尔最后扎根在他出生的土壤上,就是为了这个缘故,他在国外感到无家可归。他自从9岁离开瑞典后仅偶尔回来几次,全部生涯是在外国,如俄国、德国、法国、意大利度过的,但是他在这些国家里总觉得生疏,而对瑞典却保持真挚的感情。他密切注意瑞典文学和文化,家乡发起为科学事业募捐时,常常有人请他援助,很少有令他们失望的。瑞典侨居国外的人也常常向他求助。他是一位保护人,他愿埋骨本国国土,尽管他有以世界为家的想法。他觉得将遗嘱托付在瑞典比其他地方更可信任。这种热爱祖国的心情是他对祖国忠诚感情的扩展。

2. 与爱无缘

夜里惟有独枕相伴。对阿尔弗雷德而言,爱情从未真正地开花结果。他是一个行踪不定的孤独者,深受感情忧郁的痛苦,缺少别人所有的家室的

牵系。诺贝尔终生没有建立具有婚姻关系的家庭,并非说他不渴望以爱情为基础的婚姻,这常常流露在信中。他有一次给他的嫂子,路德维希·诺贝尔的妻子明娜的信中说:

"我们之间是如此悬殊!你的生活是温暖而炽热的,你的四周有人爱护,你关心他们,他们关心你。你满意地安居着。我是漂流在人生海洋中的一只破船,失去了舵或罗盘,没有回忆激励我;没有未来的幻境安慰我,或满足我的自负。我没有家庭维护生存的命脉;没有朋友提供我情感有益的发展;没有敌人让我排泄怨恨。我还苦于屈从自我批评,这样,每一过失都成了不可赎回的丑恶,我所有的缺点都因此暴露,赤裸裸地显出它们的虚弱。这样画像是不适合挂在一个充满欢乐家庭中的,只有丢进废纸篓里。"

在伊甸园中,诺贝尔也留下了他那充满甜蜜和苦涩的流浪之旅。

> 诺氏三兄弟中,阿尔弗雷德是最让家人骄傲的孩子,也是最让人放心不下的孩子。路德维希和他的表妹明娜·阿尔塞尔结了婚,日子过得也不错。阿尔弗雷德却似乎与婚姻无缘,一次次与幸福擦肩而过。

3. 巴黎之恋

早在青少年时代,诺贝尔在进行他的那次欧美之旅时,在巴黎曾与一位法国姑娘有过短暂的热恋。

诺贝尔在巴黎初次与异性交往让他误入歧途,"恐惧和悔恨折磨着他的心",他想追求一种纯洁的爱情,能够把两颗心连在一起共同探索对方乃至周围人们的美好心灵和慷慨品格。这种纯洁的爱情究竟存在不存在呢?如果存在的话,会不会有人看中像他这样的人呢?他有极为明智的远大抱负和高尚的情操,但这种品质"在摇摇欲坠的躯壳里不啻是

巴黎街景。

六、最富有的流浪汉

一种浪费"！阿尔弗雷德觉得自己相貌难看，毫无动人之处，决不会有人爱他。

一天傍晚，他意志消沉，信步走进一家舞厅，一个身子单薄的碧眼金发女郎注意到他闷闷不乐的神情，便走过来轻轻地问候他，看到这"美丽而善良的少女"就如他熟识的名诗"心之灵"中被雪莱作为精神之美化身的爱米丽，雪莱美好的诗句在他的脑海中油然而生：

> 天庭的使者！你美好得不似凡人，
> 在那青春的女子容貌下，你包含
> 一团丰富的光辉，爱情和神性，
> 啊，你那弱质怎么竟又如此丰盛！
> 你独处于永恒诅咒中的福泽！
> 在漆黑的人间你隐蔽的灯火！
> 你是云层之上的明月！在死者群中
> 在生的形体！你是风雨上空的星星！
> 你啊，奇迹、美和惊惧的化身！
> 你是造化的完美之作，是明镜：
> 像是太阳给一切带来了光芒，
> 凡是你照临的都显得辉煌！

少女彬彬有礼地问他是不是失去了亲人。阿尔弗雷德回答他丧失比这更多——他失去了一切幻想。年轻的诺贝尔把他的悲观情绪向她倾诉，宛如打开闸门的洪水，而那女郎对生活却充满强烈的信念，她责备他缺乏信心，提醒他要有天赋的坚强意志，就能够对人类做出许多贡献。她成了青年诺贝尔心目中高尚情操的化身。他俩一直辩论到东方破晓，并为终于取得一致的意见而感到欣慰。分别的时候，阿尔弗雷德觉得自己"无限的喜悦，精神状态好多了"。

> 爱情压制了对任何别的事情的热情。
> ——诺贝尔

> 我怀着从未有过的喜悦感
> 又一次同她见面了。
> 从那以后多次幽会，
> 我们已经谁也离不开谁。

诺贝尔传

第一次相遇之后,他俩约会了几次,最后以"出自纯真感情的圣洁的一吻"定情。不幸这段罗曼史猝然告终——女郎突然香消玉殒。

……我的爱情与逝者同在
弥留之际我没能在她身边抚慰
却未对着她的遗体凝眸。
……我凝视着
庄严的气氛使我欣然神驰
个人小小的悲实在不屑一顾。
……从这一刻起
芸芸众生的欢愉我不再分享
美人的青睐,多情的泪水不再使我动情……

心爱的人突然离开了人世,使阿尔弗雷德·诺贝尔受到极大的打击,心灵受到严重的创伤,刚刚复苏的灵魂又一次跌进了无底的深渊。他把自己关在房间,痴迷地回忆两人在一起短暂而幸福的日日夜夜,默默地诵读"心之灵"中不朽的诗句。

伴侣!姐妹!天使!我命运的向导!
这命运一直如此不幸,噢!我知道,
我爱你已太迟,又崇拜得太急骤!
……我爱你;是的,
我感到我的心灵之泉从此封闭,
既然它那泪水能给你欣慰,
我要为你而保持它晶洁的光辉,
……我的女郎,
别轻蔑这思想之花吧,它才开放
便已凋残;但是,从这花心深处
将有像乐园果树一样的植物
滋生和结果;这果实啊,因为受到
你的明眸的照耀而更为美好。

六、最富有的流浪汉

此后的阿尔弗雷德·诺贝尔滋长了一种对异性某种程度的远离,并推崇一种柏拉图式的恋爱观,追求与肉体关系绝缘的爱,沉湎于纯洁爱情的美梦之中。这从阿尔弗雷德·诺贝尔在 29 岁时写的一首以外星球上居民为依托的小诗中可以体会到:

> 他们的肉体不是由粘土捏成,
> 可像阳光那样飞掠过永恒……
> 他们的爱情没有感官上的刺激,
> 才会带来无比高雅的愉悦……

到了暮年,阿尔弗雷德·诺贝尔仍然梦想这种天国的爱情。他在那时写的一个剧本里借圣母玛利亚的嘴说道:

> "宛如昨天才发生的一样,我清楚地记得圣灵怎样赋予圣子以生命,没有床第之乐,可是那一阵愉悦只有在天堂才能享受。"

4. 女秘书贝莎

1876 年,33 岁的贝莎·金斯基以诺贝尔秘书兼管家的身份走进了阿尔弗雷德·诺贝尔的生活,使他的爱情之火死灰复燃,诺贝尔对贝莎一见倾心,渴望她成为女主人。贝莎虽然对诺贝尔亦有敬慕之情,无奈已心有所属,不久便离开诺贝尔远走俄国高加索。她在后来返回巴黎之后,与诺贝尔仍然保持着终生的友谊。对诺贝尔而言,他对贝莎柏拉图式的恋情,无疑是他在感情生活中的又一次流浪

维也纳的美景。

诺贝尔传

之旅。

1875年,阿尔弗雷德·诺贝尔发明炸胶,炸胶的爆炸力比达纳炸药高出46%,它在开凿戈特哈尔德隧道的第一次施工中显示出巨大的威力。戈特哈尔德隧道横穿阿尔卑斯山脉,全长9.25英里,并且岩石极其坚硬,但是在使用炸胶后,隧道以创记录的速度提前竣工了,而且施工经费大大低于按达纳炸药进行预算的费用。隧道凿通后火车可以直达伦第平原,给人们带来了极大的便利。

诺贝尔对于炸胶这一重要发明和对于巴布对炸胶的组织生产计划的顺利实施感到非常满意,从不知疲倦的他这时也有了如释重负之感。于是他把自己的寓所重新装饰了一番,又请来一名巴黎著名的室内装饰师,委托他给楼上空着的房间都配上家具。看着装饰一新的房间,诺贝尔感到缺少一位有教养、会应酬、办事练达像女主人一样的女管家,最好这位女管家能身兼二职,把秘书的工作也能顶下来,因为他同时迫切需要一名秘书。诺贝尔觉得用一个人总比用两个人少些麻烦,如果找到一个集女管家、女秘书、"女主人"于一身的人,付再多薪金他也在所不惜。他决定在欧洲的一家大报上登个广告试试。

在考虑从哪个国家有希望聘请到这样一位理想的、称职的女士的时候,诺贝尔首先想到了奥匈帝国的首都维也纳,那里的年轻妇女有教养,尤其擅长外语。虽说去维也纳的机会不多,但每次去都给他留下良好的印象,他特别喜欢维也纳的欢快气氛,以及那里妇女们亲切而又活泼动人的情调。

但是当诺贝尔真的要动笔拟广告时,却意识到这样的广告很可能会使他陷入一个被人误解的危险境地,而情不自禁地产生了一种恐惧感。这个广告容易被人看成是一个中年阔佬想找一个廉价的姘妇,要不然就是一个老光棍不择手段急于要找个配偶。要避免这两方面的嫌疑都很困难。他左思右想,脑子里突然闪出一个有趣的念头:以往自己一向迷恋于科学发明、出售专利和组织生产,生怕有人打扰。现在,如果自己做一次这样的冒险,说不定会使他得到命运不肯给他的东西。想到这里,诺贝尔不禁感到好笑。

第二天,他把简短明了的广告稿寄给了哈布斯王朝(奥地利王朝)最大的一家报社,内容如下:

"居住在巴黎的一个有钱的、受过高等教育的老绅士聘请一名懂得几种

六、最富有的流浪汉

语言的成年女士担任他的管家兼秘书。"

信件发出后,阿尔弗雷德·诺贝尔并没有寄予很大的希望,倒是产生了几分好奇心:有谁会来应聘呢?她们是怎样理解广告词的呢?她们会是抱着一个什么目的来应聘的呢?

尽管要求很高,但应聘的人数比预期的要多,而且都自信能够有资格担任诺贝尔的秘书。当然,这当中有许多人是自作聪明,自以为对广告词已经心领神会,正符合"成年女士"的要求,她们还随信函寄来照片。信中多半是炫耀自己在持家方面的才能,对于秘书职务却没有什么兴趣。事实上能懂几门语言的人才是很难得的。

其中有一封用法文写的措词恳切的信引起了诺贝尔的兴趣。这封信的署名是贝莎·金斯基伯爵,看来她是个贵族出身的奥地利人。从她愿意应聘来巴黎担任这一工作来看,这个古老的贵族世家到她这一代已经衰败,要不,她可能是一个冲破一湾死水而飘泊异乡的流浪女。她的法文写得很出色,不论是文字还是语法上都无懈可击,在谈到自己已33岁还是独身时尤其显得率直而庄重,文字间没有丝毫轻浮的流露。

诺贝尔决定在聘用之前还应对她的性格、人品做更深入的了解。他用英文写了封回信,告诉她自己的工作飘忽不定,这将会给她的工作带来相应的困难,还附带讲了自己有哪些爱好和厌恶。他的信引起了对方的自信,贝莎立即回信,信中表示了要来诺贝尔身边工作的愿望,并表达了自己立身处世的大胆和乐观主义态度。

收到贝莎的第二封回信后,阿尔弗雷德·诺贝尔变得小心谨慎起来。看来她是一个不好对付的人,她过于自信,对有疑虑的人不屑一顾。在这次复信时,阿尔弗雷德更加注重实际,他明确地告诉对方,自己希望请一个人来管家,而不是要她来约束自己。贝莎明白了主人的意思,下一封信写得很含蓄,暗示自己在生活中屡遭挫折,不会给主人带来精神上的伤害。寥寥数话打动了诺贝尔的心,引起了他的不安和深思。

贝莎后来在回忆录里提到当时诺贝尔写给她的那几封信:

"他的思路敏捷,语言风趣,但调子忧郁。这个人知识极其渊博,哲学思想深邃,给我的感觉是他生活得并不幸福,属于厌世者之列。他生于瑞典,俄语是第二母语,用德语、法语、英语书写都很规范、优美,也不知道是什么

诺贝尔传

原因,我的信好像使他深受鼓舞。"

最后,诺贝尔用一封文牍式的短笺结束了这样的书信往来。他直接了当地提出了对工作的要求、每月的薪水,并询问贝莎何时能够来巴黎任职。贝莎的回答极其简短:"立即启程。"

贝莎乘坐东方号特快列车于清晨到达巴黎。诺贝尔亲自到车站迎接这位未来的管家兼秘书。因为他想一睹贝莎的容貌是否与自己想像中的一样。一见面,诺贝尔心里就美滋滋地一惊,她比自己想像中的还要漂亮、庄重:中等个子、身子骨笔挺;微微扬起的鹅蛋脸上,秀气而挺直的鼻梁是那么匀称,使整个面庞和谐、端庄;深褐色的头发遮掩着微微隆起的前额,右眼似乎比左眼略大,因而右眉微拱

图为奥地利乡村风光。

而左眉平直,红润的唇间露出两排洁白的细齿,嘴角挂着不加掩饰的好奇的微笑,然而又是那么真诚、友善。

同样,贝莎的惊讶不亚于诺贝尔,因为她所见到的诺贝尔并不像广告词中暗示的那样年老力衰:

……(他)给我留下愉快的印象。实际上他并不是如同那广告中所暗示的,是一个白发苍苍、年迈力衰的"老绅士",根本不是。……他那时才43岁,身材中等偏低,皮肤略黑,满腮胡子,相貌不难看也不英俊;一双碧蓝的眼睛温和而善良,使他的表情不显得过于惆怅;讲话的语调里交织着抑郁和讽刺,显出异于常人的气质,以至于人们会认为和他不容易相处。

因为寓所里为贝莎准备的房间里的家具还没有备齐,诺贝尔就先送她到位于嘉布遣大街上的金莲花大旅馆休息。午饭后,他俩驱车前往香榭里

六、最富有的流浪汉

舍大街游览。

两人尽管是初次见面,但彼此之间并没有完全陌生的感觉,因为他们的交谈其实早就从通信时就开始了。对许多话题他们有共同的兴趣,但由于不同的经历与年龄,因而看问题的出发点却很不一致。贝莎发现诺贝尔的谈吐富有感染力;而贝莎对自然科学和哲学著作涉猎之广和用力之勤也给阿尔弗雷德留下了深刻的印象。像她这样具有高深教养、良好气质而又富于文学知识、精通外语的贵族妇女在世界上实属罕见。

贝莎受雇之后,曾把对诺贝尔的看法写信告诉她的朋友们:

"诺贝尔先生非常富有,在巴黎有一栋豪华住宅,他的生活起居从不受别人干涉,性情孤僻并坚持他的独身主义。"

"家中的陈设富丽堂皇,有最上等的家具、装潢及厨房设备,并雇用一流厨师,可谓极其奢侈。"

"像他这样有钱的富人,难免要铺张一番,这也是人之常情。"

"他有豪华的马车和俊美的健马,他经常喜欢独自一人驾车出游,而从不愿邀人同行。"

"但对诗和小说而言,他知道独学无友的话,则肯定孤陋寡闻,所以他需要能共同研读交流的伙伴,凡是有文学家聚会的地方,他必定前往参加,并洗耳恭听别人的见解。"

"我时常与诺贝尔先生论及文学,他特别喜爱雪莱的诗文,并且深受雪莱和平主义的影响。"

"但我永远无法了解诺贝尔先生从事着与他的和平思想完全背道而驰的炸药事业。每当我问及此事,他总是苦笑着说:'你以后会明白的。'"

由于诺贝尔工作繁忙,他在一天中最多只能陪贝莎一起消磨两个小时。他带她看了自己的寓所、实验室和为她准备的一套房间。在贝莎看来,为她准备的这套房间与以前住惯了的那些宅第相比,显得过于朴素了。她也不喜欢那种拿破仑时代式的家具,令她满意的是房间通风,窗外还有一个美丽的花园。

贝莎与诺贝尔在一起时,总是诺贝尔的话多一些,贝莎也很喜欢听他纵谈对人生、文学、艺术和战争的观点。贝莎在她的回忆录里写道:

"听他纵谈世界与人类,生命与艺术,瞬息与永恒,这真是一种知识上的

诺贝尔传

享受,这种享受痛快极了。他躲避社交生活,对世人的肤浅、虚伪、轻薄深恶痛绝。他完全相信,一旦人们的智力被更好地开发出来,人类便会变得更加高尚。他的研究,他的书籍,他的实验——这些就是他的全部生活。他说他正从事一项新发明:'我希望制造了一种物质或者机器,由于它的极大的破坏力将使战争不可能发生。'"

斯德哥尔摩的诺贝尔酒店。

贝莎在谈起自己的过去时,一点也不拘束,但却对一个心照不宣的、敏感的问题避而不谈。她已经33岁了,漂亮,活泼,能弹会唱,有文化,有良好的教养,早就进入上流社会,交游遍及欧洲。一句话,她具有男人们所赏识的所有条件,那么她为什么还没有结婚?

一天,诺贝尔去旅馆接她,等了很长时间才见她下楼,而且可以看出她刚才哭泣过。他想找点话来安慰她,便谈起了自己的童年,在那个艰辛的年代自己每天都得为生存而斗争。为了让贝莎因为同情自己而忘却她的辛酸,他送给她一首诗——实际上是诉说自己青少年时不幸遭遇的许多诗篇的集锦。并告诉她,自己并没有写诗的天赋,只是把它作为一种消遣方式,当感到寂寞时忍不住写几句,抒发自己的情感。现在很久已经没有动笔了。

贝莎在她的回忆录里写道:"这是一首长达一百页的,富于哲理性的诗稿,用英文写成,文笔极好。"这首诗实际上是以诗体写成的日记,懦弱、缄默的诺贝尔以它向贝莎披露了自己多愁善感的心扉。

你说我是一个谜——也许是,
我们全都是不可解的谜,

六、最富有的流浪汉

从痛苦开始,以深重的磨难终结,
人们啊,为什么要来到这尘世?
渺小的欲望把我们拘禁在地球上,
"崇高"的理想把我们举上了天际,
它们还骗我们说
那是灵魂永不灭……

诺贝尔以为贝莎也会对他推心置腹,一诉衷肠,但是出乎他意料之外,贝莎仍然保持沉默。在同情心的驱使下,诺贝尔竟一反常态,有一天他毫不掩饰地问贝莎:"你没有结婚吗?"贝莎老老实实地回答:"没有。"

诺贝尔接着又往下追问,贝莎只得将自己的身世和恋爱故事和盘托出。

贝莎的父亲弗朗西斯·约瑟夫·金斯基伯爵是一名中将军官,在她出生之前就离开了人世。她是在父亲的一个朋友的法定监护之下长大成人的。这个人是个守旧的奥地利贵族:国王陛下是他的上帝,宫廷礼仪就是他的宗教,他梦寐以求的是奥地利军队的荣誉,他引以自豪的是他是一名称职而尽责的军官。贝莎的母亲无拘无束,曾一心想当个歌手,只是由于父母的反对才未能如愿。后来又变得酷爱赌博,于是她母亲家里的赌盘整天转动。贝莎虽对此极为反感,但却无可奈何。

贵族之家的生活没有一大笔财产就难以维持。贝莎的监护人看中了一位维也纳巨富的豪华别墅和邸宅,就把这位已经52岁的银行家带到金斯基家向年仅18岁的贝莎求婚。贝莎怎么肯答应呢?她不相信婚后生活会无限美满,"享不尽荣华富贵"。但在一次舞会上,她受到那些出身望族、正当结婚年龄的纨袴子弟白眼,一气之下,径

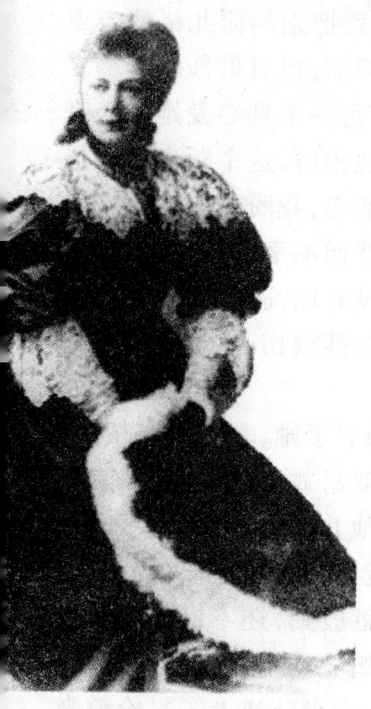

贝莎(1842 — 1914),奥地利人,著有《放下武器》一书,和平主义战士,诺贝尔的挚友之一。其和平主义思想深深地影响过诺贝尔。1905年,荣获诺贝尔和平奖。

诺贝尔传

自答复母亲同意嫁给那个老头子。两人既已是未婚夫妻,按当时的习俗就可以单独到小客厅里幽会。这位老头突然一把抱住贝莎,对着嘴唇猛亲,顿使贝莎产生了强烈的厌恶感!"我死也不愿嫁给他!"她又哭又闹,这桩婚事最后只好作罢。

年复一年,贝莎浪迹于威尼斯、维也纳、米兰和巴黎。她在音乐会、舞会、歌剧院的歌舞弹唱引得求婚者纷至沓来。但是,贝莎觉得这些热闹的场合对促成庄严而神圣的恋爱与婚姻并不适合,感情的不稳定就如同她母亲的轮盘赌,赢时少而输时多。在这期间,贝莎结识了统治高加索一个小小山区的叶卡捷林娜·达迪安妮公爵夫人。从她们第一次见面,公爵夫人就被21岁的贝莎的青春活力与快乐情绪所吸引。她乐意把她的侄儿格鲁吉亚亲王赫尔克利斯介绍给贝莎。亲王温文尔雅、性情抑郁,他对贝莎的爱慕之心与日俱增,并向贝莎表白了自己的爱情。贝莎对每一个真心爱她的人都抱有好感,尽管从好感到相爱还有一大段距离,但她相信,这个距离并不遥远。公爵夫人热诚地为贝莎祝福:"要设法拢住他的心,我盼望你们平平安安尽早把婚事办了。"因为那时亲王已经40岁了。然而不幸的是,一次亲王对贝莎说因事要到巴黎去一下,竟一去不复返。他没有回高加索,而是回格鲁吉亚去了,甚至连一封道歉信也没有。这件事令贝莎很伤心,也叫公爵夫人感到难堪。

在贝莎25岁时,有一位十七八岁的青年开始倾心于她,常以鲜花相赠。一天,青年的父亲,一个据传有万贯家产的澳大利亚富翁,亲自为儿子前来巴黎求婚。他确认自己是澳大利亚最大的富翁,说他儿子已深深爱上贝莎,他自己也非常赞成这桩婚事,又说他惟一担心的就是怕身后这孩子没有一个钟情的妻子照顾。这位澳大利亚富翁对贝莎大献殷勤,还不惜花费给她买了最精美的首饰,最后确定了订婚日期。但当订婚仪式举行时,富翁和他的儿子迟迟未来赴宴,正当客人们不知所措时,一个男仆递上一封伦敦来电,澳大利亚富翁致歉说他的儿子只有16岁,还不到结婚年龄。不过,还有一点他没有坦白,他的所谓万贯家产也完全是虚构的!

这真是奇耻大辱,贝莎越想越气恼,几乎难以忍受。但她很快从痛苦中摆脱,命运越是与她过不去她越要愉快地生活。她自信天生丽质绝不会让她长久地处于难堪的境地。在一次音乐会上,贝莎与奥地利贵族阿道夫亲

六、最富有的流浪汉

中年时的苏特勒夫人。

王邂逅了,这位俊秀的亲王是个出色的男高音。他俩的二重唱配合得极其默契、和谐。阿道夫亲王对贝莎一见钟情,并马上向她求婚。贝莎在得到母亲的赞许后,同意与他订婚。阿道夫想当职业歌唱家,他的父母虽然不满,最后还是勉强同意了,但以他不得在欧洲登台演唱为条件,以免有辱于家庭声望。阿道夫与贝莎商量后,决定飘洋过海到美洲谋生,一经聘用,有地方安家,就让贝莎前往。他俩在码头分别后,贝莎等到的不是阿道夫平安抵达新大陆的消息,而是与阿道夫同船的一个朋友报告的噩耗——年轻的亲王在船上染病故去,并已葬身海底。

就这样,贝莎拖到30岁还没有结婚。她的母亲把自己的积蓄和归女儿继承的财产输得精光,全家被迫搬到一个省城小镇上居住。贝莎不甘心这种"活埋"的生活,她写信给高加索的达迪安妮公爵夫人,探问是否可以一个人去看望她。公爵夫人非常关切地回了信,并提出邀请,但要她推迟行期,等她的别墅完工并布置齐全之后再去。贝莎不愿闲住在偏僻小镇上无所事事,她打算找一份工作以打发无聊的日子。苏特纳男爵聘请贝莎担任家庭教师,教他的4个女儿德语和音乐,她答应接任此职,同意干到达迪安妮公爵夫人家里整理就绪为止。

苏特纳男爵有4个女儿,最大的20岁,最小的16岁,全都生得金发碧眼、如花似玉、聪明伶俐。对姑娘们的管教不需要她花费太多的精力,单凭她的阅历,她的魅力,她的欢乐神情,她的婉转歌喉,姑娘们很快就同她亲热起来。她们一向被家长管得很严,现在从这位家庭女教师身上得到新的启示,因此都全身心爱戴她,争着得到她的称赞。

男爵的次子阿瑟比贝莎小7岁,英俊可爱,多才多艺。他能诗善画,尤其弹得一手好钢琴,还会填词谱曲。那时全家人,包括贝莎在一起用餐,每当阿瑟走进餐厅时,贝莎就会感到餐厅似乎一下子变得格外明亮,而她的全身感到格外温暖,贝莎的意中人终于走进她的生活。

在苏特纳男爵举家到乡间别墅消夏期间,贝莎与阿瑟相爱了,虽然他俩都知道,他们的结合是不可能实现的。贝莎要比阿瑟大7岁,而且她家里穷

诺贝尔传

得一文不名，富有的苏特纳夫妇绝对不会同意这桩婚事。爱是至高无上的，只要两人彼此相爱，这就足够了，他们不愿去考虑明天，至于未来更是不去管它。姑娘们很快觉察出他俩的秘密，她们很高兴，并私下里保护他们，共同防御他们"爱情的敌人"——她们的父母。然而，这种事情是不可能隐瞒长久的。贝莎下决心向母亲吐露真情，这令母亲大为吃惊。母亲告诉贝莎要么与阿瑟结婚，要么立即离开苏特纳家。而当苏特纳男爵夫人知道这件事后对贝莎十分冷淡。于是贝莎决定离开苏特纳男爵家，正在这时她看到诺贝尔在报纸上刊登的广告，就应聘来到了巴黎。

> 我像别人一样，也许比别人更强烈地感到孤独的沉重压力；在多少个漫长的岁月里，我一直在寻找一个能够与我心心相印的人。
>
> ——诺贝尔

此外，贝莎还告诉诺贝尔，到巴黎后维也纳每天都有来信。阿瑟的妹妹在信中说，阿瑟心情抑郁，和她们以前的哥哥简直判若两人。

在听完贝莎的往事后，诺贝尔好长时间没有开口。他认为除了一刀两断以外，再不会有什么好的办法可以帮助贝莎摆脱当前的困境。这场婚事注定是不能成功的，任其拖延下去，必然引起无尽的忧虑和悔恨，在自己心灵上留下痛苦和伤痕。他希望贝莎能够无牵无挂。诺贝尔告诉贝莎："你采取了果断的行动，但要有勇气坚持到底，也不必再通信了。过不了多久，新的生活和新的感受会使你们俩忘却旧情——也许他会比你忘得更快些。"接着诺贝尔向比自己小10岁的贝莎吐露了自己有意娶她为妻的念头。从接触贝莎的第一天起，她就让他遗忘多年的爱情死灰复燃了。贝莎后来在回忆录中并未对此表示任何不快，她了解诺贝尔的真诚为人，只是说："当时如果没有意中人的话。"

第二天，诺贝尔要去斯德哥尔摩参加一家新的达纳炸药厂的开工典礼。他起初有点迟疑不决，不想在贝莎做出决定之前撇开她不管。可是，他又觉得自己无权影响她的抉择。在诺贝尔抵达斯德哥尔摩的当日，贝莎就收到他的电报："平安抵达，将于下周回巴黎。"就在那天她还收到另外一封来自维也纳的电报："没有你我无法生活。"

贝莎立即做出决定，趁着诺贝尔不在的时候，离开巴黎回到阿瑟身边。她变卖了身边仅有的一枚监护人送给她的镶钻石的十字架，付清了旅馆费，买了车票，踏上东方号特快列车返回维也纳。上车后贝莎给诺贝尔发出一

六、最富有的流浪汉

封快信,向他表示深深的歉意。

很快,贝莎与阿瑟便结了婚,婚礼是在乡下的一个小教堂里举行的。他们夫妇俩给达迪安妮公爵夫人发去电报,不久公爵夫人回电欢迎他们前往。此后,贝莎·苏特纳和丈夫在高加索达迪安妮公爵夫人家住了将近10年。

诺贝尔为贝莎感到惋惜,自己也十分懊悔。贝莎本可以成为他理想的管家兼秘书,甚至在个人的婚事方面也会使他如愿以偿,他将会得到一个漂亮的、有教养的伴侣。然而,贝莎最终还是和比她小7岁的阿瑟结婚了,这不能不令诺贝尔终生遗憾。

在贝莎远走高飞后,马拉可夫街的寓所陷入沉闷孤独的气氛之中。也许正是这件事成为诺贝尔在同一年作最后尝试的动机。这个尝试,就是寻找能够与他同甘共苦的意中女郎。他希望有像贝莎一样,能在智慧上与自己相配的年轻女性。他曾说:

"我跟大家一样感到这沉闷的孤独,我的孤独也许比任何人都要严重。在此以前,我一直在寻觅着情投意合的女性。"

5. 卖花女索菲娅

1876年秋,诺贝尔应约与路德维希在普雷斯堡会面,商讨一起帮助罗伯特的巴库油田事宜。在返回巴黎的途中,他在维也纳南面的巴登温泉停下来过周末。他喜欢这个旧式的疗养地,沐浴在含有硫磺质的矿泉水

格林纳达和格林纳丁斯(1978)

纪念诺贝尔的邮票(1978)。

诺贝尔传

里他感到心旷神怡。不但旅途的疲劳会很快消除,而且对他病弱的身体也很有益。

诺贝尔在这里遇到一位商业界的朋友,真诚地邀请他去自己的别墅吃顿午饭。在赴宴的路上,他信步走进一家花店想给女主人买束鲜花。他怎么也不会想到多跨出的这一步,竟会是他第三次爱情生活的起始。一个非常美丽的年轻女店员迈着轻盈的步子上前招呼他,见他说不清想买束什么花,就主动帮忙。她问他与女主人是什么关系,女主人多大岁数,结婚没有。她这样不动声色地打听别人的私事使诺贝尔感到很好笑,但他还是一一如实地给予回答,他想看看她在知道他朋友妻子的具体情况后会帮他挑选什么样的花束。在姑娘问这问那的时候,诺贝尔被这姑娘优美的姿态所吸引,姑娘长得太美了:黑油油的秀发,从头部中间向两边披开,弯弯地细眉下面闪烁着一对淡蓝色迷人的眼睛。这双眼睛半遮半掩地藏在又长又密的睫毛下,顾盼自如,所流露的既不是思想,也不是感情,仿佛完全与外界无关,只是表明自身的存在。诺贝尔还注意到她那没有骨头的小猫一般柔软的身姿,自然而毫无做作的动作伴随着倦态的妩媚。红红的嘴唇微微张开,露了一排洁白的牙齿,讲话的声音好像蒙着一层薄纱,又好像发自梦境一般。她的美丽之中还透着令人同情的病态:脸色和双手略显苍白。

诺贝尔从姑娘手中接过花束后,情不自禁地邀请她午饭后与他一道出去遛遛。姑娘喜形于色,一下子活跃起来,回答说非常愿意。她叫索菲娅。诺贝尔很喜欢这个名字。想到周六下午也没有男朋友带她出去玩,诺贝尔心里十分高兴。

他们骑马漫行在林间小道上,这是一片美丽的松树林,清新的空气令诺贝尔陶醉,心情越发畅快,但索菲娅对于风景似乎并没有多大兴趣,看着绅士模样的诺贝尔,只是想急于知道他的职业。诺贝尔故意叫她自己先猜,看来她并没有受过什么教育,她猜得完全离了谱,使得诺贝尔乐不可支,他诙谐地提示说他是一个发明家,能在最短的时间毫不费力地杀伤很多的人。索菲娅随即便说:你一定很有钱,机灵的姑娘见他并不否认,又大胆地问他有没有成家。这个问题一点也没影响诺贝尔此时兴奋的情绪,相反,他很有兴致地问起姑娘的身世,姑娘并没有因自己那贫寒得近于悲惨的家世而忸怩作态,她直率地向诺贝尔道出了身世。

六、最富有的流浪汉

她父亲是个沉默缄言的人,有点愤世嫉俗。他在维也纳的普拉特开有一家小店,给一个做批发生意的有钱的亲戚代销廉价糖果。他视谈话为负担,自己不愿多开口,也讨厌别人啰唆。顾客上门就忙着张罗,可是三言两语之后就巴不得顾客马上能付钱离开,他不愿讨价还价。至于生意好坏他全不介意。他更不愿与家人在一起交流,喜欢独自吹哨或每逢周六下午去和一个修钟表的老朋友玩纸牌。

她的母亲是个有心计的女人。她觉得丈夫太吝啬了,即使她要钱去买最起码的日常用品,他也总是两手一摊,说:"我可没钱,向手掌心要吧!"她为此总是与手头拮据的丈夫作对,有时甚至耍一些小手腕。不过他从不与她发生争论,对她的行为总是无动于衷。

索菲娅是长女,她还有3个妹妹。母亲把希望都寄托在她的身上。她到巴登做卖花女,原本只是想用微薄的薪水补贴家用,但她的母亲却希望她被哪个阔佬看中,从而使一家人交上好运。这卑劣的用心听了叫人反感,可是索菲娅讲得如此诚恳,诺贝尔倒也不忍心责备她,只是为她的美丽惋惜,对这个为家庭所误的姑娘深表同情。

这姑娘讲起话来没完没了,尽是些毫无意思的日常琐事。诺贝尔对自己今天的耐心感到十分惊讶,他已被她的美貌深深陶醉。无论如何,他这个下午过得非常开心,他甚至决定在这儿多停留一天,带索菲娅去珠宝店买件首饰,虽然巴黎还有不少重要的事情等着处理。

第二天,诺贝尔把索菲娅带到了珠宝店,她不假思索就挑中店里一只最漂亮、最贵重的手镯,看到她有这样的好眼力,他感到很高兴。

诺贝尔对这个萍水相逢的新交并无多少好感。虽然分别时他答应过两周再来看她,但在回巴黎的旅途中,他一想起她的那些粗俗的话语,就不由得不寒而栗。

朝鲜纪念诺贝尔的邮票。

诺贝尔传

然而，她那别具魅力的优美姿态已在他心头激起一种异样的柔情，"那么，我就暂且把她当成自己的侄女，或者是小妹妹吧！"诺贝尔心里想。

一回到巴黎，诺贝尔就置身于繁杂的事务之中，但感情上的牵挂常常萦绕心头，占用了他越来越多的时间。他现在经常要到奥地利和德国去，每次往返都要专程去看望令他难以忘怀的姑娘。诺贝尔送给了索菲娅相当大一笔银行存款，她辞去了花店的工作，定居在维也纳。他无意在两人间建立亲密的关系。他把自己对她的接济只是当做一次善举，希望她能有一个满意的归宿，希望她能充实和提高自己，改变个性中的缺点，有一种比较好的生活方式。

诺贝尔认为，索菲娅个性中乃至她父母的致命缺点都是由于家境贫寒造成的，所以他除了给索菲娅数量可观的钱物外，还不时接济她的父母亲，特别是她那嗜财如命的母亲。他去过她家，一家人都令人感到难受，只有她父亲看上去多少还有点不同。他瘦高个儿，蓄着"御髭"式的尖胡须，颇有几分威严；他的眼睛却又小又黑，流露出困惑和猜疑的神情。诺贝尔的到来使他局促不安，窘迫得连一句话也说不出来。而她的母亲脸色苍白，性情阴郁，两个深陷的嘴角上漾着虚伪的微笑，她对家人除了索菲娅外都显得尖酸刻薄。

对于索菲娅来说，她幻想中的奇迹已经成了现实。她希望得到诺贝尔的爱，像她知道的那种常人所表达的爱。他的彬彬有礼、缄默与拘谨使她感到不安，害怕得要命，而且深深地伤害了她的虚荣心。是的，他喜欢抚摸她的头发，玩弄她的手指，甚至还吻过她的面颊和额头。然而，当她倚靠他肩头时，他并没有要拥抱她的表示。后来，她发现他虽然受人钦佩和尊敬，却没有属于自己的爱情，过着孤独的生活时，她越来越喜欢这个怪僻的人了。她想对他表示真情，却又怕被误认为这只是为了报答他的一片好心而表现的虚情假意。

事实上，诺贝尔始终怀疑索菲娅的背后有她那讨厌的母亲在操纵、策划，因而感到苦恼。他意识到在她脱离那个阴郁的家庭之前，他俩不可能过于亲密。他不希望她的爱是出自于自私的爱，他也不希望她的爱出于感激之情。他心目中的爱是纯洁的、崇高无上的。

诺贝尔最初的信件表明，他是想和索菲娅保持亲密关系的。

六、最富有的流浪汉

我亲爱的小宝贝：

此刻已是深夜了，第三次董事会刚刚开完。内容还是你知道的那老一套，商议起来没完没了。明天我将去普雷斯堡，那里需要我到场。其实，我应该留在这儿，因为许多事情都严重地被忽略了。但我讨厌呆下去，我不喜欢同这些先生们在一起。我渴望回到你的身边，一决定我们将在何时何地相会了，我就写信或拍电报给你。

致以最亲切的问候和最美好的祝愿。

你的最亲爱的朋友

阿·诺

在随后的一次会面中，索菲娅突然哭了起来，埋怨诺贝尔不该只在出差的途中顺便去看望她。他不由得心头一热，温存地吻去她的泪水。索菲娅主动提出要离开她那家庭，并请求诺贝尔不要等她学会法语之后再带她去巴黎，到了巴黎后，每天都不得不讲法语，学起来更容易些。诺贝尔毫不迟疑地答应了她的要求，她愿意离开那个家庭，正是他求之不得的。她提出这一要求时怕他不答应，还有点吞吞吐吐，没想到一下子就得满足。索菲娅喜出望外，一下子扑到他怀里就是一阵亲吻，然后又哼起一首古老的维也纳歌曲，绕着桌子欢快地跳起了华尔兹。

诺贝尔为索菲娅准备的房间面积不大，却非常华丽，就在维克多·雨果大道，距离他的寓所只有几十步远。他已雇佣了一名女仆，一名厨师，并打算等索菲娅到来后再聘请家庭教师教她法语，指点她在许多知识上的空白。

索菲娅来到的那天，发现自己真的有了个舒服、安逸的住所，高兴得伸开双臂，像一只快活的小鸟飞进了窝。她终于使这位头发已经灰白的天才人物感受到爱情的魔力，感觉到"这一刻就是永恒"，感觉到存在就是一切，而且这种感受越来越强烈，越来越炽热，任何感受都无法与之匹敌。此刻，全部知觉和器官能在一瞬间燃烧得通明透亮，世界上还有什么比这种存在更有价值？一切抱负和成就在它面前都黯然失色。

可是到了第二天早晨，诺贝尔再也找不到这种魔力般的感觉，仿佛那不过只是幻觉。他从格拉斯哥的阿迪尔厂的来信表明他又回到过去那种闷闷不乐的心境之中。

亲爱的小索菲娅：

我坐在这个四下透风的角落里，回忆着我们在巴黎度过的那个愉快的时刻。你的"熊"（索菲娅因为他劝她干这干那而给他起的绰号）现在离你很远，你好吗，亲爱的小宝贝？你是以丰富的想像在憧憬未来，还是让年轻的心灵在往事的回忆中留恋不止？也许，暂时的欢愉仍使你沉醉于它的魅力？我想解开这个谜，结果却是枉费心机。我只能默默地、衷心地祝愿你健康。

晚安！

阿尔弗雷德

索菲娅时而高兴，时而任性，有时竟变得难以驾御。她抱怨诺贝尔和她在一起的时间太短，还闹着要陪他一起去外地办事，一起去塞夫朗的实验室。她不肯花时间去熟悉巴黎，总是拉着那位法语女教师上街购物。因为她对学习很快就不感兴趣了，对其他方面的指教也感到厌烦。他们为此发生争论，但争论过后又和好如初。不久，索菲娅病了，经医生诊疗后也久不见痊愈。

阿尔弗雷德·诺贝尔离开巴黎去外地办事，他心头突然涌起一阵对这位姑娘的感激之情：是她给我带来欢乐，使我生活充实，这是别的女性不能替代的。同时产生了一种遏制不住的欲望，要做一次牺牲，来证明自己这种感激之情：他要安排索菲娅以他未婚妻的身份去斯德哥尔摩见他敬爱的母亲。他仓促之间就拿起笔给索菲娅写了一封信，随即就寄出了。

你乖乖地听话，早日把身体养好，我将设法带你去斯德哥尔摩。不过那时你必须完全恢复健康，这是我的衷心祝愿。那么，亲爱的索菲娅，你无须自寻烦恼，只有这样才能身心愉快，早日康复。

你的老熊

这封信1878年8月21日寄到索菲娅那里的，离他预定去斯德哥尔摩的日期只有一个月光景。为了早日恢复健康，索菲娅由女教师陪着乘火车去德国的施瓦尔巴赫疗养。他们每天都有书信往来，有时一天几封。

索菲娅收到诺贝尔那封要带她去斯德哥尔摩的信后，先是一阵喜悦，感

六、最富有的流浪汉

动得几乎要流下眼泪,但她一想到马上要与诺贝尔的母亲见面,要经受一场考验,心里就忐忑不安。索菲娅向来不被别的女人喜欢,她认为这是由于那些女人忌妒她,她也从来没有想过用什么办法献媚取宠。但这一回,她非得获得一位母亲的欢心不可,而这位母亲对于一个想夺走她儿子的姑娘生来就不会有好感,何况,她还是一个陌生的异国人,又并非出身名门。虽然她有几分天生丽色,但她那无忧无虑的谈吐,随意任性的个性所暴露出来的幼稚无知显然不会讨得喜欢。另外,路德维希那位朴素、直率又有教养的妻子与罗伯特的高傲而又势利的女人显然也会看不起她。

纪念诺贝尔的邮票(1966,几内亚)。

她越想心里就越烦恼,马上心急火燎地给家里写了封信,向她的母亲讨取一些建议。她的母亲在回信中煞费苦心地教她如何注意自己的言谈举止。告诫女儿对诺贝尔要特别多情,对他的母亲要特别尊重,尤其对她的健康要特别关心,里里外外的事情都要手勤眼快,凡事要三思而行。索菲娅对她母亲的精明干练一向非常佩服,但现在却本能地意识到,在那朴实无华的北国瑞典,阿谀奉承和巧言令色不仅无济于事,反而会弄巧成拙。

动身去斯德哥尔摩的日子越来越临近了,诺贝尔开始意识到带索菲娅同往是一个轻率的决定,准会铸成大错。这姑娘身上没有一处能符合他母亲的标准,把这样一个未婚妻介绍给母亲,准会使母亲伤心。如果反悔,就会伤害到索菲娅并由此毁灭他俩的爱情。他真是一筹莫展。最后,他决心不顾一切后果遵守对索菲娅的诺言。

诺贝尔急匆匆地赶到施瓦尔巴赫,回到索菲娅身边。像往常一样,他来到以前,先派人送给她许多礼物:鲜花,她爱吃的太妃糖,还有好几瓶她最喜欢而且饮用最多的匈牙利的托利牌香槟酒。诺贝尔进房间时,她躺在床上,穿着浅蓝色的绣有花边的睡衣,她那痛苦的表情使她显得更为楚楚动人。在问寒问暖后,他回想起母亲小心翼翼地试探他想同什么样的女子结婚时,曾警告他不管那姑娘多么聪明,必须有健康的身体。对母亲来说,结

151

婚就意味着成家。看到诺贝尔身体羸弱,她一心希望她未来的儿媳有个健康的身体,好为他传宗接代。他便对索菲娅说他母亲对他的未婚妻健康非常关心,她便马上问为什么。诺贝尔微微一笑,他不想同索菲娅过多地谈论他母亲的情况,只说天下做母亲的总是把孩子们的健康看得高于一切。索菲娅听完后沉默了半天,然后口气坚定的对他说她不愿到斯德哥尔摩去。诺贝尔松了一口气,只是尽力地劝索菲娅多注意健康,以便使她不至于在这里耽搁太久,再也不提去斯德哥尔摩的事了。

诺贝尔陪索菲娅去一个她喜欢的剧院看歌剧,到茶会上跳舞,还会见了她许多新结识的朋友,度过了好几个欢乐而又平静的夜晚。索菲娅本能地意识到他对她如此亲热的原因,事后想到这一切,禁不住热泪盈眶,感叹自己命运多舛。

索菲娅提出去矿泉疗养。她发现疗养地的生活最适合她了。在那里,整天就是吃吃玩玩,娱乐是治病的一种手段。那些地方的公众对一个经济来源优裕的"未婚女子"并不十分苛刻地评头论足。如果在别的地方,也许会疑窦丛生,有损于她的体面。诺贝尔也并不反对她去矿泉消磨时间,如果她羸弱的身体需要这样做的话。事实上,他现在对索菲娅无论做什么一点意见也没有。

离开施瓦尔巴赫,诺贝尔独自一人回到斯德哥尔摩庆贺母亲的生日。那一年,诺贝尔一家的团聚是从未经历过的最欢乐的一次。罗伯特和路德维希都带着妻子儿女回来了。他们同母亲形影不离,尽享天伦之乐。只有诺贝尔还要浪费一些宝贵时间去处理一大堆邮件。

看到明娜和路德维希互敬互爱,婚后20年的生活越来越美满,诺贝尔不禁心头一震,他突然意识到,如果索菲娅也在他们中间,那将是多么不协调,甚至还会毁了母亲晚年的幸福。想到这些,他就不寒而栗。于是诺贝尔决定中断与索菲娅的关系,他翻来覆去地找出了不利于他们恋爱和结婚的种种理由。1878年9月27日,诺贝尔给索菲娅的信中写道:

我心爱的索菲娅:

昨天没有收到你的信,我离开你这么远,目前的季节对你脆弱的身体又十分不利,这更使我焦虑不安。在我们北方,阳光充足,气候温和,

六、最富有的流浪汉

但愿你那里的天气也能如此。

亲爱的宝贝,你埋怨说,我的信只是三言两语,欲言又止。除非我违背自己的意志明白地告诉你,否则你是不会知道其中原因的。我不得不这样做,因为人们,尤其是妇女,都是利己主义者,只为自己着想。但是我一开始就意识到,并感觉到你把自己在人生中的地位摆错了。从那时起,我对此越来越遗憾。因此,我强迫自己对你冷淡,经常向你发脾气,不让你对我的感情深深地扎下根来。你也许以为你爱我,但你真正感到的是感激,或许是尊重,这样的感情远远满足不了一颗年轻的心灵对爱情的渴求。将来有一天——这一天也许不会太远——你会真诚地爱上另一个男子。如果我已经把你牢牢地束缚在情网之中,到那时你又会怎样地责备我呢!想到这些,我不得不用理智来控制感情。我并不像你经常责备的那样心如铁石,也许我比别人更感到寂寞的重压。许多年来,我一直在寻求着一条通向另一个心灵的道路,但那颗心

纪念诺贝尔的邮票(1995,匈牙利)。

决不会是一个21岁的女子的心,她对生活的感受同我全无联系。你的星宿正在天空升起,而我却在降落。青春使你的希望显得绚丽多彩,而我的希望之光只不过是夕阳的一点余辉。所以我们不配相爱,但我们依然可以成为很好的朋友。

我忧虑的是你的前途。如果你爱上了一个青年,他也爱上了你,我们之间现在的这种不适当的关系就要成为你幸福道路上的障碍。我知道,别人怎样看你,你是一点也不在乎的,这是你的福气,可以减少许多烦恼,但别人却不能对此置若罔闻。如果只有自尊心,而得不到别人的尊重,那么这种自尊心就好像经受不住阳光考验的珍宝一样。

每当我想到这些问题,我就感到心烦意乱,见到你就要生气,离开

了你又感到闷闷不乐。但是,即使你给我带来了并还将给我带来许多烦恼,我知道你始终是一个温柔善良的姑娘。我喜欢你,对你的幸福我比对我自己还要关心。说起我的幸福,我不禁哑然失笑,我一降生痛苦就接踵而至。但是我的小宝贝,生活正向你发出微笑,没有几个人能得到这种幸运,如果你有时感到不如意的话,那只是暂时的,你很快又会感到称心如意。但要获得真正的幸福,你受的教育必须与你的地位相称。因此,你必须勤奋地学习。你还是个对未来无忧无虑的孩子,你最好找一位老伯伯专门监督你。

就在这时候,诺贝尔收到索菲娅的一封信,看了信后觉得她的行为有些越轨,忌妒使他苦闷万分,理智失去了控制,态度变得异常激动。在回信中大发了一通脾气,再也不一本正经地谈什么友谊代替爱情了。

你23日的来信刚刚收到。你不说我也知道,你过得很愉快。一面给我写着信,一面想着别的事情,叫人看了半页下来,也不知道你究竟说了些什么。B小姐也许看见你新结识太多的男朋友有点不安,这也许就是你和她合不来的原因吧。别以为这是对你的责备,我只是想对你的信做一个合理的解释。

这就免得你发牢骚了。要注意,尤其在这样的季节,不要因贪玩而无节制地散步,晚上也不要睡得太迟。不要强迫你自己给我写许多长信,就像你最近写给我的那封信一样。

现在我嫂嫂带着孩子来了,我必须就此搁笔。轻轻地吻你。

一个一直爱你的人

又及:我在这里要一直呆到10月1日。我的电报地址是:斯德哥尔摩大旅馆。别忘了写上我的教名,因为我的哥哥也住在这儿。你的经济情况如何?

诺贝尔指望索菲娅回电,但他刚把信寄走,就担心索菲娅看信后可能会生气,于是,他立即拍了一个电报给她,请她不要理会他在心情特别苦闷的情况下写给她的那封信。

回到施瓦尔巴赫以后,他们又和好如初了,他们认为一切不快和误解的

六、最富有的流浪汉

根本原因在于在一起的时间太少。她不能住在巴黎,因为她法语懂得不多,不能在社交场合应付自如,也不能欣赏歌剧,也不能参加其他的娱乐活动。诺贝尔也一直希望能离开巴黎,摆脱繁忙的日常事务。他觉得现在应该在维也纳附近找个地方专心搞他的发明创造,也可以陪伴索菲娅。

索菲娅的妹妹告诉她,在伊斯基尔有一幢美丽的别墅要出租,那是奥地利皇帝最喜欢的疗养地。诺贝尔为了结束他们流浪不定的生活便租下了这幢大别墅。这幢别墅有15个房间,配有全套家具还有一个久疏料理的大花园。他雇了一班仆人。并请索菲娅的一个妹妹来和她做伴。

诺贝尔经常到伊斯基尔去看望索菲娅,除此以外,他就通宵达旦在塞夫朗的实验室工作。这期间他的智力大不如前,解决问题也变得迟疑不决。1879年下半年到1884年上半年之间,他在实验上没有取得什么成果,也没有取得任何专利。没有诺贝尔的陪伴,索菲娅不愿住在伊斯基尔。她喜欢到巴登、威斯巴登、卡尔斯巴德、米兰、博尔扎纳等上层社会喜欢的去处游玩。她没有固定的地址,常收不到诺贝尔的信,或者他还没来得及告诉她要去看她,她却已换了地方。这让诺贝尔很操心,也成了猜疑和误解的根源。

索菲娅虽然出身于经济很拮据的家庭,可自从有了诺贝尔的接济之后,她就完全失去了对金钱的价值观念。她任意花钱,想买什么就买什么,用完了富裕的生活费就赊欠。诺贝尔对她胡乱花钱虽颇感恼火,但总是宽宏大量地不声不响地替她付清欠账。

每当诺贝尔想与她分手时,一看到她那明亮可爱的眼睛恳切地望着他,他的心就软了,又舍不得与她一刀两断。他孤独寂寞,渴望新的生活,她天真、任性,还受着本能的支配。他们虽被不同的欲望所驱使,但都在竭力寻求爱情的庇护。1880年夏天,他被一场诉讼弄得焦头烂额时写给索菲娅的那封信证明了在他深感痛苦的时候,是多么少不了她。

我心爱的小宝贝:

  我一个人孤零零地坐在这儿,心乱如麻,不顺心的事几乎将我已经痛苦不堪的神经压垮了。我感到你对我是多么的亲切啊。这嘈杂的世界对我的折腾比对任何人都要厉害。但愿我能够在一个舒适的角落里,在那里没有虚假,也没有痛苦和烦恼。

诺贝尔传

等这一场官司打完,我一定摆脱这种事务性的活动。当然不可能马上就实现,但我想一有可能我就这样做。亲爱的小宝贝,我有无数的事情要做,没有时间把详细的情况告诉你。我只是希望你早日痊愈,并致以衷心的问候。

阿尔弗雷德

半年后的一天,由于没有赶上从阿迪尔开来的最后一班火车,诺贝尔被迫在格拉斯哥的一个空落落的大旅馆中度周末,每逢周末他总是郁郁寡欢。这一次周末更使他感到惆怅。在给一个朋友的信中,他以美学家的敏感描写了阿迪尔使他感到沮丧的荒瘠的沙丘,又赞美了使他得到安慰的工作。

"若非我在这里工作,阿迪尔无疑是世界上最使人讨厌的地方。你想像一下那没有任何建筑,终年荒凉不堪的沙丘是什么样子吧。这里,只有兔子才能找到一星半点可吃的东西。那东西简直不能叫做草,东一点西一点隐约可见。这是一片人们难以想像的沙漠,成年刮风,经常听到狂风怒号。沙子塞了耳朵,又像毛毛细雨一样在室内到处飞扬。一座工厂矗立在这里,就像一座大村庄,大多数建筑物都隐藏在沙丘后面。几码远的地方就是大海,在我们和美洲之间,只见一片汪洋,浩瀚无边,巨浪不停地翻腾着、咆哮着。现在你该知道我住的地方是个什么样子了吧。我曾说过,没有工作这地方将是无法忍受的。工作能美化一切,思想创造了崭新的生活。我们无需去追求奢侈和安逸,也不会因与它们无缘而烦恼。对这种生活我们从来也不感到什么叫厌倦。"

纪念诺贝尔奖的邮票(2001,瑞典)。

没有繁忙工作的安慰,烦恼和苦闷驱使他把自己在工作上的失败无情地归咎于索菲娅。

亲爱的小宝贝:

六、最富有的流浪汉

昨晚我准备到伦敦去,但从工厂到这儿(格拉斯哥)的火车误了点,我未能赶上开往伦敦的火车。在这个上帝都害怕的国度里,星期日是不开火车的,于是,我就困在这个有一个城镇那样大的旅馆里了。

这几天我不得不参加一些集会,从而看出最近几年我因避开社交活动所造成的危害。在大庭广众之中,我感到自己很愚钝和糊涂,我只好避开大家。不幸由于我对你的同情心,在这一生中我的智力恐怕再也不可能活跃起来了。我并不是责备你,小宝贝,因为归根结底,这是我自己的过错,你是无能为力的。我们对人生的理解,对人生的目的的理解,对精神文明重要性的理解,对作为较高文化修养和社会地位的人的职责的理解,分歧是如此之大,以致我们实在无法互相了解。我痛苦地感到自己的智力已衰退,与那些有教养的人们在一起,我深感羞愧。

就在我写这封信的时候,我也深感我的智力低于别人。我悲叹我不幸的经历,请别为此生我的气。你不知道,这些年来,你损害了我的智力,滥用了我的怜悯和钟情,对我造成了多么严重的后果。不幸的是,如果一个人脱离了文明社会,忽视了与有学识的人交流思想,他最后就没有能力进行这样的交流,就会失去自尊心,同时也会失去别人对他的尊敬——从前他是受人尊敬的。

善良、可爱、多情的索菲娅,最后,我诚挚地祝愿你,你的青春应该比我的美好,希望你永远不会有我这种自惭形秽的感觉。祝你快乐平安,别忘了你那不幸的绝望的朋友。

阿尔弗雷德

诺贝尔的一通牢骚过后,在他们的下一次相遇时,感情的阴霾又被统统驱散。这年夏天,诺贝尔与索菲娅在伊斯基尔一起度过了几个星期。夏天⋯⋯尔的意愿离开伊斯基尔,重新搬回巴黎的那套房间里。她回到巴黎并没有使诺贝尔感到轻松:"一个非常忙碌的人,让一个姑娘拖累着,这个姑娘根本不了解别人,却来干预他的正常工作,你难道不能理解这是一个多么可怕的负担吗?"

索菲娅只在巴黎住了很短时间,又到处游玩去

> 我真想发明一种具有可怕的大规模破坏力的物质或机器,以至于战争将会因此而永远变成不可能的事情。
> ——诺贝尔

了。这令诺贝尔非常生气,他在给她的信中写道:

"当我想到你一个人在世界上到处漂泊的时候,我的心都要碎了。但对此你只能责怪你自己。几年来,我一直提醒你,你应该找一个伴,你不听我的劝告,使我们两人都吃尽了苦头。如果你有了一个女伴——为人要善良可靠——我就不必像护士那样跟在你后面到处转悠,我和你在一起的时间也许就可以更多了。"

1883年,索菲娅打算在瑞士的蒙特勒过冬,诺贝尔含蓄地表示反对:

"你打算在蒙特勒过冬,这一点我们以后再谈。巴黎现在还不冷,再过一段时间也不会太冷。你在这儿有一幢房子,夏天你离开这儿,到了冬天你又不想到这儿来,这难道不是有点可笑吗?但是你是对的。你不喜欢巴黎,巴黎也不喜欢你。为什么你不选择一个地方,例如蒙特勒或其他你喜欢的地方,定居下来呢?……难道你以为我不陪你在欧洲各地转悠,我就没有别的事情了吗?"

瑞士苏黎士风光。

他一次又一次地试图使她明白,他不可能和她生活在一起,因为她要求他把所有的时间都花在她身上,她不理解,一旦他觉得受到束缚,他渴望自由的精神是不会容忍的。虽然她非常可爱,但她的猜忌和幼稚无知总使他感到恼怒。在一封严肃的信里,他说他找到了她不得安静的理由:"你年轻、温柔、善良的心灵渴求着爱情,你发现我的爱情太淡薄了……我再说一遍:努力去赢得一个善良、纯朴的人的忠贞不渝的爱情,并建立一个真正的家庭吧!你多病(轻微的脑贫血),很可能是由于没有得到这样的爱情,感到寂寞、失望而引起的。"但在下一封信中,诺贝尔又声明这个建议是开个玩笑。

1884年,诺贝尔买下了伊斯基尔的那幢别墅。不过他向索菲娅声明,他之所以这样做,与其说是出于对她的责任感,倒不如说是出于一种纯粹

六、最富有的流浪汉

的善心。

我亲爱的小宝贝：

　　从你的电报得悉，你在卡尔斯巴德还没有如我所希望的那样把病治好。依我看来，保持安静是你最有效的药方。但你却一直到很远的国度去旅行，而这些地方我是不能也不想陪着你去的。这种发疯的行为已经延续了7年了，对你无益，我也感到伤神费力。这使我苦不堪言，也浪费了我的宝贵时间。我希望献身于工作，献身于科学。我把各种各样的妇女，不管年老年幼，统统看做是侵吞我时间的小偷。我不能在实验室里继续从事研究工作，却成了服侍一个大孩子的保姆……如果你一直乐意住在我住的国家里，想来你早已痊愈了。我也不会被折磨得麻木不仁，叫我的朋友们大惑不解了。我虽然可以忘记我们之间充满了痛苦的过去，但是失去的时间却永远也追不回来了，这件事日日夜夜折磨着我。但是让我们忘记过去吧。……最近的将来我们怎样安排呢？你想在伊斯基尔买一座别墅，好，我买下来了，可以后又怎么样呢？要我到伊斯基尔去朝圣，等于要我自愿下地狱。明年奥尔加得上学了，她也就不在你身边了。于是伊斯基尔又会不合你的意了，你又会硬要我在赖兴诺、菲拉赫、戈尔日、穆尔祖赫拉格——或者只有上帝才知道的什么地方——买别墅，……你硬要说在这样大的一个国家里找不到一个安身的地方，而我，作为你的保护人，纯粹出于仁慈，竟会容忍这种孩子气，你想你是多么荒唐啊！至于我，我受头痛和胃病的折磨，所以如果我在这封信中表现出情绪不佳，你也用不着大惊小怪。我一直忙到深夜，几乎没有时间拍电报给你。会议刚结束，在深夜两点半钟写下了这几行字。

　　请接受你的老朋友的衷心的祝贺和拥抱，他真正为你担心。

阿尔弗雷德
星期四晚，于汉堡

　　为了布置伊斯基尔的别墅，诺贝尔精疲力尽，他感到被索菲娅拖累得太苦了，他对她太失望了：凡是像我这样年纪的人，身边都需要有一个他为之生活并热爱的人，你应该成为这样的人，但是你做了种种难以想像的事，使一切化为泡影。

诺贝尔在买下伊斯基尔的别墅后预感到附近的邻居个个都自命不凡，如果他俩同居，很可能引起流言蜚语，自然会损害他俩的声誉。因此，他们假装是正式结婚的夫妇，诺贝尔写给她的信和拍给她的电报都称她为索菲娅·诺贝尔太太，索菲娅也用同样的称呼写信，发电报。但时隔不久，诺贝尔就对此感到后悔莫及。

索菲娅很喜欢这个大名鼎鼎的姓氏，就是在跟别人通信时也滥用这个称呼。她不想麻烦别人代她写信，总是自己动手，自己随便想写什么就写什么。收到信的人往往大吃一惊，像诺贝尔这样有教养的绅士居然找了一个几乎没有文化的女子做妻子。诺贝尔听到这种风声之后，千方百计地要使她懂得她的粗俗不堪的信给他带来的危害有多严重。他知道在这件事上没有权利责备她，但在给索菲娅的信上的话还是令她难堪的。

"即使一个人处于热恋阶段，你的信也会使他感到好比头上浇了一盆冰水。如果一个人写信时乱涂乱画，却用另外一个人的姓氏把这些文理不通的信到处乱寄，无论是谁都要为之感到羞愧。亲爱的宝贝，如果你没有文化，你就要安分守己，自得其乐，少出头露面。你经常说我不能够爱任何人，这是错误的。你虽缺少文化素养，但只要不让我的心灵受到创伤，我仍然可以爱你。我来给你举一个例子：一个妻子非常爱他的丈夫，但她如果染有这样的恶习，时时刻刻都要发疯似的戳他心灵上的伤疤，你想一想，这样的爱情能够持续下去吗？自尊心——至少对我来说是这样——要比一个人心灵上的伤疤敏感一千倍。但是，我反复解释总好像对牛弹琴。你甚至不知道每一个人都有自己的尊严。否则，我想我们在这个问题上，很早就取得一致的意见了。"

路德维希和罗伯特两人都见过索菲娅几次，对她很客气，他们都为弟弟有了一个年轻美貌的姑娘使他精神愉快而感到高兴和欣慰。但后来索菲娅竟用诺贝尔太太的称呼给路德维希写信，他们认识到事情的严重性，感到惊恐不安。路德维希甚至认为，索菲娅一家是利用这个轻佻的姑娘，对阿尔弗雷德敲诈勒索，迫使他娶她。他极力地劝说弟弟尽快断绝与索菲娅之间的关系。诺贝尔没有听取哥哥的教诲。虽然索菲娅无意改变她的生活方式，但却温柔善良而且以一种朴素的方式爱着他。他在去伊斯基尔前，怀着喜

六、最富有的流浪汉

悦的心情给她写了一封信。

这儿沉闷极了,我急需休息。我的消化和睡眠极不正常,甚至其他方面也要停摆了。

我很快就会来。我希望我的小宝贝必须和气、聪明。放聪明些,我的索菲娅。现在我得放声大笑:你身上最甜蜜的东西正是丝毫没有理智。理智已被你抛到了九霄云外。衷心地祝你生日快乐——说不定祝贺已迟了些。

阿·诺贝尔

自1883年至1893年10年间,诺贝尔终日为工作而忙碌,再加上哥哥路德维希和母亲罗琳娜先后在1888年及1889年去世,他在精神上受到沉痛的打击,索菲娅在他生活中的作用日益降低。他们已经好长时间没有见面,自从他于1891年迁居圣雷莫以后,就很少到伊斯基尔去了。就连信件也变得冷漠和单调,信的内容无非是诺贝尔的训诫、责备,有时在妒忌发作时发一顿火;索菲娅的抱怨使诺贝尔身心疲惫,感到实在无法再负担索菲娅这个拖累。他

意大利的海边风光。

在给她的信中写道:

"如果看护一个女人而成为朋友们的笑柄,那么人生将会变成苦斗。"

1891年春,索菲娅不久要生孩子了。不过,即将做父亲的不是诺贝尔,而是一个匈牙利贵族出身的骑兵军官。诺贝尔得到这个出乎意料的消息后,反倒觉得如释重负。同年7月,索菲娅生下一个女儿,诺贝尔怀着怜悯和宽容给她写了一封信:

可怜的孩子,你现在需要的是安慰,而不是对过去的责备。你的过错害了你自己,而一切应归咎于你的出身、教养和环境的影响。你胸中蕴藏着一颗幼小的心灵,但并不丑恶。

诺贝尔传

索菲娅是个挥霍无度的人，诺贝尔定期给她津贴，但她还是到处借钱，债台高筑，诺贝尔决定不再为她偿付债务。为了保障她未来的生活，诺贝尔通过律师把价值15万奥地利弗罗林的债券存入一家维也纳银行里，每月付给她500弗罗林。

1894年9月，诺贝尔曾去维也纳看望索菲娅，他发现她们母女俩生活得十分快乐，感到欣慰。回来以后，他给她写了一封信：

亲爱的索菲娅：

……我发觉你的身体比以往任何时候都好，所以不明白你为什么要为自己感到惋惜。毫无疑问，你不算富裕，缺这缺那，而且周围的环境恶劣、讨厌。然而，总的来说你还可算是一个幸运儿了，谁让你胡来，落到现在这副样子。不过，大家都会说你适逢良机。要不是我，换了别人准会把你抛弃，让你自作自受……

你的孩子长得很漂亮，她必须得到良好的教育。我不了解你和孩子的爸爸是什么关系，所以无法判断谁是谁非。至于其他事情，我无权过问。谨致亲切的问候。

阿·诺贝尔

当时奥地利军队军纪严明，决不容许军官中出现伤风败俗的丑事，于是这位军官就只能与孩子的母亲结婚，并且还得辞去军职。

诺贝尔听到他们要结婚的风声后，于1895年写给索菲娅最后一封信：

亲爱的索菲娅：

那个骑兵上尉是真的要和你结婚吗？他这样做不仅应当，而且明智。这样你就须抛弃一切不合实际的想法。不过，你这个小鬼还是多情的，这一点是难能可贵的。我认为，在距离你家只有一百英里的地方，你还不至于丧尽天良吧。……

索菲娅的婚礼完全是个形式，婚礼仪式刚一结束，懊悔的丈夫就不见了踪影。可怜的索菲娅最终没能得到真正的爱情。她也没有改变她的生活方式，依旧到处借债，典当首饰、裘皮衣服，诺贝尔在她的恳求下还不得不经常对她予以接济。

七、从"死亡商人"到"和平主义者"

1888年,诺贝尔55岁那年,他的哥哥路德维希·诺贝尔死于心脏病,法国的一家报纸误以为阿尔弗雷德已去世,就刊登了一则讣告,称他为"死亡商人",称他一生只在发明新式方法"毁灭和灭绝生灵"。诺贝尔惊呆了,因为他一直自视为理想主义者和艺术家,是爱好和平、珍视荣誉和体面的人。

阿尔弗雷德·诺贝尔在青少年初期就崇尚人类永远和平,雪莱的和平主义思想,是他的和平之梦的最早思想根基,后来《伊斯兰教起义》(Revolt of Islam)的作者是一位更不妥协的和平运动家,也深深影响了他。根据贝莎·苏特勒男爵夫人的回忆录记述,诺贝尔对和平运动的兴趣主要是她唤起的,这肯定是夸大了。

作为一个终生与战争用炸药为伴的人,同时又是一位和平主义者,在人们看来这是矛盾的。诺贝尔不断发明新型炸药,确实是为了把它用于修建铁路,开采矿石,开凿运河和建设电站这样一些和平,所以他的产品主要是用于工程。一直到19世纪80年代中期,诺贝尔的发明才倾向军事方面,如无烟火药等等。吸引他的无疑是炸药本身,完全不是它的实际应用和商业价值,他只是作为一个发明家从纯科学观点出发的。成功发明巴里斯梯后对他和他的公司都非常重要,他想到了从中取得经济利益。然而他不止一

除去开山筑路,炸药被更多地运用到武器之中——这多少令人遗憾地违背了诺贝尔的初衷。

次地对把他的炸药用于战争表示忧虑。对此,他因袭了他父亲伊曼纽尔对于战争的立场:制造威力更大的军火,消灭战争。虽然这一理论从未使他自己完全信服。同时诺贝尔认为像战争这样的问题主要是军政要人的事,他作为一个发明家无能为力。从根本上说,诺贝尔对他所发明的那些能导致更激烈、更残酷的战争的新型军火,也确实常常感到心灵不安。在1887年他致力发明军用品的时候,他的和平主张更趋明确,竭力用其他方法实现他的和平主义愿望。

具有强烈和平主义倾向的贝莎,对诺贝尔也确实产生了一定的影响。诺贝尔一生仅与贝莎相处过三次,阿尔弗雷德·诺贝尔在1876年招聘私人秘书时结认贝莎,她应聘后没多久就结婚了,远走高加索。尽管此后诺贝尔与贝莎分开11年之久,但他们还是好朋友。始料未及的是,贝莎对诺贝尔日后为和平而进行的事业,起了无人可以替代的作用。贝莎自己也为此做了重大努力,最终使她在诺贝尔去世九年后,获得1905年的诺贝尔和平奖。1887年冬,她和诺贝尔在巴黎再次会面。他们最后一次见面是在1892年瑞士伯尔尼举行和平会议的时候。他们俩都给予对方较高的评价。两人自19世纪80年代中期到90年代初期现遗有的30封左右的重要书信,其中多数是讨论和平问题的。

贝莎自从1887年从俄国高加索回到维也纳之后就开始投身于和平事业。1889年她发表了著名小说《放下武器》(Ground Arms)。这本书的出版,使她成为有影响的和平使者。小说《放下武器》震撼了欧洲各国,它警告人们:不断增长的民族主义潜伏着巨大的危险。贝莎热爱生活,有力地鞭笞了那些暗示生活不存在幸福的人。她喊出了千千万万个母亲、妻子的心声,代表她们向战争贩子提出强烈的抗议,抗议他们把战场上的勇敢和自我牺牲精神吹捧为人类最崇高的美德,以此美化战争,为灾难和死亡辩护。她呼吁这种赞颂战争的态度,必须由提倡幸福、美满的生活态度取而代之;妇女应把抚养子女成人看做是至高无尚的责任,她们应该拒绝仅仅为了维护尊严和荣誉而断送子女的生命,不论这是为个人还是为民族。当时诺贝尔写了一封动人而有趣的信给她,可是对她的意见并不完全赞同。

"我刚刚读完了您的精彩杰作。据说世界上有两千种语言,实在是太多了!但毫无疑义,您的优秀的作品应该译成其他一千九百九十九种文字,供

七、从"死亡商人"到"和平主义者"

如同一位伟人对科学的评价一样,炸药也是双刃剑,可以用于和平,也可以用于战争。

大家阅读、研究。

"创作这部奇迹般的小说,你花了多长时间?下一次我有幸紧紧握住您的手 —— 那只勇敢地向战争挑战的女豪杰的手 —— 那时候你要告诉我。

"然而,您大声疾呼'放下武器'!这话说错了,因为您自己拿起了武器。因为您那富于魅力的风格和崇高的思想境界所带来的影响,胜过并将永远胜过步枪、机关枪、大炮以及其他一切杀人武器。"

贝莎在维也纳创办"和平联盟",并且是1892年举行的第四届世界和平会议的领导成员之一。她的信念与宣传近乎狂热,使诺贝尔受到不少影响。在那以后的几年当中,她经常把她与同伴们为和平而奋斗的事迹一一告诉诺贝尔;并把剪报、宣言文本、小册子等接连不断地寄给他,使这个单身富翁开始考虑应该如何把他的财产运用于有意义的事情之上。估计就是在1895之间,在贝莎的影响下,诺贝尔下了决心,把和平奖列入他的遗嘱之中。

尽管诺贝尔身体状况欠佳,工作又非常忙碌,但他还与贝莎以外的别的从事和平运动的理想主义者保持联系。在1885年4月,他曾给一位比利时的和平运动家说:

我已逐渐倾向于哲学,我将来的梦与用阴间之水冲洗的狄奥克列悌亚努的包菜园没有多大差异。听到炮声,看见流血,及抢劫之被视为当然,可以自由使用手枪后,我心中的这个梦便愈来愈活跃了。

第二年,他又写信给一位英国人说:

想在这类似火药库的世界看到和平美景的愿望,愈来愈迫切了。

从1891年起,诺贝尔对解决和平问题的想法有了新的进展。有关和平的目的和重要性、实现和平的紧迫性,他和贝莎的意见比较一致,但是对于和平运动所采取的手段他们之间存在着分歧。

1891年9月贝莎·苏特勒夫人在《新自由报》(New Freie Presse)发表一篇呼吁反对战争和武器的文章后,接到诺贝尔的一封信,这次是英文写的:"我欣喜地读到你反对恐怖的恐怖——战争的论述,居然刊登在法国报纸上。不过我怕100个法国读者有99个是主战狂。这里的政府差不多能理解,人民却相反,他们醉心于成功和虚荣。除非会引起战争,这倒是一种好的麻醉剂,比酒精和吗啡能减少很多伤害。你的笔现在往哪里去了?你过去用战争牺牲者的血写作,我们能否看到将来仙境一般的前途,或是思想家们想像的不那么乌托邦的政体?我的同情在这一方面,但我的思想游移不定地倾向于另一种政体,使那里的人们寂静的灵魂免遭痛苦。"

"我不太清楚,那个称做'和平联盟'还是'和平同盟'的组织究竟需要多大的费用。不过,我很愿意为它的活动做些资助,为此匆忙寄上一张80镑的支票。"

1891年10月阿尔弗雷德·诺贝尔在另一封信中用比较切合实际的口气批评苏特勒夫人和其他和平运动朋友们拟订的方案,阿尔弗雷德·诺贝尔只寄去80镑却写了一封长信:

> 我认为你们需要的不是金钱而是方案。单靠愿望是不可能得到和平的。宴会和长篇演说也是如此。我们不妨向有诚意谋求和平的政府提出可以接受的建议。如果没有好处待人,徒然请求裁减军备,那必然惹人笑话,至于主张立刻组织仲裁法庭,势必引起许多偏见对着干,招致所有有野心的人的阻挡。要想获得成功,应当从比较适当的方面着手,采用英国对待难以解决的事务立法那样,颁布一种临时条例,有效期两年甚至仅一年。我相信如果能得到有名政治家的赞助,只有少数政府不接受这种适当的建议。例如只要欧洲政府保证把政府间的纠纷提交给一个专门法庭裁决,以一年为期。如果政府不愿采取这一步骤,应暂缓敌对行动,直到规定的年限结束再说。这也许没有什么重要,但是成大事的人不能满足于点滴成就。在国家的生命途中,一年是短暂的,即使是一位最好战的大臣也会觉得不值得动用武力撕毁这么一个

七、从"死亡商人"到"和平主义者"

短期的协定。在协定期满后,各国政府都愿再延期一年。这样不经任何骚乱,大家都在不知不觉中得到持久的和平。那时候,只有在那时候,才能实际考虑逐步采取裁减军备。这是一般有理性的人和各国政府所想看到的事。假定有两国政府发生争执,在战争爆发以前经过强制休战,十次激怒会有九次平息下来,你相信吗?

1892年8月和平会议在伯尔尼举行,那时诺贝尔在苏黎世,贝莎写信给他,请他到会,未得回音。后来贝莎到苏黎世拜访他,他说:"我的工厂能比你们的会议更快结束战争。如果有一天两军能在一秒钟内彼此消灭。一切文明的国家将恐怖地退出战争,裁减他们的军队。"

受到这次和平会议的影响,从此他把自己的经济利益和他在公共福利方面的活动截然分开,开始致力于和平事业。1892年7月,诺贝尔聘请土耳其一位退休的外交官阿里斯塔奇帮助他从事和平事业。诺贝尔在1892年9月5日写信给阿里斯塔奇,这封信充分表明诺贝尔对和平问题的态度。

"我有机会路过伯尔尼,留心了在这里举行的和平会议。我惊奇地看到那里很快增加了许多能干而庄重的会员,也惊奇地看到空谈吹牛的人在可笑地卖力,必然伤害这最好的动机。在现今当权者心目中,要求裁减军备或无条件的仲裁,是负责推进这些对任何人都没有丝毫用途的可笑建议。但是一切独立的政府毫无例外都具有共同愿望,防止布朗热式的冒险家煽起的战争。倘若能寻求一种方式减少布朗热式的人物,那么就有可能得到大多数政府的衷心赞助。我奇怪为什么管理个人与个人之间的规则不能应用于国与国之间的争执。我主张事先指派代理人调查他们挑衅是否有充足理由。这样的初步调查固然不能防止两国开战,但是在这种情况下两国已准备接受由此引起的谴责,或者可能激起一个共同的联盟,制止他们。指派的代理人或是中立国政府,或是贵族院组成的法庭,或任何其他高级法庭。我若能协助和平大会推进工作,哪怕只是推进一步,我将会感到莫大幸福。我在这一事业上不考虑费用。这问题不能看成是完全乌托邦,亨利四世正竭力试图解决这一问题时,不幸拉瓦伊拉克打断了他的努力。而且从1816年起,各政府间的仲裁案件多至62起,这一事实足以证明,如果各国仍旧是近乎疯狂,而政府也不过半疯狂而已。"

诺贝尔传

阿里斯塔奇在回信中接受了诺贝尔的提议。诺贝尔约定阿里斯塔奇将欧洲进行的和平运动情况随时报告他,并利用报纸鼓吹和平,以他作为前外交官的身份帮助这一运动。

随后,诺贝尔写信给阿里斯塔奇的推荐人、瑞典外交部长列温豪普特说明了有关阿里斯塔奇的工作合同,信中写到:"我很难说我是找到怎样一个适当的职位让阿里斯塔奇先生一展所长,但我已经提供了一个职务,我想他会满意的。他有完全的自由,至于我的契约,除非他自己解除,在一年内是有效的。在这一年内,我付他1.5万法郎。他满意地接受了。阿里斯塔奇先生对英文、法文习用已久,在谈话和写作中能巧妙地运用外交方式。可惜我的工作大部分是在科学的,阿里斯塔奇先生不能给予任何帮助。再则我有时要用到德文、瑞典文和俄文,他都不懂。但是我们应该不顾细小的困难。"

1892年10月,诺贝尔回到巴黎与阿里斯塔奇会见,诺贝尔把裁减军备和强迫仲裁看做是乌托邦思想,并推出另一种思想,即在发生争执和爆发战争之间留出一段间歇时间用来供有关国家进行协商。可是阿里斯塔奇轻易地说明这也是乌托邦思想。他指出强国肯定不会接受诺贝尔的建议,因为开战延长一年对于几天内就能全国动员的强国将失去优势,而动员需时数月的敌国到时已准备停当。他说得很透彻,使诺贝尔转变过来。10月15日诺贝尔给一位比利时的和平运动家的信中说:

"我已渐渐熟习我以前做过的事,我有一位聪明的外交家为我调查这一问题。这样的人是少有的,他指出问题的关键是一些政府不愿接受仲裁以解决争执,原因在

巴黎的协和广场。

七、从"死亡商人"到"和平主义者"

于他们怕如果和平不能成功,他们的利益就将受到损害。一些政府认为——不论是正确或错误——他们能比其他政府更快动员。不愿放弃这种优势而让敌国得到额外时间。这种优势可能只是一种幻想,但是已根深蒂固难以动摇。我现在相信惟一真正解决的办法是组织一个会议。各国政府联合起来,保卫受到攻击的国家。这样的条约可能逐渐达到部分裁军。这确实是惟一可能裁军的办法,因为总还要保留武装力量以维持秩序。以前的政府比人民心情更偏狭、更富侵略意志,今天的政府好像在努力使一些民众受有害的报纸鼓动起来的愤怒和愚蠢安定下来了。"

诺贝尔乐观地向贝莎详细说明了联合的军事行动和逐步裁军的设想,在11月间他给贝莎·苏特勒夫人的信中,可以看出他关于保卫世界和平的信念已经具体化了。

"我回到巴黎后,请教一位从前的大使,一位有判断(每一规则都有例外)力的人,请他对曾经提出的各种强迫裁军的方案发表意见。他指出一些国家可能不接受仲裁人的决议,这些国家认为他们能最快地动员起来,接受仲裁将失去时间,严重损伤优势。这种异议完全是反对的,而且担任调查的仲裁法庭需要保证它的仲裁有效,必要时请求一切中立国家诉诸武力。这样做我们可以简化进程。我们承认不管怎么样都比战争好,因此现存的疆界得到承认,侵略国将遭到全欧洲联合的宣告。这就等于是裁军,我甚至觉得裁军是否还有必要。社会中的渣滓在隐约出现一种新的暴行,人们想查明这种新暴行的蛛丝马迹。但是和平得到各国军队联合力量的保证,迫使任何扰乱的因素很快减少,年复一年我们将看到各国会谨慎地减低常备军力,保留驻扎境外的军队再也没有理由了。"

贝莎·苏特勒夫人在回信中说:"你上次的信中告诉我土耳其朋友的意见,怀疑仲裁法庭能否实现。这些怀疑对我们和平联盟的'专家们'是看惯的,答案在论及这个问题的备忘录中。"尽管她寄给了他这些小册子,但仍未能转变诺贝尔相信裁军是可能的。他坚持他的意见,认为联合的军事行动是制止破坏和平最有效的方法。

1893年1月,诺贝尔在写给苏特勒夫人的信中说:

我想提出我的一部分财产作为奖金基金,每隔五年发给一次(我们可以说是六次，如果到30年后还不能改良现行制度，那就不免回复到野蛮时代了）。这笔奖金奖给欧洲宣传和平最出力的人，不分男女。我并不是指裁减军备，但是我的意见是应很快获得结果，无疑是实际的结果，就是所有国家联合起来采取行动。反对最初的侵略者。这样战争将不会发生。我们应当继续强迫国家，即使是最爱争吵的国家，或听候法院裁决，或保持安静。如果三国联盟（Triple Alliance）实际不止三国，而是所有国家的联合，就可以得到永久的和平了。

这就是诺贝尔最后所采用的和平方案，这当然是乌托邦式的，但无论如何，是诺贝尔后来的继承者尽力想实现的一种乌托邦。在此你不难发现诺贝尔的不可思议的性格对立，他自己甚至也不相信这个和平方案，他只愿期待30年，否则就放弃这个希望。

同时，诺贝尔相信广泛的启蒙可以提高人类的进取精神与崇高气质，而全人类的幸福与科学

巴黎的花市。

发展及永恒和平相联系，因为和平可解除"军备和其他中古黑暗的遗物"。他说：

"启蒙就是福祉——这当然不是个人的，而是大家的——这个福祉将会赶走黑暗时代的遗物——不幸中之大幸吧！只要科学进步、应用范围扩大，我们便能够慢慢地将精神的、肉体的细菌拒绝。未来人类的战争对象，该只是这些细菌吧！"

诺贝尔通过观察，对阿里斯塔奇的工作大为失望，在1893年底，他打算解雇阿里斯塔奇，为此俩人之间发生了一场不愉快的风波，但这并未减退他对和平事业的热忱。

1895年，诺贝尔给侄儿海尔马·诺贝尔（Hjalmar Nobel）的几封信中显

七、从"死亡商人"到"和平主义者"

示出一种很好的意念,把理想主义和现实概念结合在一起。当时他考虑接管瑞典一家晚报《阿费顿布拉德》,请海尔马·诺贝尔审慎调查。他的侄儿以为叔父想在瑞典拥有一家报社,以扩展在瑞典的工业利益,但是诺贝尔回信说:

你以为我的目的是操纵市场,但是我拥有一家报社是打算树立对立面。我从不考虑我个人的利益,这是我的特性。我作为一家报纸主人的政策是利用我的影响反对武装。中古时代遗留下来的武装,力劝他们如果制造军火,应在国内制造,因为军火是一种工业,无疑是一种军火工业,无论如何不能依赖从国外进口。既然瑞典有几家军火制造厂,不支持他们,不仅令人痛惜,而且更加荒谬可笑。我拥有一家报社的目的就是要鼓励或激发真正自由的意见。报纸就能发起这种影响,国民的普遍智慧在500%向前发展。

这封信是在1895年12月7日写的。在此前的11月27日,他在遗嘱上签字,将一部分遗产作为奖金,"奖给增进人民间友谊、废除或裁减常备武装,组织和增强和平会议做出最有效工作的人"。持久和平的理想是他始终在做的梦。他曾不止一次地表示:"希望和平之花能像玫瑰花一样灿烂开放。"

八、诺贝尔与文学

诺贝尔在少年时代深受英国诗人雪莱的影响，并因此做过想当诗人的"雪莱梦"。成年之后，尽管由于科学研究和商业两方面事务极为繁忙，业余时间很少，诺贝尔在文学上没有做出像他在科学技术上那样卓越的建树。但他对文学的爱好与他对科学的爱好一样始终如一。可以说，文学与科学是诺贝尔的两大精神支柱。在他看来，自然科学所征服的是未来人类幸福的建筑材料，那么文学的理想主义则是促进人类幸福的源泉。诺贝尔是令人仰慕的发明家，一般人或许并不了解这位有名的化学家和炸药试验家竟是一位诗人。因为，诺贝尔的文学修养差不多完全是自我教育的。除斯德哥尔摩小学外他从未进过学校，在16岁时家庭教育也停止了。所以，他在这方面的成就自然有限。

诺贝尔一生对文学的爱好，主要表现在对英国文学、法国文学、俄国文学以及斯堪的纳维亚各国文学作品的大量阅读上。他对英国文学有着浓厚的兴趣，而且阅读的书籍最多。诺贝尔除了喜欢阅读雪莱、拜伦和莎士比亚等人的作品之外，甚至对不知名的作家的作品也极为熟悉。雪莱的诗感动他最深，他在童年时代就熟悉雪莱的诗。诺贝尔深受这位英国诗人的熏陶：诺贝尔除采用他对人生的态度，又承袭了他的丰富想像，他对人类的博爱，他的和平主义，他的急进色彩以及他的"非宗教主义"。对于法国文学，诺贝尔除了与雨

拜伦(1788—1824)，英国浪漫诗人，著有长诗《恰尔德·哈罗德游》《青铜时代》、《唐璜》等。他的作品了反对强权、张扬个性、向往自由极浪漫主义思想，深为诺贝尔喜爱

八、诺贝尔与文学

诺贝尔的私人图书馆中除了大量书籍、信件外,还收藏了一些传世艺术品。这是一幅诺贝尔收藏的中世纪油画。

果有直接交往而阅读他的作品外,还广泛阅读莫泊桑、巴尔扎克、左拉等人的作品。他最仰慕的是和平和理想主义作家维克多·雨果。在1885年雨果83岁生日时,诺贝尔发去贺信:"伟大的大师,祝你长寿,用你的博爱思想使全世界更灿烂美好!"法兰西作家莫泊桑是他喜爱的作家之一。他极力反对左拉等实证主义作家,对左拉评价不高,认为他是"一个肮脏的作家"。对于俄国文学,他喜欢阅读果戈里、陀斯妥耶夫斯基、托尔斯泰和屠格涅夫等人的作品。对于包括他的祖国瑞典在内的斯堪的纳维亚各国的文学,他阅读过易卜生、比昂逊、吕德贝和拉格勒夫等人的作品,对这些作品他都有过独特的评价。他在一封信中讲到易卜生的 Peer Gynt,这差不多是一段批评。他很羡慕比昂逊的著作,虽说并不羡慕他的人格。在瑞典诗人中,他最喜欢吕德贝和拉格勒夫。他在信中讲到拉格勒夫时说:

"你见过拉格勒夫吗?殷格博曾寄给我一本书,名叫《Gosta Berling's Saga》,你可以读读。这本书是十分新颖的,虽然依我们的标准看,书中的事迹与自然的过程比较不太合理,但她的风格是动人的,我们不能过誉。"当有人和诺贝尔谈到要为大诗人黎德柏格举行追悼会的时候,他表示反对。他在信里说:"我总是这样想,宁愿生时给人好处,不愿死后给他浪费铺张;因为我们相信,灵魂是独立的人性,究竟这人性有无眼睛,是很可疑的。不过,我捐助300克朗。有些作家,他们的作品就是一件纪念品,他们并不需别的纪念。例如黎德柏格就是这样,他的诗表现了精神的高贵与形式的美。"

维克多·雨果83岁生日时(1885年),诺贝尔发去了一封电传:"伟大的大师,祝你长寿,用你的博爱思想使全世界更灿烂美好!"

诺贝尔不仅喜欢阅读文学作品,而且也尝试过文学创作。那首他于1851

诺贝尔传

年18岁时写的题为《谜》的419行长诗,始终被认为是脱胎于雪莱的诗而成的。这首诗采用诗文的形式,真实地展现了他的文学天才,表现手法是自传式陈述,它表明了诺贝尔早年对于人生的态度。这位青年诗人深深地探讨了人生的大问题。

你说我是一个哑谜——也许是的。
因为我们都是不可解释的哑谜。
起首是痛苦,结局是更深的磨难。
生生不息的黄土,尽在这里做甚?
有些卑琐的念头,束缚我们入地,
有些高尚的思想,高举我们升天。
用灵魂的外貌,欺骗我们,
让我们梦想永生,
直到"时间"在空虚的幻影上,
拉下圆场的幕。
新的生命又开始——这是蠕虫的生命,
他们是人体内饥饿的掠夺者。
我们一面探求"真理",一面消灭"希望",
忘记了的就忘记——这就算完了吗?
如今有身体力行的精神,
好比是一面宇宙的镜。
造物的光芒万丈,
在这里集成智慧的焦点;
如今这一颗心里,
有如许的深情热恋。
看来人与人之间的团结,
就是更光明的宗教。
今日的一切——明朝的冷尸,
这比腐臭的黄土更恶劣。

诺贝尔不仅崇拜拜伦和雪莱,对本国作家的作品他也给予了极大关注。诺贝尔最喜欢本国小说家塞尔玛·拉格勒夫的作品,曾称赞说:"虽然书中的事迹与自然的过程比较不太合理,但她的风格是动人的。"这位女作家获得了1909年诺贝尔文学奖。照片是拉格勒夫的小说《古斯泰·贝林的故事》的原文封面。

八、诺贝尔与文学

仁慈的眼或来墓前撒花，
仁慈的眼或来墓前流泪，
但是，他们的爱究竟算得什么，
当我们昔日的所有，一齐终结？

诺贝尔以心血和泪水写完了这首诗，诗中在个人方面的记述有自己并不快乐的童年时代，与一位"善良而美丽"的女子相处的生活情景，描写了对年轻女郎的真挚情感，以及他摆脱悲哀转而研究宇宙科学的决心。这首诗深为诺贝尔喜爱，他将幼年的诗几乎都毁去，但这首却留下了，并有好几份抄本。

1868年，诺贝尔在英国旅行时，在德凤郡遇见一位英国牧师莱辛汉·史密斯，他们很快成为忘年之交，诺贝尔把自己的这首诗抄给老人看，老人回复了他一封长信。说他以很快乐的心情读了那首诗，望他领悟耶稣教的真理，并说：

美丽的林间小道是诺贝尔思考文学作品的好去处。

"虽然里面有几段是你自己引为遗憾的，但我庆幸这并不像你在别的佳作里那样锋芒毕露。在思想方面是沉着而卓越的（虽说并不总是真实的）；无论谁读了，都不能说是呆滞，至于韵脚的音调铿锵，实在可以媲美《失去的天堂》(Paradise Lost)，我不但细心而且是用批评的眼光阅读了，你可以从附录的辞句上看出。我以为这是一位英国人不平常的作品，但是作者居然是外国人，那更加百倍不平常了。我曾竭力搜求文法上的错误和谬误的成语，却是这样的少。在全篇419行诗中，平庸的诗句不到6行。你能用英国的语言写成这样的诗，那么用自己的语言当然无所不能了，像弥尔顿(Milton)一样，等到你的经验与时俱进，你的粗糙的思想将变为温柔，在文字上会给你完美的力量。"

在他的遗稿内,还有同样的一首诗,由笔迹看来,是属于同时所作。大意也相同,在这首诗内,诺贝尔又想到人生之谜、上帝和永恒,又像雪莱一样,有热烈而神秘的宗教意识,显然带有反宗教的态度。这首诗与别的不同,因为这是有韵的。

> 夜半万籁俱静,
> 受缚精神得解脱,
> 理解的力量如幻影一般飞逝。
> 寻常的目力不能侦视,
> 这目力简直漫无顾忌,野性难驯,
> 欺骗我们,并引诱我们的灵魂;
> 我们与神秘奋斗,
> 我们寻觅上帝,专注凝神,
> 这神秘紧紧地包围着,——
> 宇宙的主宰,神光闪烁。

奇怪的是,诺贝尔那蹩脚的瑞典文散文与熟练的英文诗形成了鲜明的对照。他在幼年,不能用瑞典文写出好的散文。现在存有一本未完稿的小说《兄弟与姊妹》(Brothers and Sisters),大概是1862年所作。如果说是小说,那是非常不精彩的,尤其是在措辞方面。关于个性的描写,差不多是幼稚的,对话生硬而浮夸。诺贝尔原来不想讲述什么故事。他的兴趣完全集中于想像上。

下面选录几段对话可以表现他的作品风格:

"杜华小姐,你那儿有你的历史。"沙戈姆斯基说,"但是不论到哪里,总得有形式,即如一般人所穿的衣服,是按照大众流行的式样,所以他们也得规定他们的信仰。"

"如果这是一条通例,"奥斯特瓦尔德说,"从此将消灭自由意志的信仰,人们将被迫按统一的模式思想,无论是在宗教方面或其他方面。杜华小姐,我承认我们的主张和你是一致的:思想有它自然的界线,当它向前迈进时,不须人类的管束。我们确是被包围在一个永恒的谜里,有许多我们不能解答的神秘;但我们何必为了怕明了真理,而情愿推广

八、诺贝尔与文学

那些神秘的范围呢？我们在文化上，有神圣的成功，不能不归功于真理。当我们受偏见的重重约束的时候，我们的结论是一定要让思想自由，这是我们惟一而真正的保护者，以对付国王与教士们在无知识及教义的护符下所犯的罪恶。"

"你的意思是说，圣经应公开地受批评和轻蔑吗？"诗人说。

"没有一件不易引起误用和误会的事。"奥斯特瓦尔德回答，"不过我们愈批评圣经，那里面所含的永恒的真理愈显明，许多陈腐的意思和荒谬由此愈得洗罪；这些陈腐和荒谬能妨碍较好的教义所发生的大影响，而不值得我们对于永恒的创造者及指导者怀着更高尚的思想。"

下面选录的是另一段：

"奥斯特瓦尔德先生，你也许承认，如果旧约里有几件曲解而误会的故事，令我们对上帝的意念走入邪途，那这位教主自己所说的仁慈的话可救此弊。这些话无论怎样，是应该真实记下的，因为我们人类不能够提出一种任何人未曾遵守过的教训。"

"当然承认，"奥斯特瓦尔德说，"大概创立教义传与别人，比我们自己遵循要容易得多；耶稣教义传布的力量最大，大概是因耶稣自己以身作则，证明爱的教义，是合乎人情的。"

"奥斯特瓦尔德先生，这些虚伪的话差不多令人否认耶稣的神德。"诗人说。

"他的教义是非常完美的。"奥斯特瓦尔德回答。

"我们就假设是由人类创设的，那教义的真价值并不因此减少。这样一来反而使人们更加认识人情的完美；同时更认识了一种无限的完美，这不是我们平日所能了解的。我们以上帝作为智慧的模型，不过由这种向往，在我们人类的想像里，显出一位庸碌的上帝——换一句话说，不能将我们自己提到和他一般高的地位，反将他拉下来，和我们并列。"

穆伦拉说："聪明的诡辩家是最危险的人，因为他们不但从人类窃取今世的和平，连来世的和平也窃取了。不过你，奥斯特瓦尔德先生，你大概不相信来世吧？"

诺贝尔传

"穆伦拉先生，这是我不愿辩论的问题，因为希望是产生快乐的源泉；当我们和真理宣战时，究竟谁能做最久的支持，不须鼓励，那是难说的。我看希望就像自然撒下的幕，将真理遮蔽了；至于我呢，我觉得相信永恒的和平，比相信永恒的快乐，有更大的幸福和安慰。"

在诺贝尔的稿件中，还有一篇未写完的故事，名为《最快乐的非洲》。风格和《兄弟与姊妹》有着同样的缺点，不过能表现出诺贝尔生平的思想。在前述未完稿的小说内，他发表了一番对于宗教的意见，那么《最快乐的非洲》可算是他的政治意见的喉舌。在对话里他表露出很强的急进色彩，无疑是幼年在俄国时受了流行的虚无主义的影响。但是在诺贝尔的心里，并不相信群众能了解政治；他不赞成普选，更不信议会制，他宁愿政府有独裁的力量，他借书中人阿文尼发泄他的思想，阿文尼代表急进派，书中所谓"我"是极端保守派，主张绝对服从传统的国王。

阿文尼以轻蔑的态度问："哪怕他们是近乎软弱的人，或是罪人呢？"

"那他们很少是这样的，"我答，"因为上帝所立的王，自有他天赋的才能，不至于有心理的欠缺或犯罪的倾向。但是，你既然这样苛刻地批评并诋毁神圣而尊严的国王，你到底想用什么较好的统治者替代他？"

"你的问题确使我为难，"阿文尼说，"我一定承认这个和那个一样坏。现今所流行的三种政体，差不多是同样毫无价值。"

我旁边的人问："这三种政体是什么？"

"君主专制、君主立宪、民主共和。"阿文尼答。

"但这是现今世界上所有的政体，"我惊呼着，"你的意思是说它们都坏吗？"

阿文尼答："结果证明是这样的。"为维护他的论点，他开始批评传统的君主专制政体，这批评是很痛快的；他反对君主立宪的意思，却更有趣。

"这是极不合逻辑的事，因为一位没有权力的国王，无非是可怜虫。全国所崇敬的人，他的机能多少像是从永动机而来。如果他是在许多方面完全无用的，那就不容易明白要他做甚；如果他有自己的意见，又去把握政权，那就该尽他的力量，推翻那种差不多将他降为禽兽的政体。在那一国度里，统治者是国会——我们也可称之为茶馆。他们主要的事就是谈话，有几国

八、诺贝尔与文学

的议会简直是收受贿赂的机关。人民的代表是从律师或其他寄生虫的阶级内升补上去的。恰当地说,真正的君主立宪政体简直是戴上假面具的共和政体,惟一的区别就是发号施令者,不由民选,而是世袭的傀儡。"

我说:"你认为民主共和政体也是坏的?"

"不光在理论上,"阿文尼说,"实际上也是坏的。这种政体的两件大错,就是总统权太小,而且选举总统的方法不合理。"

我争辩道:"不过,你如果赋予他很多的权力,他就会成为专制君主了;那你又何必舍却有无限权力而原则高尚的君主世袭制呢?"

"讲到这两者之中,"阿文尼回答,"最主要的区别是考试。对于总统候选人的资格,我们可加以试验,至少是应该试验,而在王太子方面,他所能表现的只是啼哭的能力。"

阿文尼接着替专权的总统辩护,特别是提到罗马的狄克多政治。他说:"在历史上有许多时候需要快的决断,同时须有坚强的意志去指挥政务。往往因国王或总统束手无权,致国家陷于危难。所以他必须有权,我们办到这事,坏的结果就比较少了,如果我们确已选定适当的人,而对于他滥用权限一层有所保障的话。你应知道用决断和理智统治天下将及百年,仅有用选举制的那一次;我是指从涅尔瓦到马可·奥勒留,那一段可纪念的时期。固然即位的人是由国王自己决定,但这不

巴黎巴士底监狱阴森的城堡。

过证明可由此得一审慎的选择。"

真奇怪!这并不是阿文尼所主张的政体;他所提的是实在比较更复杂的另一种。

他说:"我假定一个国家如法国,分作50省或50小邦。每一省的行政长官由全体人民或由教育界的人民选出。这些地方政府应该就他们的范围

以内授以充分的政权,只要不生危险,他们的官俸应从优待遇,并付以种种利益,使他们的职位成为很可羡的。"

"这样一来,有天才有大志的人就情愿加入地方政府服务,他们从此得到实际发展才干的机会。大总统应由各地方官吏中选出,他的任期至少5年,至多8年。其他的地方官吏因在下届选举时有被选的希望,所以得到一番鼓励。国会的义务是决定哪一位官吏过去的政绩最好,如是选他为大总统;新闻界在事前应分别讨论每一候选人的长处。这样如果发生大错,那就不能想像了。"

有人问他预备将什么权力交付大总统,阿文尼答:"战时授以无限的权,但在平时,如有人声明反对某项法令,他的权力就受各地方官吏的否定权所限制。"

"那么,国会的功用是什么?"

"在选举大总统时,国会应决定哪一位地方官吏最得力,而在当地的政绩最好。"

"你的意思以为不须召集这'茶馆'讨论任何别的事件吗?"

"是,因为地方官吏对于超过预算案一层,也有否决权。"

"在选任地方官吏和国会议员时,是否要保留普选制?"有人这样地问。

"那是毋庸置疑的,"阿文尼说,"虽说我并不希望每人都来干预国家的行政系统。如果以同样的选举权授给有学问的和无学问的,结果就发生了贿赂及各种滥用选举权的弊害。有学问的人,他们的判断力高于无学问的,这一点绝不容怀疑,无学问的人自然请教于有学问的人。我们在政治上怎能违背这自然的顺序呢?我主张选举权仅给有学问的,因为滥把选举权给全体人民,那无异于家庭内父子拥有同等的权力,这都是无意识的。"

"可怜的女子又怎样呢?"爱梅说,"她们应得选举权吗?"

"我认为她们和我们一样,应享受这种权利。"阿文尼答。

阿文尼在细说他的计划时,提出限制女权。他认为女子有地方官吏或大总统的被选举权是不妥的事。他虽然一面承认皇后也可以像国王一样治理国家,一面又说:"我相信最好是令女人跳出这种竞争的圈子,那应是男子管理的事。"

中年时期,诺贝尔专心发明工作,基本上抛开了写作,直到晚年,尤其是

八、诺贝尔与文学

抱病卧床的那段岁月,他重拾文学旧好,尝试着写了不少作品。他在1895年在"戈代特"案件中败诉,曾用英文试写讽刺喜剧《专利细菌》。诺贝尔并不见得熟悉阿里斯托芬的喜剧,但在作风上,他有倾向于那方面的意味。然而诺贝尔自己也觉得完全缺乏阿里斯托芬喜剧里的那种丰富而深刻的幽默。所以在写完几张经过许多涂抹和修改的稿纸后,就搁在了一边,没有写完。剧题是:

雪莱雕像。

专利细菌(The paltent Bacillus)

喜剧共　　幕

布朗(Browm)对亚当(Adam)和普鲁顿(Pluton)(皇室的官吏)的诉讼

卢克丝(Lurx)小姐,原告法律顾问

里特(Right)先生,原告律师

检察长,被告法律顾问

"副检察长"(Solicitor General),被告律师

法官哈慈(Haze)

诺贝尔惟一完成的戏剧是《复仇女神》(Nemesis)。戏剧的情节脱胎于他青年时代偶像雪莱的诗剧《钦契》(The cenci)。

雪莱在诗剧《钦契》中有力地抨击了在罗马教皇纵容下的父权专制。在诗剧的序言中,他概述了故事的情节:

……有个老头子一生荒淫无耻、无恶不作,最后发展到对子女怀有不可调和的恶意。他对一个女儿产生了乱伦的情欲,随着每次兽行而变本加厉。这个女儿长期以来一直无法挣脱精神上和肉体上的双重玷污,最终与继母、兄弟合谋,杀死了家中共同的暴君……他们的行为不久就被发觉了,虽然罗马城里的上层人物向教皇做了最诚恳的哀求,罪人们还是被处死了。

雪莱承认这个故事情节"特别恐惧可怕"。为了把这出戏搬上舞台,他提出了一些修改方案。

……这出戏假如不加修改润饰就搬上舞台,是不堪忍受的。处理这类

诺贝尔传

主题的剧目，必须增加剧中的理想因素，减少剧情中的恐怖成分。这样，悦耳的诗歌，可以减轻残酷的折磨和深度的罪孽所带来的痛苦……

诺贝尔采用了雪莱的剧情，但并不打算按照雪莱的意图利用悦耳的诗歌来减轻剧中的痛苦。

炸药在战争中的广泛应用，使它的发明者诺贝尔处于尴尬的境地。

"我不愿意听演员出口成章，"他解释说，"这太不自然了。"过去，他都是用英语作诗，这次决定不用英语写剧本，而是用他的母语瑞典语，可是瑞典语他并不能运用自如。他已有25年没有提笔作诗了，过去他能熟练地运用任何语言，抒发难以表达的情感，现在却力不从心了。在剧本中，诺贝尔不想以任何方式降低主要剧情的实际恐怖程度，相反他要把舞台变成用刑的场所。在他的笔下，比阿特丽丝用最野蛮、最残酷的方式折磨老钦契，甚至叫人揭开盖在老钦契头上的帮手的衣服，露出他那张痛苦的嘴脸，好让她尽情地享受报仇雪恨的痛快。可是，诺贝尔在道德上做出了这样的评判：

1896年3月，他在写给贝莎·苏特勒夫人的信中写道：

"我近来因病，不能担任较繁重的工作，只写好一本悲剧。除有几处还要润色外，我算是完稿了。这个剧本的题旨是关于比阿特丽丝·钦契（Beatrice Cenci）动人的故事，不过我的叙论方法与雪莱完全不同。我将亲族乱伦的动机说得不惹人嫌恶，就是最好责难的群众也不致注目及此；但是那父亲方面的卑贱已完全暴露，所以报复虽近凶残，却是完全自然的，实际上是一种义务。我奇怪，注意这小小剧本看是否有人排演，我觉得那在舞台上应有十分的效果。这是用散文写成的；我不爱听对话里的诗——那好像很不自然。"

剧中的乱伦情节，虽然加重了老钦契卑鄙无耻的罪孽，并在一定程度上

八、诺贝尔与文学

减轻了他女儿的罪行,诺贝尔却宁可把有关情节删去。为了使这出戏得到观众的支持,他还打算修改或删去另一段情节。诺贝尔随后写给贝莎·苏特勒夫人的信中说:

> 全剧共分四幕,对于猥亵的成分,也已大大修改,因为老钦契开始就告诉比阿特丽丝,她并不是他的女儿;她貌似柯罗娜(Colona)证明他所说不错。我相信有很大的戏剧的可能性,但有两个难扮演的角色,即比阿特丽丝与老钦契。这剧本用瑞典文写成;体裁是散文的,不过是诗的散文,我想请人译成德文。因为我自己的德文程度还不够译述,此外我还要做别的事。另一件困难就是奥地利人对于剧中不利于耶稣教会的叙述决难忍受。我应该修改或删去那几段,我想你也同意的——那真是一件憾事!

在雪莱的诗剧中,比阿特丽丝哀求教皇出面制止父亲对她的蹂躏。但是,这个罗马城里至高无上的权威拒绝责备父权,尤其不愿指责钦契,因为他慷慨地向教皇捐献,在当时动荡不安的罗马城里树立了一个虔诚的好榜样。教皇拒绝干涉,比阿特丽丝陷入了一片苦恼之中,只得自己采取行动。如果说有理由为杀父之罪辩护的话,那就是因为她走投无路。诺贝尔的剧本和原剧之间最本质的区别在于:他无需为女主人设计任何情节,以减轻她的罪责。雪莱笔下的比阿特丽丝,尽管法律不肯将她从乱伦的凌辱中解救出来,她还是要用生命来抵偿杀父之罪,因为,雪莱决不会宽恕杀人凶犯,比阿特丽丝只得舍弃"光明的生活和美好的青春年华"。

但是,诺贝尔并没有这样写。他笔下的比阿特丽丝在准备谋杀老钦契的前夜,梦见了圣母玛利亚。圣母向她透露,上帝挑选她担任天庭的执刑者,处死她的父亲。下面是玛利亚亲口说的话:

"你应该找人把他杀死,但不是一刀刺死。他必须忍受长时间的煎熬。要知道你必须用残酷的方式折磨他,越残酷越好。把烧熔的铅灌进他的双耳,但要慢慢地灌,让他多受些痛苦。"

圣母玛利亚通知比阿特丽丝,她不久就要见到魔王撒旦,并向他传达杀死老钦契的天命,请他支持。撒旦也出现在同一梦境。他告诉比阿特丽丝,将来她要下地狱,在那儿她有权永远折磨钦契。他用他不灭的灵魂发誓,担

诺贝尔传

保她会得到这个权利。比阿特丽丝从这个诺言中得到了力量,找到了谋杀父亲的帮手。

然后,帮手们抓住了钦契,她不愿失去亲手折磨他的机会,她把两个雇用的凶手推在一旁,高声喊道:

"我——你的受害者,现在来了,你这个万恶之首,难道会以为我不折磨你,就立刻把你杀死,把你送进地狱吗?你打错算盘了。马齐奥,把铅给我拿来。我要一滴一滴地灌进你的耳朵,你的剧痛将给我带来满心的欢乐。我一生都在盼望着这个幸福时刻。你这个卑鄙的坏蛋,从我的声音里你还能听到所有的受害者都在控诉吗?再拿点铅来,快些,马齐奥!奥林皮欧,使劲地踢!"

这不过是一个场面的开始,在这比较长的一场戏中,比阿特丽丝因施用了最残酷的极刑而洋洋得意。她的举动倒使两个雇用的帮手感到自愧不如,他们面对比阿特丽丝残暴的复仇行为,吓得丧魂落魄。

雪莱反抗父权专制也有他痛苦的原因,但他屈服于诗中理想的正义,从而牺牲了比阿特丽丝。诺贝尔笔下的比阿特丽丝,犯了杀父之罪,却没有遭到惩罚。雪莱剧中的比阿特丽丝觉得只有把希望寄托于九泉,在阴间才能得到公正的判决;诺贝尔剧中的比阿特丽丝得到了保证,她可以永无止境地、毫不留情地复仇,不受到时间和死亡的限制。

雪莱和诺贝尔都不能描画人物,他们不是研究人类的写实派,而是构造典型的唯心派;他们心目中的人物是失常的,不真切的,或是恶魔,或是天使。雪莱不是戏剧家,他是一位抒情的大诗人,他有能力使创造的人物有真实性的类似。诺贝尔缺乏这种能力,所以他所描画的人物是有智慧的、抽象的,因此得出完全乏味的效果。再则诺贝尔又不精通所用的文字,一位63岁的老人写成戏剧不能全无

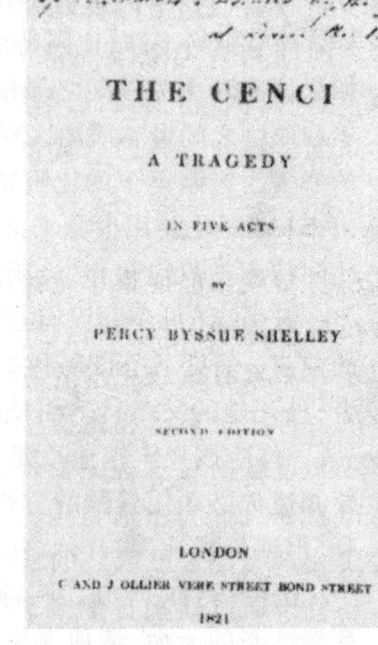

雪莱悲剧作品《钦契一家》封面,上面有雪莱的笔迹。

八、诺贝尔与文学

错误,尤其是用一种从来没有用于文学方面的文字去写。《复仇女神》里面的对话生硬而不自然,和诺贝尔所想像的"诗的散文"相差很远。瑞典女作家黎亚(lea),是他侄儿的岳母,和他颇有交谊;想给他修改《复仇女神》,但诺贝尔不愿接受此议,他在信里说:"我因在国外留住颇久,所以拼音不好。但是拉马丁(Lamatine)除了法文,不曾研究别国的文字,还要拿他的拼音请人改正,我想到他,就消除不少惭愧的念头了。那次在伦敦匆忙中,我写的信真不能表示我心里想说的话。我的意思是在文学事业上不需要助手,我宁愿展开自己的双翼孤飞,也不愿凭藉别人。一位作家不应该让人家给他修改一字;但他应常常欢迎批评,越严正的批评越好。你对我所说的未免太轻松。我十分喜欢用瑞典文字代替外国文字,假设在外国文字里,没有那个相等的字,例如,白日梦(Day dream)。凡是在英文里没有相等的那些外国字就采用原字。我看只要正确理解,只要明白表现思想,任何字都可用。我不但在思想上是革命家,在文字上也是如此。在17世纪末,他们几乎置我于死地,他们说这不算是恶作剧。我想将这个小剧本,在克里斯提安拉付胶印或石印。我不愿和瑞典的审查员接洽;那固然很好,但我曾受过这样的害。"

《复仇女神》虽于1896年在巴黎出版,但诺贝尔却未及亲眼看到它的问世就去世了。他的朋友们认为"这样拙劣的作品有损于回忆这样的伟人",所以只留下三部,其余则全予毁弃。有人对这种措施的看法是:

"这样的做法非常妥帖,因为如不这么做,人们便可能会对他存有错误的观念。诺贝尔确是一位诗人,他有诗人的人生观。在他年轻时,可用诗来表现,这种能力却随其年龄的增长而消逝了。"

1890年前后,诺贝尔有个"已经完成的散文与诗"的备忘录,内容如下:一、三姐妹,二、死所,三、生病与救济,四、她,五、谜,六、我知道爱,七、赋予梦,八、变更,九、精神教育,十、说教,十一、信与不信,十二、被两者所系,十三、奇迹,十四、发现两个玫瑰的花蕾,十五、……

上述作品,其一、五、六、七、八尚被保存着,它们在诺贝尔去世后未曾消逝,颇能传达其晚年因磨难而枯萎了的诗的情感。现以作品六为例:

我知道爱吗?你啊!
在被问和我的记忆里,

被唤醒了虽是做梦而犹为社会所拒的幸福，
与尚未发芽即已枯萎的爱的痕迹。
现实使年轻人的理想无法达成，
满以为平坦的人生为不幸和幻灭所害，
使光辉的人生笼罩阴霾。
你不知道那种事。
年轻的你以空想的镜子看人生，
噢，你如果可以不看其本来面目……

诺贝尔也喜欢与文学密切相关的哲学，对于当时著名的欧美哲学家，他比较喜欢英国哲学家斯宾塞的实证主义哲学，在哲学方面，他曾做出过一些准备写的论文的目录和提纲。

诺贝尔去世后，除了留给世人巨额的财富以外，还留下一个私人图书馆，藏书逾1500卷，内容

诺贝尔生前积极资助北极探险。

涉及文学、哲学、历史、科学等领域。尤其是19世纪经久不衰的经典作品，大部分为原著作者的第一语言文字。除此以外，还留有大量的信件和他早期写的诗歌和小说。阿尔弗雷德·诺贝尔在遗嘱中设立文学奖与他对文学兴趣是分不开的。

九、孤独晚年

1. 侨居圣雷莫

阿尔弗雷德·诺贝尔的晚年主要是在意大利的小镇圣雷莫度过的,直到去世。诺贝尔在法国遭到不公平的对待后,便决定离开居住长达18年之久的法国,迁居意大利。他选中意大利维埃拉地区附近的圣雷莫作为新的工作场所。那时圣雷莫只是个坐落在地中海边上的僻静的小乡村,临近法国边界,遍布亚热带植物。诺贝尔购置了一座两层楼的乡村别墅,四周宽阔的园林,一直延伸到海边。别墅里面有一个大花园,周围环绕着桂圆、棕榈树和花坛。诺贝尔可以在此俯视碧蓝的地中海。他希望那里的气候对他的支气管有益,并且能有助于治好他的慢性中风。

在意大利,诺贝尔仍没有得到充分的休息,而是因为工作需要没完没了的奔走着。他访问了他的工厂和公司所在的十几个国家。旅途中他总是携带着一只特别的手提箱,里面装有笔

在诺贝尔的那个年代,意大利的圣雷莫是一个坐落在地中海边上的一个僻静的小乡村,临近法国边界。那里遍布着亚热带植物,环境优美、气候宜人。圣雷莫的天气总是晴朗的。冬天的平均气温10℃,夏天为23℃。在诺贝尔看来,这些无疑对他日渐虚弱的身体是有好处的。

诺贝尔传

记本、信笺以及他自己设计的自来水笔。即使在火车、轮船和旅馆的房间里,诺贝尔都在埋头工作。

勤奋和努力——一直是他不变的工作信条。

诺贝尔在圣雷莫此建立了一个研究实验室。新的实验室的面积要大得多,设备更加先进。从德国订购了一批新的仪器、机械设备,加上从塞夫朗实验室运来的珍贵设备,摆满了两大屋子。一间房子里是装置配有发电机的机械设备,用来做电解实验;另一间里放着各种各样的测量仪器。还有一间小的做图书室,书都是从法国运来的。诺贝尔移居圣雷莫时,他的私人助手法伦巴赫留在巴黎,另聘英国人贝克特,1893年又聘请了青年瑞典工程师索尔曼。另外,阿尔弗雷德在他别墅的前方,建造了一个从岸边延伸到海里的长长的铁码头,用做试验场。在这里他曾做过飞行距离达4公里的火箭试验。

诺贝尔的特别手提箱。除了笔和信笺,皮箱里装满了瓶瓶罐罐,在奔波于世界各地的旅途中,诺贝尔总是将它随身携带,就好像随身带着一个小小的实验室。

在这里,诺贝尔进行了最后6年高度紧张的工作。他在炸药领域的最后发现,即所谓"改进型无烟炸药",那种为了适应某些特殊目的而进一步改进的混合无烟炸药就是在圣雷莫研究出来的。

诺贝尔作为一个发明家的兴趣决不限于炸药,他具有天才的想像力,这是真正的发明家必不可少的品质。在圣雷莫6年时间内,诺贝尔除了做出与炸药有关的新发明外,还做出了其他许多重要发明。这些发明涉及到化工、机械、电气、医疗等领域。仅这一时期在英国所获的专利就多达53项,占他在英国申请专利的全部111项中的近48%,可谓是他发明的高产期。例如:

1891年专利证书第2562号:焰火及其发生方法。

1891年专利证书第11212号:氢气发生及

乔治·法伦巴赫,法国化学家。诺贝尔的得力助手,是一位诺贝尔终生都非常信任的人。他与诺贝尔共事18年,直到诺贝尔被迫离开法国。

九、孤独晚年

应用法。

1891年专利证书第13188号：军用弹丸制造法。

1891年专利证书第19055号：焰火的一种新的发火方法。

1892年专利证书第12387号：氧气的一种新制法。

1892年专利证书第17240号：氮化物的一种制法。

……

1893年专利证书第10224号：铁甲板的代用物。

1893年专利证书第12148号：人造丝制法。

1893年专利证书第20234号：人造橡胶制法。

1893年专利证书第20891号：留声机与电话的改良。

1893年专利证书第2274号：电池的改良。

2. 最后的归宿

1863年10月21日，诺贝尔60岁生日，当天他的实验记录和日记表明，在那个和平时一样忙的工作日里，他打算办理"无声发射武器"和"消除唱片上的干扰噪音"的发明专利；并且考虑购买瑞典的钢铁公司"博福尔斯"。在诺贝尔乔治·法伦巴赫，法国化学家。诺贝尔的得力助手，是一位诺贝尔终生都非常信任的人。他与诺贝尔共事18年，直到诺贝尔被迫离开法国。诺贝尔认为报效祖国最好的途径就是投资办厂，以推动瑞典工业的发展。

人到老年，诺贝尔开始考虑自己的归宿。一生四海为家的他，甚至没有一处真正意义上的家。虽然在意大利的圣雷莫和法国的巴黎，他拥有自己的别墅，但陪伴他的始终只是寂寞与孤独。自从移居圣雷莫之后，诺贝尔陷入了一种难以解脱的失落和孤独之中。这里远离伦敦、巴黎、汉堡，实验室所需的化学制品和机械零件在这里采购极为不便。此外，工人也不易找到，当地人对他在自建的长铁桥上试制火箭发射时发出的噪音也颇为不满。他在当地并不是一个受欢迎的人。诺贝尔对法国人的评价是："所有法国人都认为只有他们才有头脑！"德国虽能提供优秀的器材及化学品，但他讨厌内政不安定，军国主义盛行及德皇威廉二世。他认为德国人性情固执，作风古板。诺贝尔曾说："德国人连卖弄学问都很仔细。"

诺贝尔传

诺贝尔自从9岁随父母离开瑞典移居俄国,此后只是在1863年至1864年回瑞典住过两年。这时虽然他的长兄罗伯特还住在瑞典,但自他的母亲罗琳娜于1889年去世之后,他在瑞典也就没有相对稳定的住所了。他在国外工作和生活已快50年了,但从他心底仍然觉得自己是一个瑞典人。正是出于这种强烈的祖国之恋,诺贝尔决定踏上他的归国之路。

诺贝尔并没有像别的富翁那样购置一处别墅以安享富裕的晚年。1894年,他斥资130万克朗买下位于瑞典韦姆兰省的博福尔斯——古尔斯邦股份公司的一家钢铁厂及一家弹药厂。为了扶持博福尔斯公司的发展,诺贝尔以购买股票的形式付给该公司250万克朗。诺贝尔委托助手索尔曼聘请了一大批优秀的瑞典工程师来这个公司工作。博福尔斯公司之所以能在20世纪初成为瑞典一家拥有一万余名职工的大企业,可以说很大程度上应归功于诺贝尔生前为这家公司所奠定的资金基础和技术基础。

诺贝尔花费了130万克朗买下的博福尔斯—古尔斯邦公司后来成为著名的钢铁厂和弹药厂。这门威武的大炮即是这个工厂的产品,名叫"博福尔斯式"高射炮。

"如果有可以完全依赖外国之产业部门的话,那该是国防产业了。瑞典已有的火药工厂不加以维持,那是件愚蠢的事……我们目前虽还靠外来的订购而生活着,但我们的目的在于创新,并非像蜗牛那样亦步亦趋。"

诺贝尔居住在博福尔斯工厂附近柏格博的一所贵族庄园里。博福尔斯的试验室在1895年建成,比圣雷莫的大得多,这里除4间试验室和2所厂房外,还有制作炸药的厂房和机械室、电解试验室、水煤气厂、大蓄电池房,备有供各种试验用的特别器械。聘请了知名工程师和化学家在这里搞研究。索尔曼担任了监督,费里特译、拉奎斯特、西德荷姆(他的主要工作是做电解试验)、隆格斯特罗姆和朗勒姆等为了实现一些试验设计而辛勤工作着,1896年夏天,诺贝尔安排贝凯特从圣雷莫到柏格博,而索尔曼在前一年冬天回圣雷莫。诺贝尔无疑是想保持两个试验室同时运转,圣雷莫的试验室最初准备是供小规模试验用的,柏格博试验室是供能得出较复杂结果的试验用的,但是这些计划因诺贝尔逝世而中断了。

九、孤独晚年

诺贝尔买下卡拉斯大瀑布是为了建造水电站。如今，水电站已在瑞典国内广泛分布，成为瑞典经济建设的重要支柱。

在买下博福尔斯公司不久，诺贝尔又把韦姆兰省的比尔波路易铁工厂买了下来，主要从事开发高炉、贝塞麦特炉等。与此同时，他还购买了附近的卡拉斯大瀑布，他计划开发这条河流的水电资源。这是瑞典利用所谓"白煤"的早期先例。而水电开发，成为现今这个国家拥有的最重要的电力资源。

诺贝尔也曾想过在祖国定居。但瑞典严寒的北欧气候使诺贝尔病弱的身体很难适应，因此他只能在每年夏秋季节返回瑞典居住一段时间，而冬春两季就在圣雷莫度过。

阿尔弗雷德·诺贝尔自幼体弱，他的父母在信中常提到他身体不强健。他在20岁那年就去矿泉疗养，在他整个一生中常接受同样的治疗。他工作的疲劳和经常旅行自然也伤害了他的身体。死神已经夺走了阿尔弗雷德·诺贝尔深爱的几个人的生命，现在心绞痛又威胁着他自己的生命。1893年发生了一件事情，却使他感到非常幸福和自豪。历史悠久的瑞典乌普萨拉大学授予他名誉哲学博士的学位。他一向推崇那些一心专攻难题，毫不考虑其商业价值的科学家。这项荣誉使他深受感动，他仔细思索，为了真理而寻求真理是否仍然行得通。他给里德贝克写信说：

"现在就死未免有点可惜，因为我正在考虑一些非常有趣的问题。自从大学评议会授予我哲学博士学位以后。我几乎成了一个名副其实的哲学家，而且开始觉得'实用'这词只不过是个幻觉而已。"

1888年4月12日，路德维希去世，诺贝尔非常伤心，报纸上的差错更使他沮丧，一名粗心的法国记者把路德维希说是阿尔弗雷德，称他为军火商：一个靠兜售杀伤力不断提高的武器发了大财的商人。诺贝尔一生有过许多崇高的理想，有过大量的善举，渴望得到别人的理解和友爱，现在用这一句冰冷的话来概括他一生，当然对他来说是一个毁灭性的打击。他在给朋友的一封信中谈到这件事：

"……我这儿发生了一件事，对别人来说是无关紧要的，不过它提醒了我，使我清晰地看到了一个非常凄凉的情景：一个孤苦伶仃的人，临终时没有一个人在他耳旁温柔地说一句话，咽了气也没有一个亲人为他合上眼皮。我得找到这样一个人，否则，我就搬到斯德哥尔摩，去同我母亲住在一起。她至少不会对我的钱财打主意，捞好处。……事情发生的经过是这样的：大约在半夜两点钟，突然间我感觉难受极了，简直无法挣扎起来按铃或是打开房门。我这样熬过了几个小时，心中琢磨着这是不是我生命中的最后几个小时。看来是心绞痛复发，但这病决不是在化学实验室里得的。自那以后，我的心感到沉重，并且像这张纸一样，四周框着黑边。"

在此后他的信中反复说到死这个话题，例如1889年他写道："正如你所说的，我应当考虑几件大事，至少有一件大事——从光明过渡到黑暗，从生命到未知的永恒，或者如斯宾塞（Spencer）所说，这个不可知的。你一定还记得英国诗人坎贝尔（David Campbell）的警句：'未来的事件先投下它们的阴影。'结束进一步事件的情况是特殊的。"

自从1893年诺贝尔60岁以后，他的病情日趋严重。1894年给里德贝克写信说："我的病况几乎比以前更坏，风湿性病魔隔几天就来侵袭我心脏的肌肉或那地方附近。我觉得随时可见死神张开两臂欢迎我。"1896年2月的信中说："自从你走后，我的心脏常受病魔光顾，还遭受世间恶魔的痛苦。两个傻乎乎的专家诊断了我的病痛，一个说是痛风性风湿病，另一个说是风湿性痛风病。这些晦涩的行话根本解释不了我的心脏所受的重击像马踢的这一事实，而我身边的马并不可恶。"

1896年，诺贝尔在他一生最后一年中仍然在瑞典、法国和意大利之间奔波。这一年春天，他的心情似乎特别好，因为有几件事令他很开心。第一件事是他在1893年从瑞典聘用了一位他很满意的工程师索尔曼当他的助手。第二件事是他在1894年回到瑞典投巨资买下了博福尔斯公司，从而使他的报国之情有了一个良好的开端。第三件事则是他比较妥善地处理了同索菲娅的关系。所以，这年夏初，他再次途经巴黎回到圣雷莫时，心情一直都比较舒畅。

1896年8月，诺贝尔的大哥罗伯特不幸死于心脏病，这一噩耗打破了诺

九、孤独晚年

拉格纳·索尔曼（1870—1948），瑞典化学工程师。1893年开始担任诺贝尔的私人助理，得到了他的充分信任，被他委任为其遗嘱执行人。索尔曼建立了举世闻名的诺贝尔基金会。

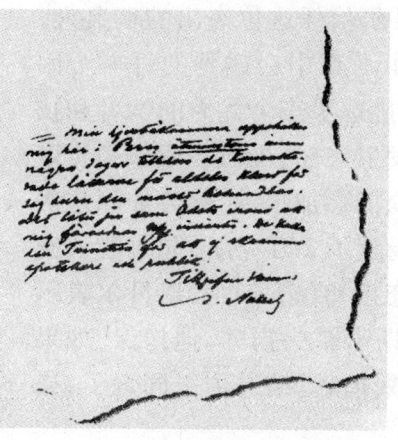

"我为了心脏病要在巴黎留住几天，一直要到医生们商定最好的治疗方法。他们开的处方是内服硝化甘油，这好像命运和我开玩笑。他们为避免吓坏药剂师和公众，把它叫做特宁克酊。"

——诺贝尔给索尔曼的信

贝尔平静的心灵，他在赶回瑞典参加罗伯特的葬礼之后，顺道赴巴黎治病，并在巴黎住了数月。他在逝世前两个月在巴黎写信说："你知道我来巴黎是为了请一位著名的心脏病专家治病，他和我的医生都说我的大动脉进一步硬化，不能再像往常那样苦干了。这并不是说我得整天闲着不干事。只是要尽可能避免紧张疲劳的旅行。"第二天他给助手索尔曼的信中说："我为了心脏病要在巴黎留住几天，一直要到医生们商定最好的治疗方法。他们开的处方是内服硝化甘油，这好像命运和我开玩笑。他们为避免吓坏药剂师和公众，把它叫做特宁克酊（Trinktin）。"

阿尔弗雷德·诺贝尔1896年11月21日回圣雷莫之前，竭力以轻松的语气给贝莎写了一封信，回答她对他身体状况的询问：

感觉良好吗？——不，很不幸，感觉不太好，甚至还常常找医生看病，这不仅仅和我的习惯相反，而且与我的原则相悖。说得形象化一些，我这个人没有心；而生理上，却有一颗心，也能觉察到。

但我有这么一颗心已经够了，我不愿经受更多的苦难。我高兴地看到，和平运动正在不断发展。这是由于群众有了文化，尤其应当归功于那些和偏见、无知做斗争的人们。您在其中享有崇高的地位。这些使您不愧您那些崇高的称号。致以衷心的问候。

阿尔弗雷德·诺贝尔

诺贝尔传

从巴黎回到圣雷莫后,从诺贝尔的信判断,他那时的病情似乎好了些。有几封信提到安德烈飞行到北极的事,表明他对瑞典的研究事业仍热心不衰。

1895年2月,斯德哥尔摩专利局某部门主任——一位著名的发明家——在瑞典科学院做了一次报告,提出了一个乘飞船到北极探险的计划。过去有许多探险者葬身于冰天雪地之中,没有一个人达到他们的目标——提供有关北极圈的科学数据,填补地图上的空白。

这个发明家叫萨洛蒙·奥古斯特·安德烈,他既是工程师,又是冒险家,而且还是一个精干的组织者。他在青年时代就已越过大西洋,到过美国费城,学习了当时有关航空学的全部理论。他制造过一些气球,在上面装配了牵引绳、导向绳和风帆,使之成为可操纵的飞船。他的飞行试验在美国和欧洲都引起了轰动。科学院的成员倾听了他的计划,但对这项计划是否切实可行仍有怀疑。报界以嘲讽的口吻评论这项计划。不过,安德烈的计划却引起了一个人的兴趣,那就是诺贝尔。他是在专利局结识安德烈的,他们在那儿讨论了各种各样的科学问题,尽管在每个问题上他们几乎都持不同看法,可他们之间仍然保持着友好的感情。诺贝尔信任这位杰出的瑞典人,听过讲座后更加敬重他。安德烈周密地考虑了考察中会碰到的每一个困难——地理、技术、体力和气象方面的困难——挑选了三个优秀的学者和技师作为同伴。他需要12万瑞典克朗来装备和发射飞船,配置考察设备。诺贝尔完全可以提供全部经费,但他觉得如果公众能参加捐款,就会加深这次考察的意义,起到相互推动的作用。因此,他捐献了2万克朗,同时建议安德烈向社会呼吁捐助。可是,新闻界对此仍然态度冷漠。于是,诺贝尔表示愿意承担一半的费用,并叫安德烈启奏国王奥斯卡带头捐助。他担保,如果国王答应资助一笔,剩余的金额立刻就会有人来捐献。结果国王同意了,诺贝尔的建议果然奏效。

事后,阿尔弗雷德·诺贝尔和安德烈继续保持密切的联系,共同解决关于考察的无数问题。对这次考察北极的目标谁也不了解,乘飞船到北极的方式也从未经过试验。可这两个人都喜欢解决难题,未知的因素激发了他们的热情,而他们各自又是不同领域的探险家。

诺贝尔周围的人看着这位年老有病的人满腔热情地帮助安德烈的事业,都惊诧不已。在他们的心目中,他是一个严肃认真、实事求是的实业家,

九、孤独晚年

现在竟热心于一项荒谬的设想,这使一些人感到迷惑不解。然而,这项前所未有的冒险计划却为诺贝尔制定遗嘱起了催化作用,为他处置遗产指明了方向。诺贝尔确信他找到了造福人类的最佳途径。起初,他漫无目的地接济了一部分人,后来才发现得到资助的大多数是狡诈的人。这件事使他认识到,只有通过一定的组织形式,才能最有效地帮助值得帮助的人。

诺贝尔在1893年设立过小规模的奖金。起初,诺贝尔奖金只是用来鼓励献身于基础理论研究的科学家,而现在准备用于激发公众的热情。看到公众和新闻界终于对安德烈的考察计划表示出巨大的热情,诺贝尔从中找到了设立奖金的根本意义。他写道:

"如果安德烈抵达目的地,不,只要他成功一半的话,那真会感动世人之心,而使他们产生新的观念与新的改革,从而对和平有所贡献。因为无论何种新发现,都会在人类的脑海中留下深深的痕迹,而这种痕迹又将刺激下一代的脑筋,使之在文化领域里产生新的思想。"

在这段时间里,人们一直饶有兴趣地从报刊上阅读有关这项大胆的考察计划的报道和有关考察队成员的介绍。诺贝尔受到启发,决定在遗嘱中设立一项新的奖金。这项奖金特别授予文学界最杰出的作家,他的著作宣传人类最崇高的理想,帮助公众认识人的伟大究竟表现在什么地方。

诺贝尔极其关心北极考察队的每一步准备工作,关注"鹰"号飞船的工程进展,参与各项讨论工作,向帮助人(首先是国王)汇报情况,尽一切可能促成这次探险行动。

1896年6月,"维哥"号货轮载着飞船、考察队员以及设备物资,开往挪威的斯匹次卑尔根群岛。那年夏天,大气层情况一直不佳,飞船无法起飞。同年9月,安德烈宣布把飞行计划推迟到下一年,诺贝尔闻讯非常失望。

遗憾的是安德烈与其他两位立志征服北极的同伴在探险的征途中不幸遇难。1903年,一支探险队

诺贝尔在瑞典这幢房子里度过了生命的最后两年的大部分时间。

诺贝尔传

在白岛上找到了他们三人的遗体，并在那儿发现了安德烈的日记，日记上以严谨的科学态度记载着直到他冻死之前所发生的一切情况。

3. 孤独离去

诺贝尔最后一封信是在1896年12月7日写的，收信人是拉古纳·索尔曼，发信地址是圣雷莫，他在叙述了有关硝化纤维素这事后说：

"遗憾的是我目前的健康情形相当不好，就连写这封信也感到吃力，但只要复原，便能够再从事我们所关心的工作了。"信尚未寄出，在几小时以后他就心脏病猝发，并于1896年12月10日2时去世。而那封信仍被搁置在办公桌上。索尔曼后来说：

"阿尔弗雷德·诺贝尔在去世前的一段日子里，心中笼罩着一层悲哀。他在给朋友的信中说'临终时没有一个人在身边小声安慰我'的预感都应验了，他曾有好几次像发作似的感到不安而想爬起来，却为周围人阻住。那时候，他患了相当严重的语言障碍，似乎除其祖国语言之外都忘了。其法国籍执事欧久多·欧沙都称，诺贝尔曾说出佣人们都听不懂的各种话，虽然如此，他们都以为自己已听出'电报'两个字，于是连忙跟他的两位侄子伊曼纽尔、海尔马及拉古纳·索尔曼联络。可是他们都没有赶上其逝世——阿尔弗雷德·诺贝尔跟他的生平一样，孤独地离开了这个世界。"

12月11日，阿尔弗雷德·诺贝尔去世后的第二天，他的两个侄儿海尔马·诺贝尔、伊曼纽尔·诺贝尔以及助手索尔曼赶到了意大利圣雷

诺贝尔十分关心"鹰"号热气球飞越北极的科学考察活动，遗憾的是没有等到气球飞起的一天。

> 作为一个开创者，在一个不寻常的新的领域里诺贝尔遇到过多种多样的挫折和失败，但矢志不渝的精神使他从逆境中崛起并获成功。他有一种超脱于贪婪的思想境界。他说："我比那些竞争者有两个长处，赚钱和赞扬都使我完全无动于衷。"

九、孤独晚年

莫。在此之前,他们收到了电报,当时这位伟大的发明家陷入了昏迷状态。两个侄儿为了寻找叔父遗嘱的线索,正在埋头翻阅他的私人卷宗,这时斯德哥尔摩的一家银行突然发来一份电报。电报上说:"阿尔弗雷德·诺贝尔的遗嘱存在银行的金库里,现已打开。银行将邮寄一份遗嘱给他们。由于考虑到急于执行这一遗嘱,电文中引录了其中的最后一段:

"我还要表明我的愿望,在我死后,破开我的静脉,请高明的医生签字证实我已死亡,然后将我的尸体在焚尸炉中烧毁。"

这段话使两位年轻的侄儿想起,他们的祖父伊曼纽尔也曾担心被人活埋。他们大为惊讶,这种心理状态竟也会遗传。

遵照他的遗嘱,阿尔弗雷德·诺贝尔的遗体先交医院解剖静脉血管,让医生查明死因。第一次丧礼在圣雷莫别墅举行。他的一位朋友苏德布劳姆,是教皇派驻巴黎公使馆的一位青年牧师(后任乌普萨拉大主教)也来到圣雷莫,在他灵前致悼。

苏德布劳姆的悼词中有一段是:"他所受的孤独和磨难是他的命运,是天赐的结果,在众生眼里把他看做一位富有而显赫的人,而看做一位平常的人很少。现在他已经死了,让我们不要永存这错误,因为我们不能把我们的所有和成就带进坟墓。我们也必须抛弃这种尘世的幸福。我们可以正确看待这位死去的人,虽然他富有,有亲友的情爱,但他也是穷苦的。他孤独地生活,孤独地死去,没有家庭的喜悦,没有妻儿的安慰,这是他的选择或命运。他的天性是不为名利所动,不以孤独所苦,他一直到生命的末日,仍是热心的,仁爱的。他的生命是高贵的。"

他火化后的骨灰从圣雷莫运回瑞典,12月29日在斯德哥尔摩的斯托库尔卡(Storkyrka)举行了庄严的葬礼。按照他的愿望,葬在北礼拜堂(Northem Churchyard)他家庭的坟地中,他的父母和兄弟早已埋葬在这里。

十、个性人生

1. 矛盾性格

阿尔弗雷德·诺贝尔的性格,用两个字就可以得到确切的概括——矛盾。

在他的整个一生中,他身体虚弱,健康不佳,但却能够在工作中建树惊人的功绩。他没有任何真正的学历,然而却以其敏锐的智力解决了复杂的科学问题。他一生大部分时间是在大城市度过的,但却喜欢偏远的地方和安静的生活。他有着长达18年之久的爱情生活,却没有真正的家庭生活。

他是一位炸药和武器方面的发明家和工业家,却厌恶暴力和战争,并且是一位忠诚的和平之友。

由于工作性质的原因,从早年起他就是一个把整个世界作为自己工作场所的彻底世界主义者。他虽然是他那个时代最大的资本家之一,但却持有某种社会主义观点。

他经常表露出富于想像力的诗人和作家的很多品质,但同时又具有一个天生的商人那种清醒的现实与预见感及筹划能力。

日常生活中,他总是倔强地回避大批吵嚷的人群,但当与可靠又熟悉的朋友和同事们在一起时,他表现轻松,对所有的人都彬彬有礼。他从内心里厌恶社会活动,但他对社会的影响又是如此巨大。诺贝尔一生坚持固定的饮食,既不抽烟,也不喝酒,并且不玩牌不赌钱。他对

> 老诺贝尔曾设计过一个古怪的棺材,棺材盖上有出气孔,还可以从棺内移动棺盖,一根绳子从棺材里引出来,接着墓外的一只铃。老诺贝尔设计它的原因是由于怕被活埋的担心,而这种棺材可使被活埋的人及时求救。
>
> 这种奇怪的思想动机在若干年后也在诺贝尔身上呈现。诺贝尔计划设计一种自动装置,准备自杀的人只要把一枚特制的硬币投进去,就会立刻被一股电流击倒。同时通知警方。这个荒唐的念头并不仅存于他的头脑中,他说做就做,直到警方出面,拒绝批准这种可怕的装置,诺贝尔才罢休。

十、个性人生

音乐不感兴趣，也从不跳舞，但他从不忘记为每一位光临的女宾准备一份礼物或一朵鲜花。

除了科学研究，诺贝尔尤其偏爱文学。在他的图书馆里藏有世界很多种语言写成的文学书籍。在那些凄冷孤寂的夜里，工作之余，他就以读书为乐。他也曾自己动笔进行文学创作，1861年，他创作了小说《最快乐的非洲》。晚年的时候，他曾写过讽刺剧《专利细菌》和悲剧《复仇的女神》。但奇怪的是，诺贝尔对其他艺术完全不懂。在世界各地买别墅的时候，他不知道怎样装饰它们，他甚至提供不出主要的色调。在巴黎，他购买过名贵的油画，却不知其真正的价值，他向店家提出的条件是：他必须能够不定期来换其他不同的作品。

总之，诺贝尔在处处表现出他奇特的个性，使他成为一个非凡的人，一个普通的人；一个纯朴的人，一个复杂的人；一个坚强的人，一个自卑的人；一个富有的人，一个节俭的人；一个对家庭充满爱的人，一个一生孤独的人；一个热衷制造炸药的人，一个追求世界和平的人。正是诺贝尔矛盾的性格造就了他的传奇人生。

诺贝尔与爱情无缘，终身未娶，一直到去世的时候，身边也没有一个亲人陪伴。他是一个孤独的流浪汉。不过，他同样是一位热爱生活的人，在他心中充满亲情、友情和怜悯之情。诺贝尔对朋友始终如一，对求助的人慷慨解囊，对于他的父母亲，又是一个不可多得的好儿子。

诺贝尔的私人图书馆中除了大量书籍、信件外，还收藏了一些传世艺术品。这是一幅诺贝尔收藏的中世纪油画。

2. 人际关系

在诺贝尔的一生中，母亲罗琳娜一直是他心中最爱的人。

从诺贝尔出生的第一天起，就一直纤弱多病。他母亲用她全部的爱来关怀他，使这盏明灭不定的生命之灯能够继续点燃。当别人全部绝望的时候，只有她自信能养活这个孩子。

诺贝尔传

由于身体原因，小诺贝尔显得比别的孩子苍白与安静，在别的孩子都外出游戏之时，只有母亲陪他待在屋里。慢慢地，在孩子的心目中，母亲既是父亲，又是母亲，又是朋友。母子二人相依为命，离开母亲，诺贝尔就无法生存，而诺贝尔也成了母亲的精神寄托。

当诺贝尔长大并事业有成之后，他母亲仍不愿住进他的一些豪华寓所中，她不愿自己孤零零地守着一大堆空房子。诺贝尔的两个哥哥建议独身的诺贝尔与母亲住在一起，但被他拒绝。他不愿母亲看到他生活中的阴影。他可以更多地回去看望母亲，每次回来，他都能获得亲情带来的温馨。的确，只要母亲健在，他就不会感到孤独。儿子们在每年的9月30日，即母亲的生日那天回到她的身边，享受天伦之乐。

虽然母亲不缺钱，但他不断地给母亲寄钱，希望母亲衣食无忧，并且能从接济别人和资助慈善事业中得到快乐。他的母亲去世时是一位富有的妇女，财产主要得自于他。从他们来往的信件中摘引几段，可以看出他们母子间的深情。1884年2月罗琳娜在给诺贝尔的信中写道：

"我又从奥柏格收到我的好孩子转寄来的3000克朗。我亲爱的阿尔弗雷德，多谢你这些慷慨的赠予。有你这番慷慨，能使我略为接济那些贫困得一无所有的穷苦人，所以上次的寄款，不曾存入银行。"

同年10月间，她写信感谢他在9月30日她生日那天来看她：

"我曾回想到我亲爱的阿尔弗雷德看我，带给我那些愉快的时候，我希望能够对我亲爱、亲爱的儿子表示感谢。"

圣诞节那天，她又在信里写道：

"当我先后接到我急切盼望的你的电报和你的信时，我快乐得无法用语言来形容：因为这两样都是我亲爱的儿子寄来，他永远待我这样好；在这年节关头，决不忘记给家里老少，加上一层愉快。弗

1890年，诺贝尔从他母亲的遗产中拿出5万克朗，捐赠给斯德哥尔摩的罗琳娜学院，创设"罗琳娜·安德丽塔·诺贝尔"基金，用于促进医学科学中各个学科的实验研究，以及医学教育和出版方面的工作。

十、个性人生

雷立克已预备分配圣诞节礼物,给那些常得到他叔父阿尔弗雷德惠赐的人。你去年夏季给我的钱,已经够这件事的用途,再不必从银行取款了。我需要的东西,已经够我用,这都得力于我亲爱的阿尔弗雷德的勤劳。你有这样多的钱财,能使我如愿;不过,却有两件不是钱可以买得到的东西——实在的健康,以及常常能看见在巴黎的我亲爱的儿子。我想,如果真是钱财买得到的话,你也许要讨厌我这老太太,虽说我是你最老的朋友。"

次年10月间,诺贝尔又接一信,谢谢他送给"小老太太"的礼物,信里说:"这间房和这套家具,都配不上我亲爱的送给我的无价珍品。各位亲友都用羡慕的眼光看着那些花和篮子,每个人都知道是从什么地方寄来的,因为世界上只有一个阿尔弗雷德·诺贝尔。他的伟大的好处,为许多人所同感;他的母亲有这样一个儿子是值得骄傲的。"

1889年12月7日,罗琳娜与世长辞了。诺贝尔在一封信中把遗产中归他所有的一份做了安排。

"我在斯德哥尔摩讲过,我只想保留母亲的画像(著名艺术大师安德鲁·佐恩之作),以及一些她所喜爱的、特别能使我联想起她的小物品。另外,对遗产中属于我的份额,我保留处置权。我想从中拿出一定数量,建立一座既美观大方又不刺眼的纪念碑;并希望把另一部分遗产用来建立一个以她的名字命名的慈善基金会,基金可望达到10万克朗之数。"

关于纪念碑,阿尔弗雷德最初接受了亲属的建议。

"我们就刻三个浮雕像吧,当然要包括埃米尔的一个。另外,我们也不妨为下一个死者保留一个位置,我这是指老态龙钟的自己。我这项建议只是为了照顾构图上的匀称。像我这样的人,无论在人间或者是在阴间最好都不留一幅画像。运行在太空中的地球,载着14亿两腿无尾的猿人,在这个人类的大杂烩中奢望功成名就,似乎的确有点可笑不自量。"

下一次写信时他改变了刻雕像的主意,他说:"最好现在不谈此事,因为有各种原因,一是不容易刻得很像,二是金属牌暗淡而丑陋,三是几块碑叠放在一起太庞大。我要把我分得的母亲遗产分配掉,只留下佐恩(Zorn)画的画像和我从巴黎寄给她的东西,就是一只表、一个镶嵌金丝的篮子、一个有两帧照片并列的手镯和一件用做花瓶的瓷器,上面印着我的姓名的第一个字母A·N。我已答应将表送给尼马尔姆(Betty Nymalm)(她曾在我母亲病危时看护她),但我又觉得对此事抱歉,因为我母亲很爱它,我希望她能让我保存这块表,我将另外补偿她。"

他母亲遗产内分归阿尔弗雷德·诺贝尔的共计280800克朗(15510镑)。他提出10.2万克朗捐给瑞典社会和教育机构,罗琳娜斯卡研究所获得5万克朗,创建罗琳娜·安德丽塔·诺贝尔基金(Caroline Andrriette Nobel Fund),供试验医学研究,"包括医学科学各分支,这些研究的提高、教育的和一般的研究"。新儿童医院收到捐款5万克朗,也是用安德丽塔·诺贝尔的名义;中央体育研究所领得捐款2000镑。他提出分给他母亲方面和其他亲戚119040克朗;造墓用去2800克朗;捐给瑞典慈善事业17183克朗;谋求巴黎的瑞典侨民纳福利15880克朗。"这样还剩下2.4万克朗待分配,但似乎瑞典全国人民都求我救助。我每天从全国收到一堆信,昨天我收到一封信,只需要3万克朗,购买一家采石场,已看中了好久,他想我应该赠给他这笔无足轻重的款项。"

诺贝尔的确提过一项要求。有一件东西对于他十分重要,因此他直接同遗嘱执行人交涉。瑞典科学院为了表彰他和他父亲在硝化甘油运用方面取得的成就,曾授予他们两人一枚奖章,这项要求就是关于这枚奖章的。他写道:

> 这枚奖章最好交给我。我母亲曾在信中写道:"这枚奖章属于阿尔弗雷德·诺贝尔。"我完全理解她这句话的含义。我母亲知道许多外界所不了解的事情。

诺贝尔的哥哥罗伯特·诺贝尔。同弟弟一样,他也有着聪明过人的头脑和卓越的经营才能。从1873年开始,他在诺贝尔的帮助下,在巴库地区建立了当时世界上最大的炼油厂。后因身体原因返回瑞典,1896年9月去世。

1891年,诺贝尔从巴黎搬往圣雷莫时,在他所带走的少量财产中,就有安德鲁·佐恩为他母亲画的画像。母亲的画像一直陪伴着他直到生命终止。

母亲是诺贝尔平生最爱的人。诺贝尔似乎没有得到其他任何人的爱,除了他年轻时在巴黎邂逅的那位女郎。他对他的兄弟都很友爱,虽然三人脾气各不相同。诺贝尔竭力帮助路德维希和罗伯特在圣彼得堡和巴库的事

十、个性人生

业。路德维希主张最重要的是把他的事业扩展到庞大地步,而不充分考虑可利用的方法。诺贝尔比较谨慎,不愿借债,这一点上有时引起两人意见冲突。阿尔弗雷德在信中说:"主要一点的问题在于我们的意见不同,就是你动手建造,然后找资金,而我打算未来先找资金,然后扩展。如果我们没有这点差别,我完全和你一样赞成扩展。"后来路德维希极希望能消除隔阂,便给诺贝尔写了一封情谊深长的信,诺贝尔在回信中说:

"收到您从维也纳发来的亲切无比的信,您简直想像不到我有多么高兴。我俩都已到了暮年,当然不必计较区区琐事,过去种种争论,亦多半因细节而引起。你总是对此想得太多,以致造成隔阂;而我与大家都和睦相处,只是有点和自己过不去而已。我绝对不希望和你闹分歧;倘若在我们的关系上存在过阴影的话,想到《圣经》上说的心里'要有光',就早已抹掉了。"

路德维希·诺贝尔是一个意志坚强的人,而且他家庭生活美满,这些都使诺贝尔对人生幸福充满信心。可是路德维希却因突患喉疾而离开人世,这使诺贝尔万念俱灰,甚至一度产生自杀念头。

诺贝尔对于帮助别人是非常慷慨的。在他的通信里,可以寻到许多求助,以及道谢的信。这些信用各种文字写就,包括:瑞典文、挪威文、俄文、德文、英文、法文及意大利文。诺贝尔不但用金钱接济人,有时又用劝告或个人的友谊帮助别人。特别令人感动的是一位瑞典穷苦女孩子的来信。她在巴黎曾有一个时期很穷困,后来在一家药房内得到助理员的职位。她并不向诺贝尔索款,反而告诉他自己一切都好。她将诺贝尔当成她的老伯父,告诉他有关生命的看法和万物的兴衰。别的瑞典人对她另眼相看,不去理她,而诺贝尔却不然。

"诺贝尔先生!如果你路经这里,请到黎弗里街,对我说一声早安。我能再一次见到你觉得很快乐。"

诺贝尔真的依她所说,到过那家药房。后来她又来信说:

"原来我想,我绝不能再见到你了,诺贝尔先生!当我看清楚确实是你时,我真是高兴得手足无措。如果我能给你做点什么事,那我肯定也会那样地快乐；无论如何，我希望能再见你一次。我的胸襟实在太小，在这世界上，除了妈妈、小马克和你——诺贝尔先生，就没有什么人可以眷恋的了。"

诺贝尔一定又去过几次那家药房，因为在另一封信中，她又写道："多谢你来探望我，多谢你给我的友谊。我想谁也再不会给我带来烦恼的了。"

看到这样的来信，真让人感动，催人泪下。

诺贝尔对贫穷的债务人很宽容，并不急着催他们还款；但对于富裕的债务人则要求他们像自己一样"绝不把债务偿还日期拖延"。

一次，他从巴黎写信给斯德哥尔摩的一位富裕的债务人说：

"你好像又忘了我向你提出的微不足道的要求了。我以为我已经等得相当久了。因此，我想通过大使馆或瑞典的慈善协会催收，以便分赠给那些贫穷的国人。"

这"微不足道的要求"是1万瑞典克朗，后来他把这笔钱作为帮助居住在巴黎的瑞典艺术家的基金了。

诺贝尔乐善好施被乞讨者们探悉，求助的信件雪片飞来。他在1892年的一封信中写道："每天至少有两打求助的信件，平均需要2万克朗，一年合计至少700万克朗，就是古尔德（J·Gould）、范德比尔（Vanderbilt）和罗特希尔德（Rothschild）也招架不住。我早就得出这样的结论，与其有个乐善好施的名声，不如被骂作吝啬鬼。爱莫能助反而使我感到痛苦，也经常如此过多地占去我本来有限的时间。"

他有时似乎真是入不敷出了。1886年他给他的亲密朋友里德贝克写信，对里德贝克是没有什么秘密不可谈的，写道："近几年来要我捐助的款项太多了，我被迫采取的态度也许会被许多人看成小气，但实在非这样审慎考虑不可。虽然我的收入很多，但近两年每一年都不得不从资金中拿出上百万克朗来贴补。这样下去暂时还可以，但不能长远继续下去。"

他常常发现他的施舍落入招摇撞骗者的手中，这是他慷慨好施的自然结果。在事业中也是这样，常遇有人舞弊。这样一来，使他对人生持虚幻的态度。但这并未阻止他救济贫弱。他本性忧郁，多次失望加重了这种倾向，常常表现在他的信中。的确，这些信传达了他是深感悲观的、孤独的、不愉快的，还怀疑他的同伴。他宁愿脱离社会。有一次罗伯特·诺贝尔要他去

十、个性人生

巴库,他回信说:

"能够引诱我去仅有一件事,就是可以和你们,哥哥们在一起,但是那里无水,多沙和充满油味的旷野不能吸引我。我要隐居在山林中,那里只有无情的草木,不会搅乱我的神经,假使我能办到,我要远避城市和沙漠。"

纪念诺贝尔的硬币。

最令他气愤的是有人在求他解囊时故作聪明,暗示若肯资助日后将会分享其利。读到这样的来信他会勃然大怒:

但愿你能理解一个人可以无私地帮助别人!在犹太人当中,懂得这一点的人只有基督,而他竟也以被奉为神明作为报酬,岂非咄咄怪事!"

孤独的诺贝尔常因别人的忘恩负义而伤心,他在给友人的信中提到此事时说:

"有人说我有'很多朋友',可是哪儿有那种朋友呢?他们处于在已经蒸发的幻影之泥土底下,抑或在堆砌的金币之旁?所谓很多朋友,只不过像各位以其他动物之肉养狗,或以您自己的肉喂寄生虫之类,其表示感谢的胃与感谢的心是双胞胎啊,阿门。"

3. 谦逊为人

诺贝尔天生谦虚,既不喜欢多谈自己,也不写一切私人的日记。他不爱接受记者采访,更厌恶在报纸上、杂志上炫耀自己。尽管他在世时早已赫赫有名,但知道他的人实在有限。诺贝尔爱工作,厌恶一般社交生活,如应酬、接待等等。如果有机会,他乐意与有才智的人们往来,尤其是那些见多识广的人。诺贝尔曾这样写道:

"人生有一件不幸的事就是回避一切有教养的社会,忽视与善思考的人交流思想,最后失去了这种活动的能力,牺牲了自己获得的他人的尊敬。"

为了这个原因,阿尔弗雷德·诺贝尔从来不让自己成为一个乏味的科学工作者。他具有尊贵的人格和理解人类一切的本能。

诺贝尔不慕虚荣的事情很多。有一次一位编辑向他索取照片好在杂志上刊登,他坚决拒绝,说:"在这煞费苦心和厚颜无耻大肆宣扬的年代里,只是那些具有特殊资格的人才让他们的照片在报纸上出现。"一位瑞典出版商要出版一本瑞典名人专集,同他接洽时,诺贝尔回答说:"我喜欢订阅这部有价值有趣味的书,但我请求不要把我的照片刊登在这个专集中。我不知我应否得名望,我不喜欢谀辞。""我天生的意愿是少给死者荣誉,他已没有感受,我们为死人建纪念碑不如帮助活着的人。"在有人提议为法国化学家和微生物学家巴斯德(Pastenur)举行纪念仪式的时候他明确地表达了这一观点。

"我相信巴斯德自己会拒绝这种表彰的勾当,他厌恶任何用他的名义来标榜,因为他厌倦在事后登门拜访的人们。像这里所住的名人一样,他没有受到那些最厌恶的新闻记者们的烦扰。他们比臭虫还讨厌,如果有人发明一种药粉,消灭这种两条腿的害人精,那真是再好没有的事。我相信巴斯德是受到新闻记者的注意,他们曾使他筋疲力竭,甚至宁愿抛弃科学院的荣誉。用他的名义建立一个基金会比一面奖章更合他的意,他获得的勋章已经足够了。"

哥哥路德维希曾要求他写一个自传,他不肯从命:

……你为什么用写自传的事来折磨我呢?只有戏子和杀人犯的自传才有人看,特别是杀人犯的,不论他的"丰功伟绩"是关着门在家里取得的还是在战场上取得的。

由于他哥哥一再坚持,他就回信附了下面这篇传略给他:

阿·诺贝尔呱呱坠地之际,一个仁慈的医生就该及早结束他多灾多难的生命。

主要优点:平素清白,从不牵累别人。

主要缺点:未娶、无家室、易发脾气、消化不佳。

惟一愿望:不要被人活埋。

最大罪过:不向财神顶礼膜拜。

一生重要事迹:无。

这样说是不够还是多余呢?在我们这个时代,有哪些事情才能叫做"重要的事迹"呢?

十、个性人生

在我们这个被称为银河系的小小的宇宙漩涡中,大约运行着100亿颗太阳,但太阳如果知道了整个银河系有多大,它肯定会因为自己的渺小而无比感到羞愧不如。

到晚年,瑞典乌普萨拉大学授予诺贝尔哲学博士学位,照惯例要写一份自传,这样他才写了惟一的一份朴实无华的自传:

1997年,由瑞典邮电总局发行的诺贝尔纪念邮票。从1946年开始,瑞典政府的这种纪念方式从未间断。

"本文作者生于1833年10月21日,他的学问来自家庭教师,从没进过高等学校。他特别致力于应用化学,生平所发现的炸药有猛炸药、无烟炸药——又称'巴里斯梯'或称C·89号。1884年,选入瑞典的皇家科学院、伦敦的皇家学会和巴黎的土木工程学会。1880年获得极星勋章,又获得法国大勋章。惟一的出版物是一篇英文作品,此外获得银牌一块。"

说到诺贝尔所获的勋章,固然不止这些。但他认为这些荣誉多与他研究的炸药无关,因而极为淡漠。诺贝尔曾风趣地说:"瑞典政府授予他极星勋章,那是由于他的厨师的烹调本领,受到一位名人的赏识;法国勋章是由于他结识了一位部长,而且过从甚密的结果;巴西的玫瑰勋章,是因为偶然认识了一位要人。"最后竟说他之所以得到波立华勋章,是因为授勋人想摹仿一个名剧中授勋时的情形。这些言谈当然不能作为他获奖的事实根据,但是它从一个侧面真实地反映出诺贝尔的谦虚精神。对于表彰他科学工作的奖章,他极为珍惜。他说:"我有瑞典科学院所赠的一枚金质奖章,我又是这科学院的成员;我极重视这些奖品,在我看来,它的价值远在其他各种勋章(连波立华勋章在内)之上!"

现今诺贝尔基金会保存的他惟一的一张画像是在他去世后画的。诺贝尔生前拒绝为他画像摄影。有一次他的侄儿伊曼纽尔·诺贝尔要他坐下来让一个著名的俄国艺术家画一幅肖像,他几次回信解释为什么他的容貌不值得画下来保存的理由:

"我已会见了画家马可夫斯基,我要告诉你,如果上帝他老人家能够大发慈悲让我年轻30岁,使我的躯体值得花费画家的颜料和画布的话,我就会像一个听话的孩子那样坐着让马可夫斯基画像,让我那长着一把美丽、有趣的、而且非常显眼的猪鬃似的胡子的……不出众的尊容留给子孙后代,我漫无目的在人生的海洋中四处漂流,没有值得自己欢欣鼓舞的回忆,对将来既没有令人愉快的幻想可以安慰自己,也没有任何东西可以填补自己的空虚。我没有家庭可供布置这惟一的遗物,没有朋友能使我的感情得到有益的发展,也没有因恶意而招来敌人。不过我却有自我批判的习惯,通过自我批判,一切无可洗刷的丑恶揭露无余,遮掩我的缺陷的面纱也撕得粉碎,因而使我深感痛苦,这样的一幅肖像挂在一个欢乐和百事如意的家庭里是极不协调的,应该丢进纸篓里去。"

当有人希望将其新造的轮船命名为"阿尔弗雷德·诺贝尔"时,他婉言拒绝了对方的要求,他的理由是:

"这实在有种种困难:第一,船属'阴性',如果任意给她变性,她一定会不高兴。第二,你说船很摩登,那么,以我这个老朽不堪的人的名字为名,不是很不吉利吗?"

苏特勒夫人老年时的像,她后来获1905年诺贝尔和平奖。

也许有人会认为,这些只是诺贝尔做给世人看的一种姿态。但是,这种"姿态"对于处在当时社会条件下的大发明家和大企业主是根本没有必要的,谦虚是诺贝尔的本性。他厌恶在大庭广众下抛头露面,被公开宣传,或被拍照,或者让报刊杂志登载他的消息,对各种名誉头衔和颂扬不屑一顾,同时也因为他真正感兴趣的工作。他不愿自己的工作因这些事务而被中断。

4. 慈善的大资本家

苏特勒夫人曾记述第一次与诺贝尔会见的经过。诺贝尔在报纸上刊登招聘私人秘书的广告,苏特勒夫人就来应聘。他们从此互通音讯。她写道:"他的信是诙谐而聪敏的,但又是悲哀的。他好像是不快乐,是一个文雅的

十、个性人生

厌世者,对人生抱有深刻的哲学态度。虽然他是瑞典人,他的第二外语是俄语,他用德文、法文和英文写成同样正确无误的文体。经过几次交换信件后,我们达成协议,我接受任聘。阿尔弗雷德·诺贝尔给人很愉快的印象,他在征聘广告中说他自己是一个'老绅士',我曾想到他是白发苍苍的病弱的人。但不是这样,他当时只有43岁,身材不很高,胡须色深,面貌不美也不丑,他的表情是忧郁的,幸而被蓝眼睛发出的慈祥的光掩蔽。他说话的音调时而悲郁,时而讽刺。他到我住的旅馆会见我,因事前通信,所以见面时彼此不很拘束。我们的会谈活泼而有趣。在餐厅早餐后就坐他的马车同游香榭丽舍大街。后来他带我到他住所,指出为我准备的一套房间。"

这段记述表明他是有修养的人,并不是严格而苛刻的雇主。

"只顾自己而不顾别人的人,他就像无法接触阳光的宝石似的东西。"这是诺贝尔的一句座右铭。他无论在何地方开办公司和工厂,都比较关心职工的利益。

诺贝尔从事炸药事业,一直以严密的安全措施为重点。他认为一点点的失败或疏忽,即会招致无法挽救的严重后果,安全措施才是最重要的。在考虑安全问题的时候,他必定想起他心爱的弟弟埃米尔惨死的可怕情景,想起硅藻土炸药诞生之前,全世界频繁发生的爆炸事故,强烈的社会责任心驱使他为达到安全目的而不顾经费问题。尤其是那位错把哥哥当弟弟的法国记者,把他说成是一个靠兜售杀伤力不断提高的武器发了大财的商人,真是骇人听闻,让他不寒而栗,反复强调"安全超前生产"。

他不同意随意解雇工人。有一次发生关闭博福尔斯工厂一部分的问题,他就此事在给侄儿——海尔马·诺贝尔的信中说:"我没有充分的材料宣告一定的意见,我们是应该继续还是关闭,不过既然要发生裁减一部分职工的问题,我的意见是应竭力维持,以避免那种痛苦的办法。"

奥地利的诺贝尔工厂员工的后代们说,19世纪七八十年代时该厂的工

晚年的诺贝尔疾病缠身,他看起来有些虚弱,但这并没有影响到他的事业,甚至在1894年,他去世前的两年,他还创办了新的工厂。

资与劳动条件是："非常优秀而年轻的人都为了能够在此工作而依序等候着。只要在该工厂工作了一定期限，则每个月都可以领到奥币30元左右的奖金。"当时的报界曾经以惊奇的态度报道说：

"在这些公司里，可以免费享用专门医师的诊疗，而且有有组织的社会保障。之所以采取这些措施，乃是为使诺贝尔公司的员工在退休之后，不至于流落贫民救济院或饿死街头。"

诺贝尔作为一个雇主能够真正地尊重他人的自由。保守的报纸《工人的朋友》(The Working Man's Friend)的编辑曾请他在博福尔斯推销这种报纸，向他说："煽动者们正在向工人灌输许多麻醉毒物，每一位雇主为了他自己的利益应预备解毒剂。"诺贝尔回答说："如果规定博福尔斯的工人们应读什么报纸和不应读什么报纸，那我将认为是无理由的；反过来，他们有要求我做出这种不干涉他们自由的权利。"

由于诺贝尔尊重工人的人格和关心工人的福利，据说他的公司的工人从未发生过罢工事件。

对于他的主要助手，他更是关怀备至。例如，当他在1891年被迫移居意大利时，他在法国聘请的助手法伦巴赫不愿同他一道去意大利，于是他就发给他高额退休金，就地退休。此后，他在1893年聘请瑞典青年工程师索尔曼来意大利为他助手时，诺贝尔认为他很称职，就在他的圣雷莫别墅附近为索尔曼买了一栋别墅。对于那些平常向他寻求帮助的人，只要诺贝尔认为他们确有困难，他也会慷慨解囊，予以帮助。由此看来，他似乎没有一般资本家那样贪婪。与此相反，他对自己却又非常节俭。他不抽烟，不喝酒，不赌博，当然更没有任何挥霍之举。

以下是诺贝尔居住巴黎时支出簿中的记录：

给托洛鲁（朋友）的帽子	300法郎
我的手套	3.75法郎
新马	8000法郎
给R夫人的花	40法郎
上衣（给工人的关照）	0.25法郎
给里德贝克的汇票	2300.000法郎

十、个性人生

给欧吉斯都(仆人)	52法郎
给托洛鲁的葡萄酒	600法郎

世界首枚纪念诺贝尔的邮票。
（1946年，瑞典）

诺贝尔极其尊重做出过贡献的科学前辈。发现硝化甘油的意大利化学家索布雷罗晚年生活贫困，诺贝尔便把他请到自己在意大利的公司担任高级顾问，付给他高薪，直到他在1888年去世。索布雷罗去世之后，诺贝尔还出资为他塑像立碑，以资纪念。

诺贝尔认为，巨额财富来自于社会，应该回归于社会。他不主张资本家将巨额遗产由子女继承，认为那样会导致子女的腐败和社会的退化。与此同时，诺贝尔还积极主张对老人、儿童建立一种普遍的国家补助金，对失业者也应当建立一种社会保障制度。1879年初，诺贝尔曾说过这样的话："当这个世界被真正文明化时，尚无能力工作的小孩和已经无法工作的老人，他们将会获得由国家支付的生活费，此乃当然之事，而其所需要的费用也不会太多的。"

5. 诺贝尔的政治观

尽管诺贝尔远离政治活动，但由于他无论居家或旅行都喜欢阅读书报，加之亲身经历，他对瑞典、俄国、法国的政治局势非常熟悉，并对政治活动有自己独到的看法。

诺贝尔30岁时，写过一篇政治小说，其中的一个片断写道，即使是在法国革命中，政府残酷无情，杀戮无辜，罪责也大于人民。然而在那时，他仅信赖受过教育的人。在他所提出的法国政权体制中，只有受过教育的人才有选举议员的权利；议会惟一的职权就是选举大约50名省长，再从省长中推选一位总统。在和平时期，省长的否决权可以限制总统的职权。阿尔弗雷德的政治思想主要以权力主义为理论基础，尤其不信任普通百姓。同年他写过一首诗。通过其中的某些片断,可以窥见他的政治见解。当时,登基不久的新沙皇废除了国内的奴隶制度。

> 我常常漫步在彼得堡的一座桥上,
> 在沉思中消磨时光……
> ……圣彼得堡要塞赫然耸现狰狞可怖,
> 惨淡的光在花岗石壁上留下了鬼魂模样。
> 意志坚强者也不禁毛骨悚然。
> 恐怖的时代已经过去。
> 几年来,
> 人民享受了温和君主的恩赐。
> 新沙皇万岁!
> 有的人骂他,虽然相信他的仁慈,
> 有的人对他私生活百般挑剔,
> 但我知道:他是个诚实的人。

诺贝尔并不反对诚实的专制君主。后来他写了一篇对话体的政论文章,依然坚持"高贵者"统治国家的观点。他写道:

受过教育的人的判断能力胜过没有受过教育的人,后者本能地向前者请教,这一点是无可非议的。为什么偏偏要在政界背离事物发展的自然规律呢?我认为,只有受过教育的人才应该拥有选举权。人人享有选举权,这就几乎相当于父子在家中的权力均等。

诺贝尔是政治斗争的受害者,1889年8月1日,意大利政府与达纳炸药总公司签订了首批30万公斤无烟火药的合同,合同出人预料地在法国引起一场政治风波。右翼势力反对这项交易,在报刊上发起一场攻势,矛头直指诺贝尔的合作伙伴,巴布因是共和派的显要人物,他经手的交易,政府应负有责任。

公众对布朗热将军拒绝当权执政感到失望,对为这位素有众望的将军捧场的议会失去了信心,这些因素助长了右翼的宣传攻势。在这种动荡不安的形势下,巴布错误地要求陆军部长弗雷西内公开声明,向意大利出售无烟火药在法律上无懈可击。可是却遭到部长的拒绝。巴布恼羞成怒,便于

十、个性人生

1890年3月在议院抨击了弗雷西内。

结果,这场内部冲突使右翼报刊加强了宣传攻势。报纸上谴责诺贝尔,使他成为这场政治斗争的受害者。

布朗热事件之后,诺贝尔形成了自己的政治倾向。从某方面看,诺贝尔在政治方面是急进派,他的态度无疑是受俄国环境的影响,他是在那里成长的。他像雪莱一样,倾向于"布尔什维克",但他的急进主义是温和的。对于人类历史文化遗产、民族文化,尤其是沙皇专制统治给以否定。但是由于他不太相信群众的政治觉悟,对一般的选举制度或议会制另眼相看:出于对战争狂热,盲目冲动的群众,通过自由选举形式把蛊惑人心的政客推上统治地位,那么威力巨大的现代化武器也不一定能够阻止他发动战争。诺贝尔并非无政府主义者,而是认为良好的政府应有一定的权限。他对妇女的选举或女统治者持批评态度,他认为"治理国家乃是男人的事"。

诺贝尔铜像。

晚年的诺贝尔自认为是个"有种种限制的社会民主主义者",但索尔曼对此有不同看法,他说:

"就思想、言行而言,他并非民主主义者,他固然对自己工厂的员工非常亲切,却没有与他们有个人接触的时间。他对自己家里的佣人虽很宽大,但因他注重礼节,所以若他们想以个人身份接近他,这是无法办到的;即使他因生病而希望有人照顾的时候也是如此。"

就是说,他与仆人之间保持了一种等级的尊严。正如他总是把索菲娅看成一个底层家庭出身的人物一样,没有真正的平等。

此外,诺贝尔对政府、国家权威,及其法律的、经济的施政所表示的态度是生产方式之国有化,这有悖于社会民主主义的根本思想。相反,他反对将其偌大的遗产让予自己的近亲继承,他认为,这样会"诱发人的惰性,而对人类的堕落有所贡献",他遗书的内容便是这种思想的体现。

6. 无神论者

诺贝尔喜欢表白他的无神论,在写给和他同样观点的人信中,有好几段讽刺信仰耶稣的话。他憎恨牧师们的 18 世纪教条。但据此认为他就是无神论者无疑是错误的。他对耶稣教的伦理怀有善意,但对教条是厌恶的。

诺贝尔是巴黎的瑞典教会慷慨大方的捐助人。1885 年他给巴黎瑞典教会的牧师苏德布劳姆的信中含蓄地写道:

"虽然我常常受骗,但我总喜欢帮助那些诚实而勤劳的人,当他们因困苦奋斗而不能自拔的时候。有一位 B 先生想他只需 600 法郎就可以对付,不过我确实知道这样不彻底的帮助实际和不帮助一样,所以我就加到 1000 法郎。但愿这 1000 法郎对他有用。此外他还有一位好的代言人,我对他满怀尊敬,可惜我们很少见面。我们的宗教观点对待形式的不同大于实质,例如讲到我们对待邻人像他对待我们一样,彼此都同意。实际上应该更进一步说我厌恶我自己,但我不厌恶我的邻人。另一方面,讲到我的宗教理论观点,我承认与正常的相差很远。这是因为我认为这些问题不是人类的理性所能解决的。在宗教问题上,要知道我们必须信仰如改圆成方一样是不可能的,但是要区别我们所不能信仰的决不是在可能信仰的范围之外。我不想超越这个范围。任何沉思的人应该理解到我们被永恒的谜包围着,这就是每个真正宗教的基础。你通过面纱什么也看不到,你相信你所看到的是个人的幻想,所以应限于个人观点的范围内。我本想表示感谢你友好的来信,并致特别敬意,不想竟扯到玄学方面,越谈越远了。"

诺贝尔是从为了和平的目标而去关心和研究宗教问题的,只要战争存在一天,人们就会认为我是依靠战争发财的投机分子;要使战争连根拔除,必须在人心里播下和平的种子,那么宗教是否有益于和平事业呢?他认为:

"宗教是一种无形的力量,它存在于各个不同的民族或国家;每当我沉思冥想时,似乎隐隐约约感受到一种支撑我的力量,而且世事的变迁,突来的灵感,人类文明的运行不已,似乎都受到这种力量的支配与推动。由此看来,世界和平的实现,宗教该是一个不可缺少的力量!"

十、个性人生

应该如何利用宗教来建立和平呢？诺贝尔通过对各种宗教进行详细剖析后发现："第一种宗教都有很好的教义，都规劝人类趋善去恶；每一个民族、每一个国家也都有自己笃诚的宗教信仰，既然如此，为何战争仍无法从历史上绝迹呢？"

评选诺贝尔奖的地方。

"每一个民族都坚信自己所崇拜的神才是宇宙间的真正主宰，他们蔑视其他的宗教信仰，因此争执、排挤就不断产生，战争也接踵而来，严重破坏世界和平。"

瑞典文学教授亨利克·谢克评价诺贝尔的宗教观时说：

"宗教之对他有价值，是当它成为人类的爱而出现的时候，有许多人从其偶尔发出的言论，便认为他是天生的无神论者，而把他当做一切宗教的信仰之敌。但所谓的无神论与此完全不同，年轻的诺贝尔曾受雪莱的影响，他的人生观与雪莱大致相同，与其说是思想家，不如说是诗人所具有的东西了。然而因为支配的理念是他崇高的理想主义，所以他才反对各大宗教所尊奉的信仰之神。因为对他而言，那个神是残忍而不公正的世界之统治者，他必须担负一切宗教战争，与迫害其他宗教的责任。然而在拒绝的态度背后，却令人感到他摆脱其他各种错误的思想，而追求某种存在洁净的光荣的思想。那种思想既是和平之神，也是包含人类的爱神。因此，雪莱与诺贝尔的无神论界于基督教与柏拉图之间。"

十一、伟大的遗嘱

1. 遗　嘱

　　诺贝尔在他生命的最后几年,曾先后立下三份内容非常相似的遗嘱。第一份立于1889年;第二份立于1893年;第三份则立于1895年,存放在斯德哥尔摩的一家银行,也就是要以它为准的最后的遗嘱。

　　诺贝尔一想到要带着"军火商人"的罪名离开人间,就不寒而栗。为了在身后留下一点印记以表明自己纯真的心迹。他急于处置自己的财产。1889年3月,56岁的诺贝尔给一位住在斯德哥尔摩的友人写信:"请你费心请一位瑞典律师,给我准备一份遗嘱的适当格式。我头发已灰白、身体已虚弱,我必须避免死后的纠纷。我早应该准备了,只是我忙着许多其他的事。"

　　从信中可以看出诺贝尔只是在索要一个样本,在拟定格式后再起草各项条款。然而寄给他的样本,措辞过于空洞,不合实用。本来诺贝尔经过多次诉讼案件的教训,对律师已不信任,指责他们是"渺小的寄生虫",现在更是对他们失去信心。于是决定由自己拟定。这第一份遗书看来比较简单,也并未拟完,主要强调了分配一笔基金给斯德哥尔摩大学。

人到晚年,诺贝尔考虑最多的就是怎样为后世留下更多的东西。在深思熟虑之后,他做出了一生中最重要的决定。

十一、伟大的遗嘱

3月底他收到遗嘱样本。他的朋友在信中提到斯德哥尔摩大学（Stockholm University），因为诺贝尔在3月30日的回信中说："谢谢你寄来的遗嘱样本。我将考虑斯德哥尔摩大学，不过我还不能决定年轻人是像尼布甲尼撒（Nebuchadnezzar）那样习武好，还是熟读书本好。这是一个难题。我认为这位巴比伦皇帝不愿当最伟大的哲学家，而喜欢获得快乐勋章（Order of Pleasure）的大十字架（Grand Cross）。"诺贝尔的确分配一笔捐款给这所大学，不过后来他改变了主意。

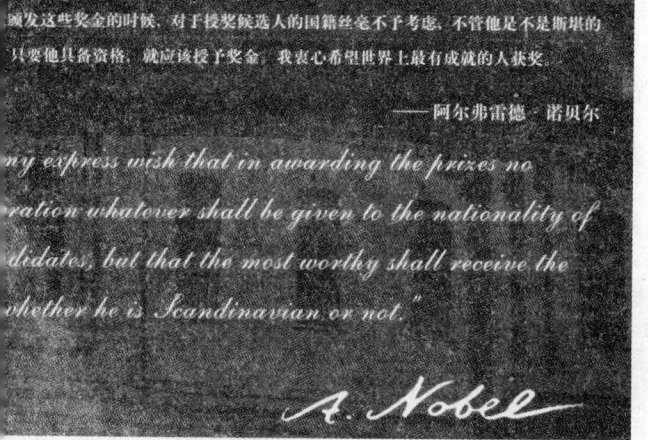

诺贝尔遗嘱的一部分。

第二份遗书写于巴黎，时间是1893年3月14日，见证人是汤劳斯顿（Thorusten）、诺登费尔特（Per Nordenfelt）、尼尔生（C·Stein Nielsen）和埃伦伯格（Sigurd Ehrenborg）。这份遗嘱未指出确定款数，只是列出他财产的一定百分数分给各个人。这些人是他的朋友和亲属，共有22人之多。他财产的20%是分给他们的。此外他将一定百分数分给下列各社会团体和教育学术研究机构：巴黎的瑞典俱乐部（The Swedish Chlb）、维也纳的奥地利和平朋友协会（Austrian Society of the Friends of peace）（为推进和平方案专用）、斯德哥尔摩大学（管理部门可斟酌支用）、斯德哥尔摩医院（罗琳娜斯卡研究所管理部门决定支用）。他还拨出一笔款项付与罗琳娜医学研究院建立一个基金，遵照管理部门的决定，每三年将基金所得利息奖给生理学或医学领域内最重要和最新的发现或发明。诺贝尔特别指定将它财产的17%分给上述各团体。遗嘱中接着写着："余下的财产全部赠予斯德哥尔摩科学院，建立基金，每年由科学院将利息奖给知识和进步广大范围（除去生理学和医学）内最重要和最新的发现或才智的成就。虽然我没有做出绝对条件，不过我的愿望是奖给这样一些人，他们不论在文字或行动上向一些人或政府坚持反对创建欧洲和平法院的偏见进行斗争取得成功。我希望按照

诺贝尔传

我遗嘱考虑奖给最应获得的人,不管是瑞典人或外国人,是男人或女人。"

遗嘱又接着说:"我想用一笔巨大款项扩建大城市的火葬场,希望斯德哥尔摩罗琳娜斯卡研究所愿意承担这件事,这是对社会健康和福利有关的重要事,应热心完成。"显然这份遗嘱比后来的一份更有效,因为已指定各受托人。

这份遗嘱和最后的遗嘱有一些差别。在这份遗嘱中没有指定挪威国会或瑞典学士院分配奖金。上列各机构所行使的权力概付于科学院(Academy of science),至于和平奖可以选定一机构。这份遗嘱中没有提到文学奖,但说到科学院不仅分配物理学和化学奖,还奖给"知识和进步广大范围(除去生理学和医学)内最重要和最新的发现才智的成就",这就是说科

纪念邮票上的遗嘱。

学院还有权力授奖给文学以及语源学、生物学、数学或其他方面做出成就的人。不十分明确的是诺贝尔想的每年只颁发一项奖(例如物理学),还是各科学的几项奖?前一种情况似乎有较大可能性,即一年颁发物理学奖,第二年颁发化学奖,以此类推。

这两份遗嘱还有一点差别是应该说到的。按照第二份遗嘱,和平奖是奖给为创造"和平法庭"积极工作的人。而最后的遗嘱,受奖人是"对国际间的友好、裁减或废除常备武装、创立和推进和平会议做出最有成就的工作"。最后的遗嘱没有提到和平法院,努力创立和平法院的人要被认为这个法院有促进国际间友好的趋向后方能获奖。

1895年11月27日,诺贝尔在巴黎的瑞典俱乐部签署了他最后的遗嘱,见证人是陆军中尉埃伦伯格(Sigurd Ehrenborg)、法官诺顿费尔特(Thorsten Nordenfelt)、工程师斯特雷伦纳特(R·W·Strehlenet)和瓦斯(Ieonard

十一、伟大的遗嘱

Hwass)。这份遗嘱对1893年的遗嘱做了一些改动，但仍保持主要部分。

诺贝尔对于科学院评定物理学或化学的各项发现是放心的，但对他们是否能评好和平奖则持怀疑态度，故决定把授予和平奖的责任由科学院交给挪威国会；可能因他对比昂逊和其他一些挪威诗人的同情，最后他对诗的兴趣使他把文学奖交付给瑞典学士院。他停止斯德哥尔摩大学、奥地利和平朋友协会和其他一些机构直接接受遗产。更重要的是诺贝尔意识到，给亲属大量的遗产将是个祸害。他曾说过："我是一个纯粹的社会民主主义者，虽说我的意见是缓和的。我尤其认为大量遗产只是一件阻滞人类才能的祸害；一个拥有财富的人，如果除去必需的教育费用，还传给更多的钱财，那我认为是错的；这样做只是奖励懒惰，且阻止他不能发展个人谋求独立的才干。……大量的遗产，对于多数人是一件祸害，凡拥有财富的青年，他们的命运即被毁坏了。"出于这种思想，诺贝尔改变了将部分财产分赠亲友的决定。

这份遗嘱的开头是："我——遗嘱签字人阿尔弗雷德·诺贝尔(Alfred Bernhard Nobel)，经审慎考虑后宣布，我的最后遗嘱是关于处理我死后留下财产的办法如下。"

这份遗嘱首先列出分给各个人的小量遗产，然后继续叙述如下：

我借此要求我的遗嘱执行人将我余下的可变动遗产按下列方式处理：他们将我余下的财产变成现金，然后进行安全可靠的投资，将这份资金建立一个基金会，将资金所得的利息每年奖给在前一年中为人类作出杰出贡献的人。将此利息分为五等份，分配如下：一份奖

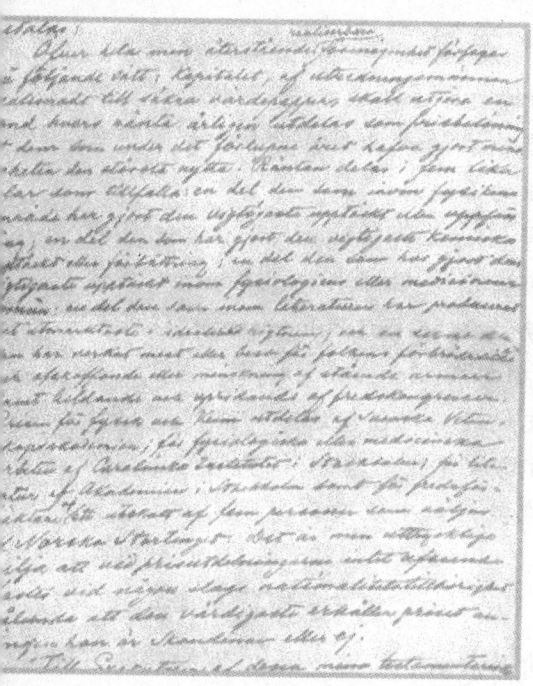

诺贝尔的遗嘱原文。

诺贝尔传

给在物理学范围内做出重要发现或发明的人；一份奖给做出最重要的化学发现或改进的人；一份奖给在生理学或医学方面做出最重要发现的人；一份奖给在文学领域内做出了具有理想主义倾向最佳作品的人；最后一份奖给为促进民族团结友好、废除裁减常备武装以及为和平会议的组织和宣传尽到最大努力或做出最大贡献的人。物理学奖和化学奖由斯德哥尔摩科学

评选物理学和化学奖的会议室。

院(Svenska Vetens kapsa-kademien)颁发；生理学或医学奖由斯德哥尔摩罗琳娜医学研究院颁发；文学奖由瑞典学士院颁发；和平奖由挪威议会选出的五人委员会颁发。我宣告表明我的意愿在颁奖中不考虑受奖人的国籍，不论是否有斯堪的那维亚的血统。

我已指定我的遗嘱执行人索尔曼(Ragnar Sohlman)，居住在夫兰德(Vernland)的博福尔斯。还有里尔杰奎斯特(Rodolf Lill-jepuist)，居住在斯德哥尔摩的马尔姆斯基尔拉德斯加坦(Malm-skilnadsgatan)31号和乌德瓦拉(Uddevalla)附近的班特斯福尔斯(Bengtsfors)。

这是我惟一有效遗嘱，我死后发现的其他任何遗嘱一律作废。

我还要表明我的遗嘱，在我死后请破开我的静脉，请高明的医生签字证实我已死亡，然后将我的尸体在焚尸炉中烧毁。

巴黎　1895年11月27日

阿尔弗雷德·诺贝尔

诺贝尔还指定当时只有26岁的助手索尔曼和另一个40岁的瑞典工程师里尔杰奎斯特作他的遗嘱的执行人。对于后者，诺贝尔生前只见过两次面。

十一、伟大的遗嘱

　　由于索尔曼和里尔杰奎斯特不熟悉法律,而诺贝尔的遗嘱又涉及到不少法律问题,所以他们两人后来首先聘请了一位叫卡尔·林哈根的律师作顾问。特别是协助他们与受托颁发奖金的各机构洽谈。林哈根当时任上诉法院法官,后来当选为市长。此外又聘请各国著名律师为各项法律问题的顾问,在瑞典有桑特逊(H·Santiesson)法官,法国有瓦尔达克—路梭(Waldeck-Rousseau)先生和戈里(P·Coulet)先生,英国和苏格兰有著名苏格兰律师瓦伦(Warren)先生,德国有沙拉赫(Scharlach)博士和汉堡的韦斯特法尔(Westphal)博士等人。

　　诺贝尔独自拟定他的遗嘱,没有任何法律顾问,所以遗嘱本身不能符合基本的法律要求,因此在执行中可能发生不少的问题,甚至引起争执。在这份遗嘱上,忽略了最基本的要求:他竟然没有指定一个遗产继承人!他只是

诺贝尔博物馆。

说一些机构颁发利息的五份奖。他没有对基金的管理列出任何条款。而且他假定罗琳娜医学研究院和挪威议会选出的五人委员会能充分了解近代文学,对物理学和化学范围内最新的发现以及近代的和平运动能够确定前一年中的成就或发现是最重要的。这种托付的事在某些情况下可能非常繁重,妨碍这个机构的正常职务。这样他们可能拒绝接受立遗嘱人所托付的责任。如果一个或所有的机构拒绝执行,那将怎样呢?遗嘱将被宣布无效吗?当这些情况真的发生时,就会引起争辩和纠纷。虽然从上下文来看,他的意图很清楚,把他的财产变换成为现金,以此成立的基金会将成为遗产的继承人,但他没有明文列出这一条。不过,即使他做了明文规定,遗嘱在法律上依然难以生效,因为这个基金会在立遗嘱的时候还没有成立。在大多数国家里,遗嘱必须符合严格的要求。有些国家的规定特别严格。阿尔弗雷德在法国有很大一笔财产,而法国正是要求遗嘱严格遵守规定的条例的国家。若是诺贝尔的亲戚能在法国的法庭上对遗嘱提出异议,那么全世界就会被剥夺这笔名望最大、荣誉最高的用于每年奖励为人类做出杰出贡献的人的奖金。

诺贝尔在逝世前几个月时说:"我不想资助一个半途放弃工作的人。另一方面我愿帮助有梦想的人们,当他们感到无从着手的困难时需要帮助。"富有想像的年轻科学家在物理学、化学或医学中刚刚开始有所发现的时候缺乏获得成功的方法,正是诺贝尔愿意帮助的人,可是在遗嘱中不能用文字表达这个意思。

因此诺贝尔在他的遗嘱中没有完全成功地表达出他的愿望。同时他把他的遗嘱看成是一份文件,只是列出大纲,条款可以根据大纲引用"奖给对人类提供最大利益"的人。这是他认为至高无上的。下面一段话对这一点是最重要的。

"我和诺贝尔博士谈话的结果使我深信他不愿他的遗嘱做出严格文字的解释。确凿的事实是他省略了详细的办法,是想给受托执行遗嘱的人留有余地。这是符合他的个性的。当他决定信任一个人的时候,他就完全无成见地信任,不加任何约束。他认为重要的是感受到这种个人信任的意义。诺贝尔不止一次地谈到他信赖瑞典各科学研究院为颁奖所承担的责任,因为他在瑞典会见过最多诚实享有荣誉的人,因此他认为他的遗嘱在瑞典得

十一、伟大的遗嘱

到执行比其他地方更审慎。上面已经说过,诺贝尔博士委托人承担工作惯于指示细微末节,我不相信他不会关心他的遗嘱要详细诠释,他从未和我讨论过这件事。"

另一位证人肯定地说:"诺贝尔博士未曾直接对我谈过关于详细解释他的遗嘱的事,但我从他对这件事的附注、按语和评论得出的结论是他希望付与受托人一切自由,只要符合遗嘱精神和原则。这是和他的习惯完全一致的。当他将一件重要工作托付别人时,只说明目的,不谈达到目的的所用的方法。"

无论怎么说,这份遗嘱严格按文字解释很难执行诺贝尔的重要意向。特别是讲到"每年"所得的利息奖给"前一年中"做出最重要的发现或发明,这往往是困难的,一项发明需有多年的准备工作,难以正确确定成功的时刻。而且一项发现的重要性未经检验和证实以前就授奖会明显出现异议。这一点是更需要慎重考虑的,因为诺贝尔的目的是要奖给真正有价值的发现。

此外存在无法确定世界主义者诺贝尔的真正住址,所以难以决定其申请裁决该遗书的法院。有人对阿尔弗雷德开玩笑,称他为欧洲最富有的流浪汉,他一生经常改变他的家。诺贝尔9岁离开瑞典,此后在纳税人的名册上就没有他的名字。他的生长年代里部分在俄国,部分在各国旅行。他持续居住最久的地方是巴黎,他逝世的时候在巴黎马拉可夫大街仍保持他的住所,准备供他随时回巴黎居住。在他生命的最后5年中,他的主要住所是在圣雷莫,他在这里过冬,最后还有博福尔斯,他夏天在这里度过部分时间。

举行诺贝尔奖颁奖仪式的斯德哥尔摩音乐厅外景。

他保持他的瑞典国籍,因此根据瑞典法律,他的遗嘱执行无疑是由这个国家的法律受理。另一方面出现的问题是由哪个地方的法庭受理，斯德哥尔摩法庭是他最后在这里注册纳税的，博福尔斯是他最后居住的地方。执行人为避免错误，将遗嘱在两处注册。

执行人将遗嘱校正的副本送交宗教事务部（Ecclesiastical De-partment）转呈国王，外附一信，恭请国王指示应采用的适当方法。首席检察长在1887年5月6日发表下列谈话：

"按上列遗嘱的各条款，立遗嘱人的遗产没有任何部分直接或间接付与瑞典国家或国王的。根据遗嘱先提出若干款项赠予个人，余额建立基金，所得利息拨充奖金，受奖人不论国籍，但要对人类有最大的贡献，这是这份遗嘱的特点。在这种情况下，无需瑞典国家或国王的任何权力保护，正当指定的遗嘱执行人已在两处法庭注册，不必再向政府注册。

可是遗嘱在正当承认后，基金会的财产总值将达数百万克朗。这个基金会是一位瑞典公民创建的，因此基金会的管理应由这个国家掌握，根据遗嘱，颁发奖金由胜任的一些学术机构承担，因此产生捐款的执行机构。它们不仅承担义务，而且有相当的权利。按这些事实看来，为国家或公众利益着想，最好将遗嘱另行特别注册，因为这样可以在其他事务中显示出瑞典国家和附属部门合作执行这份遗嘱。因为这是一件超越一般的重要的事，因此谁也不会忽视协助执行立遗嘱人的高尚意愿。本首席检察长假定瑞典公众团体将接受遗嘱条款中所委托的义务，为了公众的责任将遗嘱向国家提交特别注册这一措施是适宜的。这个义务无疑是繁重的义务，是公众团体的责任。关于费用，本首席检察长认为连同行政费用一并由遗产负担。如果对首席检察长的意见表示赞同，首席检察长将尽快下令采取必要步骤以保证国家为公众的利益使遗嘱特别注册。"

于是，政府在1897年5月21日指令首席检察长做出必要的法律安排，为国家和公众所需使遗嘱生效。同时政府要求瑞典学士院、科学院和大

诺贝尔传记。

十一、伟大的遗嘱

学校长们以及罗琳娜医学研究所采取措施与首席检察长合作。

因此遗嘱除由执行人法律注册外,又由瑞典政府用瑞典国家、瑞典人民、瑞典学士院、科学院、罗琳娜医学研究所的名义再次法律注册。挪威国会也安排了特别注册。

诺贝尔的一些后裔为争取遗产意见不一致,进行友好诉讼,执行人因利益有关也介入了,在瑞典国内出现接受审理的权限问题,最后决定博福尔斯法庭接受审理有关遗嘱事务。

可是国外的法庭,特别是法国,决不会得出这同一结论,确实有这样可能。例如关于遗嘱效力的争辩,法国当局会提出意见说他长期居住法国,在巴黎置有财产,阿尔弗雷德·诺贝尔在法国的住所是"事实的住所"(Domicile de fait),那就会得出结论,应按全部财产计算,在法国交付财产税。另一种结论是法国法庭有权决定遗嘱的合法性,由于遗嘱法律上的缺点,特别是根据法国法律,整个遗嘱可能被宣布无效。

2. 意外风波

阿尔弗雷德·诺贝尔几乎把他所有的巨额财产全部遗赠给人类,奖励那些为世界和平和科学、文学领域内做出杰出贡献的人们。这个史无前例的遗嘱惊动了整个世界。此外,同样使全世界感到震惊的是:诺贝尔明确地提出,这笔奖金应该用来提高那杰出人物的威望,不论性别,不论国籍,不论来自哪个大陆,不论讲什么语言。当时民族主义情绪高张,就连一贯对政治持冷淡态度的北欧国家也遭到波及;当时瑞典和挪威之间存在着争议,但诺贝尔却坚信挪威最有资格主持评定和平奖。他的一举动产生了特别巨大的反响。

当然,设立和平奖最令人百思不得其

诺贝尔创办的卡罗琳外科医学研究所。

解。当时广大公众对诺贝尔并不了解。在他去世之际，舆论界是这样描写他的：一位研制致命武器的大发明家和制造商，却把从销售摧毁性武器所积聚的全部财产献给了建设美好世界和人类的和平事业。一般公众认为，诺贝尔的发明创造为大规模屠杀提供了方便，因而良心受到谴责，为了补过赎罪，他才做出了如此决定，甚至还有人提议拒绝接受这笔沾满鲜血的金钱。

诺贝尔的遗嘱于1897年初在瑞典发表之后，最初不但没有得到瑞典公众的赞同和颂扬，反而遭到社会舆论的批评和谴责。当时瑞典社会舆论批评和谴责诺贝尔遗嘱的理由之一，是诺贝尔为什么没有把这笔巨额遗产捐给瑞典，而是实际上捐赠给了全世界。诺贝尔把奖励为和平事业做出杰出贡献的人的权力授予挪威议会，更触犯了瑞典人的民族自尊心。挪威为了实现独立自主，进行了长期的、不屈不挠的斗争，正准备废黜国王，以割断与瑞典的最后联系。皇室大部分的权力已经移交给挪威议会。诺贝尔逝世的时候，挪威议会正在发起一场运动，反对挪威向军队提供经济援助。和平主义在道义上给民族主义斗争提供了强有力的支持。以国王为首的瑞典公众，认为此举无论是有意的还是无意的，都表明他支持挪威从祖国分裂出去。此外，诺贝尔在遗嘱中明确地提出，斯堪的纳维亚人在获奖方面不具有任何优先权，为此他们更为恼火。

诺贝尔既然没有给瑞典任何资金和特权，为什么要瑞典承担这些额外工作，从而给瑞典人带来不能给他们任何利益的麻烦。瑞典那两所将负责评定各国科学家和作家的成就的学术机构，也准备拒绝接受这项光荣的使命。瑞典科学院和罗琳娜医学研究所尽管享有盛誉，实际上只是一种地方性的由知名学者组成的机构，要接受这项任务，无论在精神上还是在组织上都毫无准备。这项新的使命范围很广，任务很艰巨，很可能打乱他们的正常业务。就连瑞典国家本身也有可能由于奖金的分配问题陷入国际范围的争论，或者被认为有所偏袒而有损国家声誉。

当时瑞典社会舆论的这种批评和谴责倾向，在时任瑞典科学院院长汉斯·福舍尔的不满情绪中得到集中反映。福舍尔认为，诺贝尔的巨额遗产理应捐赠给瑞典科学院，以用来发展瑞典科学事业。不然的话，他将拒绝执行诺贝尔遗嘱中的委托，拒绝参加与诺贝尔物理学奖和化学奖评奖细则的研究和制定的一切有关会议。

十一、伟大的遗嘱

总之，在诺贝尔遗嘱公布之初，瑞典的社会舆论的批评和谴责之声占了上风。

诺贝尔遗嘱披露之后，对这份遗嘱最不快和最不满的人，还不是一般的瑞典官员和民众，而是诺贝尔的亲属。阿尔弗雷德·诺贝尔两个哥哥的子女早就料到他会将一大笔财产遗赠给公共福利事业。但是，现在他们痛苦地发现，他们几乎得不到什么遗产，这远远超出了他们的预料。他们也知道，根据先前的一份遗嘱，都能分享到一大笔财产。尤其严重的是，在俄国的路德维希的子女这一支，势必会蒙受巨大的损失。这是由于诺贝尔在巴库石油企业的股份将兑换为现金，这个消息打乱了票证交易所股票买卖的局面。他的大宗股票在巴库油田起着决定性的作用，要么买下这批股票，否则诺贝尔家族就会失掉这个庞大企业的控制权，何去何从引起了巨大的关注。

然而，正是路德维希的长子伊曼纽尔，不顾遗嘱会给自己的经济地位带来不利的影响，仍然希望尊重叔父的遗愿。他并且说服弟弟妹妹们支持他的立场。他们这一支不但顶住了来自罗伯特后代的强大压力，而且顶住了外来的压力。有些人为了使瑞典不致卷入这笔遗产可能造成的麻烦，也拼命地反对这份遗嘱。国王亲自要求伊曼纽尔不要为了表示慷慨而牺牲家族的利益。让挪威议会主持评定和平奖，对此国王公开表示愤慨。他把这个遗嘱称做是"不爱国的"，诬蔑这项规定是在女人的影响下做出的，这是影射诺贝尔与贝莎·苏特勒之间的友谊。但是，伊曼纽尔仍然坚定不移。

在1898年2月11日举行的会议上，伊曼纽尔·诺贝尔发表谈话，对诺贝尔基金会（Nobel Foundation）的创建特别重要。以下是这次会议的记录，出席的除伊曼纽尔外，还有阿夫·威尔生博士、穆纳教授、皮特逊教授、遗嘱执行人和起草秘书林哈根。

"诺贝尔先生说明他尊重已

挪威奥斯陆诺贝尔纪念馆前。

故叔父在遗嘱中所表达的愿望。所以他不争论遗嘱中任何内容。可是为了让遗嘱的高尚意愿生效,无疑需要改变并补充一些条款,这事应得到所有继承人的同意。

因此诺贝尔先生请求将这样的提议逐一转达给他,使他能考虑是否符合立遗嘱人的愿望,以决定他本人和代表的俄国家族分支那些人是否能同意。

其他到会的人发言说关于任何这样的提议征求诺贝尔家族的意见是当然的事。索尔曼先生代表执行人补充说,他们在执行职务时总是要取得所有受利益人的同意。由于诺贝尔先生对他叔父遗嘱的态度,他们将在处理遗产继承中,都要求得到他的建议和帮助,以满意解决有关遗嘱的问题,是他们的权利和义务。"

现在关于承认遗嘱的问题可算正当解决了,至少是代表居住在俄国的阿尔弗雷德·诺贝尔遗产的继承人(大约2/5)承认了。科学院接到遗嘱执行人再三的通知后,决定指派代表参加讨论关于基金会组织条例。

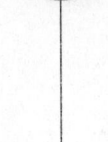

同时在瑞典的遗产继承人——罗伯特的家族对遗嘱执行人提出诉讼,根据技术上的理由要求遗嘱无效,他们更特别因为遗嘱中没有明确说明主要遗产继承人基金会,这个基金会在立遗嘱时尚未成立。开庭时原告声明,他们如果胜诉将实施权力按诺贝尔遗嘱的意愿执行。

经过几次延期洽谈后,在1898年5月29日和1898年6月5日分别达成协议,罗伯特一族在某些条件下承认遗嘱并放弃对遗产提出任何新要求。

这两份协议达成后罗伯特一族获得金钱利益总值等于遗产一年半所产生的利息。

1898年6月5日的协议中包含下列各条款:

"按遗嘱创立管理奖金的基金会组织条例应征得罗伯特·诺贝尔家族指派的代表同意起草,

诺贝尔墓地。

十一、伟大的遗嘱

并应呈报瑞典政府核准。

下列各原则应严格遵守，按遗嘱规定每一年一次颁发的奖金至少每五年颁发一次，从开始的这年算起，包括诺贝尔基金会正式成立后的这一年，颁发奖金的数目在任何情况下不能少于历年累积利息总值的60%，这份奖金决不能分作三起。"

诺贝尔的亲属刚刚停止了对遗产的争议，另一位"亲属"跳了出来要求分享一份遗产。索菲娅通过一位奥地利律师通知遗嘱执行人，根据习惯法她实际上是阿尔弗雷德的妻子。遗嘱执行人大吃一惊，展现在他们眼前的是持续18年之久的同居生活的证据，在这段时期里他俩从未停止过商谈合法婚姻的事。索菲娅还抛出了他俩断断续续在一起生活的证据。不过执行人感到最棘手的是阿尔弗雷德的一大堆书信，信封上亲笔写着"索菲娅·诺贝尔太太"！

索菲娅的律师以法律起诉进行威胁，果真闹到这一步就未免难堪。瑞典和挪威的机构说不定会因为事涉秽闻而拒绝接受任务，阿尔弗雷德的名望也会遭到玷污，此外还可能造成其他难以预料的影响。索尔曼等人则雇请了一位德国律师从中调解。后来，索菲娅本人以及她的律师扬言，要把诺贝尔写给索菲娅的216封信卖给出版商。诺贝尔写给索菲娅的那些信若是卖给出版商全部公开发表，其中有些细节对于索菲娅获得一份合理的遗产也不利。索尔曼等人则考虑，那些信若是卖给出版商全部公开发表，也将有损诺贝尔的声誉。

此后又经过德国律师从中调解，双方达成协议：诺贝尔生前给予索菲娅的终生年金将继续支付，此次在诉讼中所花的一切费用，将由筹建中的诺贝尔基金会承担。作为交换条件，索菲娅必须把诺贝尔写给她的216封信和诺贝尔的一张画像交给基金会，同时保证不做任何有损诺贝尔声誉的事。若违反这些协定，立即取消

纪念诺贝尔的邮票。

付给她的年金。索菲娅的奥地利律师作为担保人,保证索菲娅遵守协定的各项条款。这些信件放在诺贝尔研究所的档案里。就连信件的存在也始终严格保密。

在经历了种种周折之后,诺贝尔遗嘱执行中发生的风波总算平息了。

3. 诺贝尔基金会

1898年5月2日,瑞典国王代表王国政府以国家和人民的名义宣布诺贝尔遗嘱生效。并要求瑞典科学院、瑞典罗琳娜医学研究院和瑞典学士院通力合作,尽快拟定出诺贝尔遗嘱的实施章程与实施细则。这样由各颁发奖团体的代表,诺贝尔家族在俄国和瑞典两分支的代表和遗嘱执行人开始着手讨论关于诺贝尔基金会条例。

这个委员会在1898年和1899年举行了一系列会议。最后一次会议是在1899年4月28日在埃伦海姆(Von Ehrenheim)先生的主持下召开的。会议洽谈结果具体拟定"诺贝尔基金会条例草案",由执行人呈送国王审查核准。首席检察长提出意见后这份条例草案获得政府批准,只是做了一些不重要的修改,主要是技术方面的。这是在1900年6月29日完成的。拉古纳·索尔曼总结道:

"长久的奋斗终于结束,若参照过去几年的经验,则应认为这个结果是值得满足的。诺贝尔奖的颁发成为名誉的特权,诺贝尔财团也成为其祖国独一无二的国宝。过去我们认为如要完成诺贝尔赋予我们的任务,便会产生很大危险与困难之事已属杞人忧天。不仅如此,世人对瑞典与其文化的尊敬和理解也已大为提高。就我个人而言,能够参与诺贝尔财团的筹设工作,实在是三生有幸!"

同时执行人开始变卖诺贝尔的资产,结算财产,支付各接受遗产人。

阿尔弗雷德·诺贝尔留下的财产不仅在瑞典有,还有法国、意大利、德国、英国和俄国及挪威各地,在挪威仅有专利权。根据法国、意大利、英国和俄国交纳财产税的规定,将这些国家中的财产做出特别评估,1897年10月30日在博福尔斯附近的柏克博做出总评估,呈报卡尔斯科加(Karlscoga)地区法庭。

十一、伟大的遗嘱

挪威评选和平奖的地方。

根据评估,在这些国家中的财产价值如下:

国别	瑞典克朗
瑞典	5796140.—
挪威	94472.28
德国	6152250.95
奥地利	228754.20
法国	7280817.23
苏格兰	3913938.67
英格兰	3904235.32
意大利	630410.10
俄国	5232773.45
总计	33233792.20
负债和减额	1646589.92
财产总净值	31587202.28
国外交纳财产税	1325949.96
瑞典交纳财产税	1843692.25

总财产税	3169642.21
付给各个人遗产大约	1370000.—

遗嘱执行人在支付遗产税、财产税和其他税以及结算财产的费用和解决遗嘱诉讼案件的用款后，在1900年12月31日，结束了他们对诺贝尔基金的管理，留下31225000.36克朗交付诺贝尔基金会。

由于诺贝尔生前财产巨大，分布在各国的企业中有些是比较复杂的，因而在处置诺贝尔生前财产过程中不可避免地会出现纠纷，其中有一些是难以调解的问题，这就需要大量的时间。

外国公司的各种股票包括几百种不同的担保品，一概转售于证券交易所。

阿尔弗雷德·诺贝尔在巴黎马拉可夫大街以及在柏克博的房屋都拍卖掉了，在圣雷莫的别墅连同家具卖给了诺贝尔的一位德国朋友菲利普（Maxa A·Philippe）。

阿尔弗雷德·诺贝尔持有的诺贝尔兄弟俄国挥发油公司的股票拨归家族俄国的分支，博福尔斯工厂旧主人曾接管诺贝尔的股份和事业组成企业组合，因此这座工厂仍在瑞典人手中，按以前方式发展。

执行人在清理试验工作中决定，让布克波尔恩的阿尔弗雷德·诺贝尔的试验室继续运转一年，从前由诺贝尔资助与承担研究工作的各发明人签订的合同仍继续有效一年。这样决定的结果也有经济上的满足。

阿尔弗雷德·诺贝尔藏有文学和科学著作的图书馆，他的文件中有他的通信和大量有关他发明活动的记述以及他的试验室中许多他心爱的物件保存下来，移交诺贝尔基金会，陈列于诺贝尔博物馆。

1900年6月29日，瑞典国王在瑞典议会宣告诺贝尔基金会正式成立。根据诺贝尔基金会条例，选出的董事在1900年9月27

设在斯德哥尔摩的诺贝尔财团会馆。

十一、伟大的遗嘱

日举行第一次会议,选出董事会监管的管理理事会。理事会管理基金会的基金和收入。基金会的工作按以下实施章程开始运转:

一、根据诺贝尔基金会的实施章程,诺贝尔基金会的组织机构是:

1.诺贝尔基金会的董事会和理事会;

2.4个诺贝尔奖金颁发机构:瑞典皇家科学院、皇家罗琳娜医学研究院、瑞典学士院和挪威议会的诺贝尔委员会;

3.5个诺贝尔委员会分别负责5项诺贝尔奖金的相关事务;

4.4个诺贝尔学会为4个奖金颁发机构所属的专门学会,其行为对各自的奖金颁发机构负责。

诺贝尔铜像。

在诺贝尔基金会中,最高权力机关是董事会,最高执行机构是理事会,董事会由五名董事组成,其中正副董事长由瑞典政府任命。理事会实际上是基金会的执行机构。诺贝尔晚年的助手索尔曼被推选为理事会的第一任理事长。此后直到1948年,索尔曼一直在基金会任职。对于诺贝尔遗嘱的实施,索尔曼做出了巨大的贡献。

诺贝尔基金会的组织机构,到了20世纪初有了进一步的完善,在四个诺贝尔学会的基础上,又增设了一些必要的分支机构:

瑞典科学院所属的诺贝尔学会,分别在1937年增设了物理学部,在1944年增设了化学部;

瑞典罗琳娜医学研究院所属的诺贝尔学会,分别在1937年增设了生物化学部,在1945年增设了生理神经学部和细胞研究与遗传学部;

瑞典学士院所属的诺贝尔学会,在1901年增设了诺贝尔现代文学图书馆;

挪威议会所属的诺贝尔委员会在1902年增设了和平与国际关系图书馆。

诺贝尔传

二、根据诺贝尔基金会的实施章程，诺贝尔基金会的运作规定是：

1. 主要基金：将诺贝尔3300多万瑞典克朗遗产中的2800万克朗划为主要基金，也称为奖励基金。基金会每年用这笔资金进行投资，将所得收入的10%作为附加基金加到主要基金中，以保证主要基金不断增值，而将所得收入的另外的90%平均分为五份交给各项奖金颁发机构。各项奖金颁发机构将其所得金额的25%留下作为本机构的活动资金之后，另外的75%则交给各自的诺贝尔学会用做直接给获奖者的奖金。

诺贝尔奖章的正面浮雕因不同的奖项而不同。

2. 建筑基金：将诺贝尔遗产中另外500万克朗的主要部分划为建筑物基金，以其每年的纯收入用于诺贝尔基金会租用行政大楼以及每年颁奖仪式所需的场地费用（由于这笔基金不断增长，诺贝尔基金会已用这部分基金中的一部分在1926年修建了自己的办公大楼，这就是现在坐落在斯德哥尔摩图尔特街14号的诺贝尔大厦。）

3. 组织基金：即500万克朗中的另一部分划为组织基金，以其每年所得纯收入用做诺贝尔基金会的各项组织费用。

三、根据诺贝尔基金会的实施章程，诺贝尔基金会的评奖程序是：

在前一年的秋天，5个诺贝尔委员会向有资格参加提名和推荐的人士发出"征求获奖人推荐书"。有资格参与提名和推荐的人士，要在第

十一、伟大的遗嘱

二年2月将推荐书反馈到各个诺贝尔委员会。然后,各诺贝尔委员会即开始进行谨慎而秘密的评选,以确定当年的得奖人选。委员会把确定的人选最迟在每年的11月15日前提交给相应的颁奖机构,4个颁奖机构最后审定获奖人名单。经过这样长达一年的评选程序,每年的获奖者才算最终评选出来。

根据诺贝尔基金会评选章程规定,一项奖金既可以完全由一人获得,也可以由两人或多人平均分享。其中,和平奖除了可以颁发给个人,两人或多人之外,还可以颁发给某一组织和机构。

按章程规定,获奖者每年除了可以获得当年颁发的那份数额可观的奖金外,还可以获得一枚金质奖章和一份获奖证书。由于诺贝尔基金的主要基金每年是变化的,其基金所得纯收入也就每年有所不同,因此每年的每项奖金数额也就各不相同。例如,1901年第一次颁奖时,每项奖金的数额为15万瑞典克朗。80年代之后,每项奖金的数额增加到100多万瑞典克朗。到了90年代,每项奖金数额又有较大的增长。例如:1993年每项奖金为670万瑞典克朗,当年的这一数额约合84万

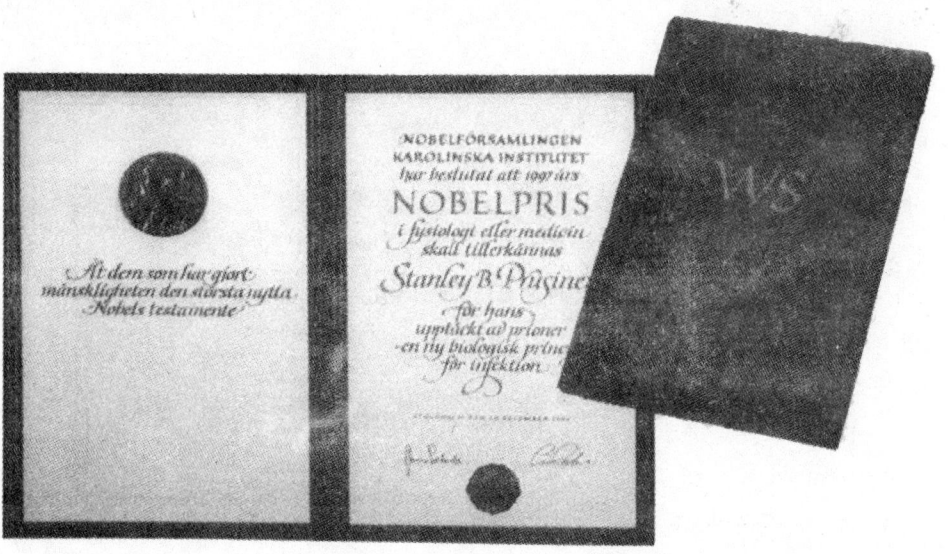

诺贝尔奖证书。

诺贝尔传

美元。又如1996年的每项奖金已增加以740万瑞典克朗,当年的这一数额约合112万美元。1999年为790万瑞典克朗。

诺贝尔奖的颁发日期定为每年的12月10日,即诺贝尔逝世的周年纪念日,以纪念诺贝尔这位瑞典人民的伟大儿子,纪念这位为了全人类的幸福奋斗终身的科学巨人。

十二、诺贝尔奖

1901年,六位做出伟大成就的学者,荣获首届诺贝尔奖。他们是物理学奖得主德国物理学家伦琴(Wilhelm Rontgen,1845—1923),表彰他发现了射线;化学奖得主荷兰物理化学家范托夫(Van't Hoff,Jacobus,1852—1917),他在化学动力学方面取得进展,并得到了渗透压定律;生理学或医学奖得主德国细菌学家,公认的免疫学奠基人贝林(Emil von Behring,1854—1917),他对血清疗法特别是抗白喉血清疗法做了深入研究,挽救了成千上万名儿童的生命;文学奖得主法国诗人普吕多姆(Sully Prudhormme,1839—1907),他是反对极端浪漫主义、力求恢复诗歌的优雅、协调和美学标准

1901年12月10日,第一届诺贝尔奖颁奖大会在斯德哥尔摩隆重举行。德国物理学家威廉·伦琴获得物理学奖。荷兰人雅各布斯·范托夫获得化学奖。德国人埃米尔·冯·贝林获得生物学或医学奖。和平奖则由瑞士人邓南特与法国人弗雷德里克·帕西共同分享。文学奖则由法国诗人雷涅·苏利·普吕多姆获得。上图为第一届诺贝尔颁奖大会现场。

的代表人物;和平奖得主是瑞士人道主义者邓南特(Henri Dunant,1828—1910)和法国经济学家帕西(Frederic Passy,1822—1912),他们分别倡导了国际红十字会和国际和平联盟(后改称为法国国际仲裁协会)。

这一年的12月10日,也就是诺贝尔逝世五周年纪念日,诺贝尔基金会在斯德哥尔摩音乐厅正式举办了它的第一次辉煌大典。

1901年的六位获奖者：

（德国）伦琴
获物理学奖

（荷兰）范托夫
获化学奖

（德国）冯·贝林
获生物学或医学奖

（法国）普吕多姆
获文学奖

（瑞士）邓南特
获和平奖

（法国）帕西
获和平奖

受奖者坐在会场讲坛两侧的坐位上，静听管弦乐队悠扬的演奏及主持人对每位得主的推荐辞。魁梧的瑞典国王奥斯卡二世坐在观众席首排中央的位置上，他神色肃穆而庄严，专注地聆听着对受奖者的推荐辞。

讲坛正中央有一道阶梯，这是专为获奖人设立的。演说完毕，紧接着开始颁奖。瑞典国王从座位上慢慢起身，他只是在原位站立，而不走上讲坛。主持人一一高唱受奖人姓名，被召唤的得主，缓步从讲坛中央的阶梯走下，来到国王面前，恭敬行礼。国王与受奖人握手，并把装有诺贝尔奖牌的盒子连同奖状与奖金颁赠给得奖人。得奖人接过这三样赠品后，用双手平托着，

十二、诺贝尔奖

颁发和平奖的奥斯陆市政厅外景。

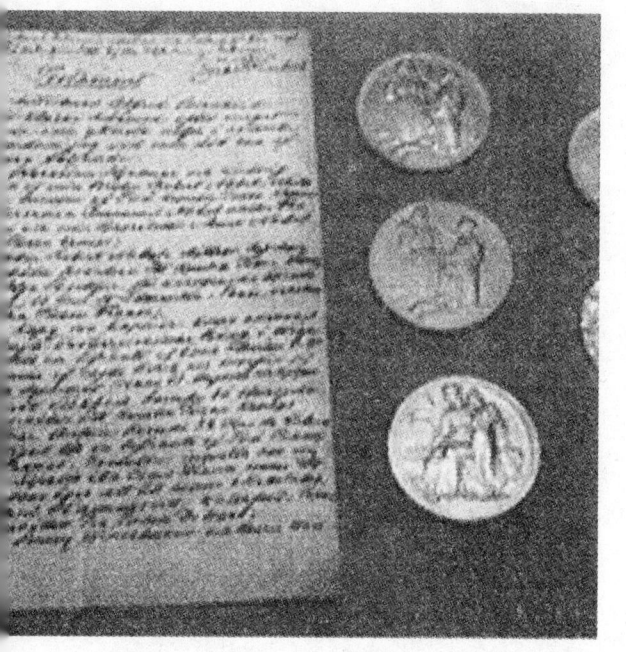

诺贝尔奖奖章与证书是一个世纪以来,所有杰出人士的梦想,得到它,意味着得到了整个世界的承认。

后退上讲坛。他们始终保持面向国王的姿势,以表示对国王的敬意。此时,参加典礼的瑞典研究院会员及各界学者同时鼓掌,乐队奏乐,颁奖典礼在庄严肃穆的气氛下完满结束。

　　每年的12月10日——诺贝尔去世的这一天,是诺贝尔基金会、斯德哥尔摩人及全世界爱好科学的人的节日。自1901年以后,每年的12月10日(除去因战争中断的几年之外),整个世界都把关注的目光聚焦到瑞典和挪威(诺贝尔和平奖由挪威的五人委员会评定)。在那里,过去一年中曾赋予全人类最大利益的杰出人物将受到表彰——物理学家、化学家、生理学或医学家、文学家,以及为人类和平做出贡献的政治活动家。